李劍農 的 中國近百年政治史

從帝制運動到軍閥末路

「我們要知道近百年內中國政治上發生大變化的由來,非將百年前世界的新趨勢,和中國內部的情形,作一度簡略的比較觀察不可。因為一切歷史事變,都是難於斬然截斷的。」

裂變與重生,中國近百年的制度崩解

李劍農 著

目錄

第十章　國民黨與北洋軍閥爭鬥的初期
　　一、政黨的產生與演化 ……………………………………… 006
　　二、內閣的更迭與政黨的關係 ……………………………… 014
　　三、「宋案」及大借款的風潮 ……………………………… 023
　　四、討袁軍的失敗 …………………………………………… 030
　　五、國會的破毀與所謂「第一流內閣」的末路 …………… 038

第十一章　帝制運動與反帝制運動
　　一、約法的改造 ……………………………………………… 049
　　二、帝制運動的公開演進 …………………………………… 054
　　三、反帝制各派的聯合戰線與外交形勢 …………………… 064
　　四、護國軍的崛起與帝制的撤銷 …………………………… 074
　　五、帝制撤銷後南北兩方的行動及袁氏之死 ……………… 085
　　六、帝制戰爭的副產物——南北小軍閥的產生 …………… 098

第十二章　護法運動中北洋軍閥的分裂與西南軍閥的離合
　　一、袁死後新舊約法之爭——護法運動的序幕 …………… 105
　　二、國會恢復後的黨派形勢與政潮 ………………………… 111
　　三、國會第二次解散、張勳復辟與段祺瑞的再起 ………… 122
　　四、南北分裂——護法戰爭的開始 ………………………… 129

003

目錄

  五　護法戰爭中北方馮、段的暗鬥 ………………………… 135

  六　護法戰爭中西南黨派的暗鬥與軍政府改組 …………… 143

  七　無結果的南北和會 ……………………………………… 149

  八　北方段派勢力的傾覆與南方軍政府的瓦解 …………… 157

第十三章　聯省自治運動與南北各軍閥的混戰

  一　聯治思想的由來及其運動的進展 ……………………… 166

  二　聯治運動中的援鄂戰爭 ………………………………… 173

  三　聯治運動中北方的奉直爭鬥 …………………………… 176

  四　聯治運動中南方的陳炯明的叛孫 ……………………… 185

  五　所謂「法統」的恢復與聯治運動的合流 ……………… 193

  六　中山重回廣州建立大元帥府 …………………………… 202

  七　曹錕實行篡位的演進 …………………………………… 207

第十四章　中國國民黨改組與北洋軍閥的末路

  一　中國國民黨改組前社會思潮的傾向 …………………… 218

  二　中國國民黨改組的經過 ………………………………… 224

  三　中國國民黨改組後在廣東奮鬥的第一年 ……………… 245

  四　曹、吳的傾倒 …………………………………………… 254

  五　臨時執政政府的成立及其設施與中國國民黨的態度 … 261

  六　北方各軍閥的大混戰與執政政府的消滅 ……………… 269

  七　中國國民黨出師北伐前內部整理的工作 ……………… 283

  八　北洋軍閥的末路 ………………………………………… 291

第十章　國民黨與北洋軍閥爭鬥的初期

　　清皇位的顛覆，由於革命派、立憲派和北洋軍閥官僚派三種勢力共同的動作所致，依前章所述的事實，已經是很明瞭的。此後進於中華民國的初期，約七八年內，也便是這三大派勢力的活動時期。這三大派勢力，在根本的精神上和活動的方式上，有大相差異之點，就是革命派的行動常是激進的，主動的，不計當前利害的；軍閥官僚派的行動常是固守的，被動的，對於當前的利害計較最切的；至於立憲派，其計較當前利害與軍閥官僚派略同，但不如他們的固守，也不如革命派的激進，有時候處於被動，也有時候參加主動。高一涵嘗評論這一派說：「這黨宗旨在和平改革，無論什麼時代，只要容許他們活動，他們都可俯首遷就；到了他們不能活動的時期，也可偶然加入革命黨；但是時局一定，他們仍然依附勢力，託庇勢力之下以從事活動。」這是很確切的評論。因為立憲派的精神性質上是這樣，所以自推倒清帝制以來，中國政治上的爭鬥，常常是革命派和軍閥官僚派對抗的爭鬥，而立憲派則處於因利乘便的地位。民國初期的政治，情勢大略如此。此種情勢在辛亥革命時已經表現，例如武昌一發難，各省諮議局立憲派的領袖如湯化龍輩，都加入革命活動；漢陽的激戰表面上是革命軍和清軍爭鬥，實際上便是革命軍和北洋軍閥爭鬥的開始；在兩方議和的當中，表面上是民軍與清廷的爭執，實際上也便是革命派與北洋軍閥派暗鬥的開始；並且在此暗鬥開始的期中，立憲派已經不滿意於革命派，採取左袒北洋軍閥的方針了。從臨時政府北遷，到國會第一次破毀（一九一二年春至一九一四年春初），可稱為革命派（即國民黨）與北洋軍閥爭鬥的初期，因為立憲派和一般苟安的國民都左袒北洋軍閥，革命派一時失敗。其經過的事實，分節敘述如次。

第十章　國民黨與北洋軍閥爭鬥的初期

一、政黨的產生與演化

　　同盟會在清帝制推倒以前，只是一種祕密的革命團體，還不能作為公開的政黨。在清朝末年，形式上成為公開的政黨的，只有由「國會請願同志會」演進而成的憲友會。當宣統二年（一九一〇年）資政院成立後，該院中由各省諮議局所選出的議員（大都是「國會請願同志會」的人物）和敕選議員臭味不同，兩相對抗，於是前者便組織一個憲友會；敕選派的議員為對抗憲友會起見，也組織一個憲政實進會；還有一小派的人又組織一個辛亥俱樂部。這三個政團雖然都是站在君主立憲的範圍以內，但是後面兩個（憲政實進會、辛亥俱樂部）是純粹的官僚團體，到清帝制推翻時，便全然消滅；只有那個憲友會可算是後來進步黨的老祖宗。憲友會除了在資政院內儼然成為一個政黨外，並且有許多院外的人物參加，在各省設有支部，如直隸的孫洪伊，湖北的湯化龍、胡瑞霖，江蘇的沈恩孚、黃恩培，山西的梁善濟，奉天的袁金鎧，江西的謝遠涵、黃為基，湖南的譚延闓，福建的劉崇佑、林長民，四川的蒲殿俊、羅綸等都是該會各支部的領袖。自武昌革命軍起，到民國臨時政府成立，幾個月間，革命派的同盟會和立憲派的憲友會，都起了絕大的變化。表面上第一個變化為同盟會由祕密變為公開，而憲友會的旗幟消滅。但是最大的變化，還是兩派的「化分」與「化合」。這種化分與化合的作用化來化去，一時政黨林立，好似「雨後之筍」，直到第一次正式國會成立的前後，又化成革命派與立憲派對立的兩個大黨：前者為國民黨，後者為進步黨。這種化分化合的經過情形極其複雜，幾令人不能辨識；但是關係頗為重要，請略為敘述於後：

　　同盟會原來所標榜的主義有民族、民權、民生三大綱，而輔之以軍政、訓政、憲政三時期的革命方略；到組織臨時政府的時候，三時期的革命方略已經完全拋棄，就是對於三民主義，也漸漸地黯然失色了。因為在

組織同盟會時，許多黨員便只認定一個狹隘的民族主義——就是漢族對於滿族謀光復。清帝制一倒，許多革命黨員以為目的已經達到，以前結合的原因消失，於是分化的作用便起來了。同盟會要人章炳麟，在辛亥革命以前已和孫中山有很深的隔閡，到辛亥光復事畢，便與同盟會分離，改組中華民國聯合會：這是由章炳麟領導的化分作用的開始。湖北方面的孫武、藍天蔚、劉成禺等，原來也都是同盟會派的人物，現在也和張伯烈、饒漢祥等擁戴黎元洪為首領，以湖北人為中心，組織一個政團，叫做民社：這又是分化作用的一個表現。

　　立憲派的憲友會在資政院時代，以君憲為目標；現在因為目標消滅，也不能不起化分作用：湯化龍、林長民等率領一部分人化分而成一個共和建設討論會；孫洪伊等率領一部分人化分而成一個共和統一黨；又有籍忠寅、周大烈等一部分人化分而成一個國民協進會。

　　上面所舉，是革命立憲兩派最明顯的各自化分。有了化分作用，便立即又起化合作用。在南京臨時政府時代，當然還是同盟會的幹部人員握重權，而該會中的少年黨員妄自驕功，舉動暴烈，幹部領袖不能節制，同盟會便為人所詬病；於是凡非同盟會的團體與由同盟會化分出來的團體，漸有互相結合以抗同盟會的趨勢。章炳麟所改組的中華民國聯合會，與往昔預備立憲公會的領袖張謇等，以江浙人士為中心，聯合而組成一個統一黨，這是第一步的化合。接著統一黨又與籍忠寅等的國民協進會、湖北團體的民社，聯合而組成一個共和黨，便是第二步的化合。此時湯化龍等的共和建設討論會，孫洪伊等的共和統一黨，尚未十分活動；在北京臨時參議院中，積極與同盟會為對抗行動的，還只有化合的共和黨。同盟會以民權黨自命，共和黨則以國權黨自居；同盟會對袁世凱謀防制，共和黨則擁護之；前者詆後者為御用黨，後者則詆前者為暴民黨。但兩黨議員在參議院中皆不及半數，而共和黨有袁世凱的軍閥官僚勢力與相援接，故參議院

第十章　國民黨與北洋軍閥爭鬥的初期

的行動常為共和黨所操縱；於是又有最重要的第三黨及其他各種小黨，再起後來的大化合作用。

所謂最重要的第三黨便是統一共和黨。該黨的重要人員有谷鍾秀、張耀曾、歐陽振聲、殷汝驪、彭允彝、吳景濂等，他們所擁戴的總幹事為蔡鍔、王芝祥。這一黨的人士，有從前加入過同盟會的，也有不曾加入過的，有從前與立憲派發生過關係的，也有不曾發生關係的。這一黨在精神性質上，可以說是介於所謂「民權黨」與「國權黨」之間。它在北京臨時參議院中也有二十五個議席（同盟會與共和黨各四十餘席），所以有舉足輕重之勢；並且在各省的支部也有六七所，所以是重要的第三黨。

所謂其他各小黨：（一）陳錦濤、徐謙、許世英、牟琳、陳籙等以伍廷芳為會長的國民共進會；（二）溫宗堯、王人文等以岑春煊、伍廷芳為名譽總理的國民公黨；（三）董之雲等的共和實進會；（四）張國維等的民國公會；（五）潘鴻鼎等的國民黨（此非由同盟會改組之國民黨）；（六）共和俱進會、共和促進會及國民新政社等：這都是與後來的大化合有關係的。以外還有所謂自由黨、社會黨種種名目，都不過曇花一現便不見了。

大化合作用，發動於同盟會幹部的宋教仁。宋在當時的同盟會中，除了最高領袖孫、黃以外，算是最露頭角，政治手腕極靈敏，政治常識也比較充足，能為他黨所推重，政治熱也達於最高度。民黨名士章士釗感於無意味的小黨林立，在《民立報》上發表「毀黨造黨」之說，主張國內所有各黨一律謝棄，大家相互研究，棄小異，取大同，求出一個大同大異之點來，造成對立的兩大黨，以為實現責任內閣制度的良好基礎。宋教仁的政治理想恰與章說相合，他黨的重要人士也有極贊成章說的，於是宋教仁首先展布他的敏捷手腕，與那個重要的第三黨──統一共和黨的人士相提攜；原來統一共和黨的重要人士多與宋為知交，感情極融洽；在民元八月，同盟會便與統一共和黨及國民共進會、國民公黨、共和實進會幾個小黨合

併而改組國民黨：這便是國民黨的大化合。

共和黨本是由統一黨、民社、國民協進會三黨化合而成與同盟會相對抗的；同盟會既化大為國民黨，共和黨的情勢卻與相反，一方面雖然吸收了民國公會和前國民黨兩個小黨進來，章炳麟派的統一黨卻依舊分了出去。不過統一黨仍舊與共和黨，一致對抗由同盟會化成的國民黨罷了。

前此由憲友會化分的共和建設討論會和共和統一黨，本與梁啟超派是氣類相感的，到民元十月，梁啟超回國，想在國內政治上有所活動；此時正式國會的選舉將進行，湯化龍、孫洪伊等當然想在正式國會中取得重要的政治地位；於是便將共和建設討論會、共和統一黨合併而為民主黨，加入梁啟超為該黨領袖，又吸收共和俱進會、共和促進會、國民新政社幾個小黨，以擴大民主黨的組成成分，這便是民主黨的化合。

因此當第一次正式國會議員選舉時，競選的黨派，有最大的國民黨，及與國民黨相對抗的共和黨、統一黨、民主黨，共計四黨。以三個分立的小黨對抗一個大黨，況且此時各省的政治機關大半還是操在革命派的人手裡，所以選舉的結果，國民黨大獲勝利，其餘三黨皆歸失敗。於是三黨為在國會裡面對抗國民黨起見，乃合併而為進步黨：這便是進步黨的大化合。

民國初期的政黨，有幾種特色，為歐美各國政黨所罕見的：

一、黨員的跨黨：往往一個黨員，既掛名於甲黨，同時又掛名於乙黨，甚至並掛名於丙黨的。這種跨黨行為，有非出於本人的意思的，也有出於本人的意思的。前者大概為被擁戴的假領袖，在擁戴的團體，想借他作面子上的裝飾品，被擁戴的礙於情面，也便以掛名於黨作敷衍的應酬品；後者則直以入黨為競權牟利的工具，好比狡兔的三窟，此種黨員最為可恥，但在民國初期卻視為平常（到洪憲帝制推倒以後尤為特甚）。

二、黨議不過是空洞的招牌：在辛亥革命以前，革命黨與立憲黨本各

第十章　國民黨與北洋軍閥爭鬥的初期

有鮮明特異的旗幟；及清帝制一倒，兩方的旗幟，都變得不甚鮮明；漸至小黨分立，黨義的異同更難辨識；例如同盟會（在公開以後）、統一黨、統一共和黨，在未化合為大黨以前，各方所標舉的政綱實難找出多大的差別來，請看下表：

中國同盟會（公開時代）政綱	統一黨政綱	統一共和黨政綱
一、完成行政統一、促進地方自治 二、實行種族同化 三、採用國家社會政策 四、普及義務教育 五、主張男女平權（只有此一條為他黨所無） 六、厲行徵兵制度 七、整理財政，釐定稅制 八、力謀國際平等 九、注意移民開墾事業	一、團結全國領土，釐正行政區域（下段與同盟會略異） 二、完成責任內閣制度（雖為同盟會所未舉，然同盟會絕不反對） 三、融和民族齊一文化（與同盟會第二項同） 四、注重民生，採用社會政策（與同盟會第二項同） 五、整理財政，平均人民負擔（與同盟會第七項同） 六、整理金融機關，發達國民經濟（同盟會所未舉，然不反對）	一、釐定行政區域，以期中央統一 二、釐定稅制，以期負擔公平 三、注重民生，採用社會政策 四、發達國民工商業，採用保護貿易政策 五、劃一幣制，採用金本位 六、整頓金融機關，採用國家銀行制度 七、速設鐵道幹線及其他交通機關

一、政黨的產生與演化

中國同盟會 （公開時代）政綱	統一黨政綱	統一共和黨政綱
	七、整理海陸軍備，倡徵兵制度（與同盟會第六項略同） 八、普及義務教育，振興專門學術（下段為同盟會所未舉，然絕不反對） 九、速設鐵道幹線，謀便全國交通（為同盟會所未舉，然絕不反對） 十、厲行移民開墾事業（與同盟第九項同） 十一、維持國際平和，保全國家實利（與同盟會第八項略同）	八、實行軍國民教育，促進專門學術 九、刷新海陸軍備，採用徵兵制度 十、保護海外移民，厲行開墾事業 十一、普及文化，融和國內民族 十二、注重邦交，保持對等權利

　　我們試看前表，除了同盟會的「主張男女平權」一條為當時的他黨所難容許外，其他各項雖有詳略的不同，絕少彼此不能容許的處所；即如同盟會所標準的「促進地方自治」，倘若在不妨礙中央應有的權力範圍內，亦可為他黨所容許。至於統一黨，和統一共和黨所標舉的條款尤為相同；但在事實上，統一共和黨老早便與同盟會提攜，而統一黨則一合於共和黨，再合於進步黨，而與同盟會為政敵。可見黨義自為黨義，政爭自為政爭，最初分黨的真正原因與所揭舉的黨義沒有十分的關係。後來統一黨併入共和黨，再併入進步黨，同盟會擴大為國民黨，各方所揭舉的黨綱都有

第十章　國民黨與北洋軍閥爭鬥的初期

變化。其最大的變化就是彼此都採至簡單的項目，至有含蓄的語句，解釋起來，很有彈性，可以立異，也未嘗絕對不可求同，請看下表：

國民黨政綱	共和黨政綱	進步黨政綱
一、促進政治統一 二、發展地方自治 三、實行種族同化 四、注重民生政策 五、維持國際和平	一、促進全國統一，採用國家主義 二、以國家權力扶植國民進步 三、應世界之大勢，以平和實利立國	一、採取國家主義，建設強善政府 二、尊重人民公意，擁護法賦自由 三、順應世界大勢，增進平和實利

觀前表，國民黨棄了同盟會的「男女平權」，把同盟會的「力謀國際平等」變作「維持國際和平」，這是因為俯就被併合的他黨以擴黨勢，所以把黨綱改就溫和了。但與共和黨及進步黨的立異處，也只有「發展地方自治」的一項；對方認此足以減殺中央統一的權力，所以要與它立異；但它也主張「促成政治統一」，又未見得與對方的「國家主義」、「強善政府」絕對不相容了。總之，當時分黨的真意義，不能全從表顯於外的黨綱上去尋求；黨員的精神上雖含有集權、分權的差別，但在國民黨方面的最高黨首孫中山，卻不是主張分權的，並且在特定時期以內也主張集權的（原來的革命方略，在軍政、訓政兩時期中，當然要採用集權的辦法），不過絕對不主張把國家一切大權集於不可信託的梟雄一人身上；在對方的共和黨及進步黨方面，也未嘗不贊成地方自治，但認此時居於中央的當局非有絕大的權力，不能維持統一。打開窗子說亮話，兩方都只注意在袁世凱一人身上；一方防制袁世凱，一方擁護袁世凱；這便是兩黨對抗的真意義，黨綱不過是一種空洞的招牌罷了。

三、一切黨都沒有民眾作基礎：中國的民眾，幾千年來站在積極的政治活動範圍以外，除了到最困苦的時候，對於某一方面表示消極的反對意

味外,絕沒有積極主動的意思表示;又因經濟落後的原故,不曾產生出明顯的階級差別利益來,因此亦不能形成明顯的階級差別利益的團體。所以自有政團以來,都是沒有民眾作基礎的政團,政團不過是讀書紳士階級的專用品。在辛亥革命以前,革命黨和立憲黨雖然都沒有民眾作他們的後盾,但因為清廷的惡政與滿漢民族的反感,在民眾心理上發生了一種消極反對清廷的意味,所以革命黨倚仗這種民眾的消極反滿意味成功。清廷顛覆後,所有的政黨都與民眾不生關係,都成了水上無根的浮萍,在勢都沒有成功的希望;但因同盟會下層的無知黨員驕縱失態,未免惹起一部分人的惡感,牽引民眾消極反對的動機;又因民眾厭亂偷安,頗希望有名的袁宮保給與他們一種「無為而治」的快樂;以此國民黨首先處於危險的地位,國民黨亡,而進步黨亦不能倖存。

　　上面三點,都是民國初年的政黨,與歐美的政黨特異的處所;但比起洪憲帝制亂後,南北混爭時代的政黨來卻又有天淵之別了。因為民國初年的政黨雖然有黨員跨黨、黨義不著實、沒有民眾作基礎的弱點,但尚有集權、分權的精神差別可言,尚有標舉出來的黨綱可見;南北混爭時代的政黨全然變為個人的私黨,除了什麼「韜園」、「靜廬」、「潛社」,什麼衚衕十二號,什麼大街二百號,什麼系的名號以外,便只有金錢和官位;「黨綱」兩字全然聽不到有人說及了。所以我們雖不滿意於民國初年的政黨,比起後來的狐群狗黨來,不能不承認前者還有政黨的意義,還有受責備的價值。至於國民黨和進步黨後來失敗的經過情形及其原因,待至以後各節,隨時再述。

第十章　國民黨與北洋軍閥爭鬥的初期

二　內閣的更迭與政黨的關係

　　臨時政府的北遷，已算是袁世凱在暗鬥開始的時候，得了勝利。此時革命黨所期望在將來戰鬥致勝的工具，就只有《臨時約法》上的責任內閣制；但是袁世凱哪能夠受這種工具的制服呢！從唐紹儀內閣到趙秉鈞內閣，這種約法上的工具，全成廢物。所以成為廢物的原故，就是因為法律制度的背後沒有民眾擁護的力量；民眾並不知道這種法律制度是他們的生命所託，應該出力維護的。當時的黨人只知道要造成責任內閣制，須造成擁護內閣的政黨，不知道擁護內閣的政黨，還要有民眾站在它的後面去擁護它。從唐內閣到趙內閣，同盟會派的人只恨內閣不能全操入己黨手中，以為還是黨勢太弱，極力擴張黨勢；非同盟會派的黨人也深恐內閣完全落入同盟會派的手中，一方面極力反對政黨內閣之說，一方面也極力造黨與之相抗。袁世凱卻只是暗笑；他早把當時的人民心理，看得極透；把所謂政黨，任意玩弄；把所謂內閣制直踹在北洋軍警的鐵蹄下面。我們試看唐內閣的傾倒和所謂陸內閣趙內閣的改組經過，便知沒有民眾作後盾的政黨與內閣制度，皆為無用的工具。

一、唐內閣的傾倒

　　當提出唐紹儀為第一任內閣總理時，革命黨與袁世凱兩方面，都認唐為最適當的理想人物。唐在南下議和時，早已同情於革命黨，到清帝退位後，並已加入同盟會；所以在革命黨方面極願意擁戴他作總理。在袁世凱方面，認定他是自己的私黨，必能和趙秉鈞一樣可以指揮如意，因為二人的關係最深，斷不至有互相齟齬的情事。（袁、唐之相識始於朝鮮，當袁在朝鮮總理營務時，維新黨人樸泳孝等設宴於郵局，誘殺閔泳翊，袁世凱率隊往郵局彈壓，至稅務司穆德麟宅，欲入，見一人持槍當門，意氣凜然，不許入，袁麾兵稍退，詢其名，乃知為局員唐紹儀，時由北洋派駐

朝鮮幫辦稅務，袁告以故乃許入，自此袁甚器重唐。是為袁、唐相知之始。袁在小站練兵時，徐世昌為總理營務處，唐紹儀副之。及袁為山東巡撫時，唐以道員隨往山東，辦理外交，又派唐總司商務局事。袁調任直督時，特保在東撫任內出力人員，稱唐「才識卓越，諳練外交，請記名簡放」，旋又奏調隨行；到任後，即奏請以唐署津海關道。袁在直督任內，趙秉鈞為袁辦巡警，唐則袁之外交重要人物；至光緒三十年，唐以津海關道奉旨以四品京堂候補，往西藏查辦事件，袁又奏留，未准，自此唐在外交界漸露頭角。及袁以外務部尚書兼任軍機大臣，袁、唐關係尤密。故袁認唐為己所卵翼而成之人才，與趙秉鈞無異，必能聽其指揮。）但是唐的頭腦比較清新，不若其他的北洋官僚，只知有私黨，不知有公責；雖然與袁關係很深，要他作袁個人的走狗，袁就認錯了他了。

　　他雖然也不是同盟會的元老黨員，但他既居在內閣總理負責任的地位，要他放棄責任以內的權力，也是絕不肯的。因此在唐的個人人格上，已含有與袁不能相容的成分。加以閣員的分配，新舊雜糅（內務、陸、海三部為袁黨，財部為共和黨，農林、司法、教育、工商四部為同盟會），意見又不一致；內務總長趙秉鈞，從未到過國務會議的席上（問其不出席之理由，則曰：「會議時關係本部之事物至少，而現在維持秩序之事諸關重要，故以不赴為便。」見《遠生遺著》）。唐內閣成立後，第一個難問題是財政；財政之所以難，就是除了向外國借款，便無財政可言。而財政總長熊希齡對於借款意見，便與唐不相合；當時帝國主義的銀行團（初為英、美、德、法四國銀行團，在清末組織的，後又加入日、俄兩國，為六國銀團）想壟斷中國借款，藉此致中國財政的死命；唐欲衝破銀行團的羅網，向比國銀行交涉小借款，觸犯了英美等四國帝國主義的大怒，熊原不主張比國小借款，見四國銀行團發怒，越加恐慌，因此問題，唐、熊之間時起齟齬；熊欲以辭職拆唐內閣的臺，以至在國務會議席上，牽惹熊、蔡

第十章　國民黨與北洋軍閥爭鬥的初期

（元培）的口角，又引起了章炳麟的移書向內閣謾罵，唐內閣已有不安之勢。加以總統府與總理的暗鬥，到直督問題發生，唐就不能不走了。

唐任總理以後對於袁的行動，處處不肯放鬆，袁第一次向參議院釋出的宣言書稿，即經唐紹儀改纂後發表（見《遠生遺著》）；有時總統府發下的公事，唐以為不可行的，即行駁回，甚至在總統府與袁面爭不屈；總統府的侍從武官看見唐到，每每私相議論，說：「今日總理又來欺侮我們總統了！」但是袁起初也能容忍。到了直督問題發生，袁認為是自己的生死問題，就絕對不肯容忍了。先是參議院在南京議決接收北方統治權案，有各省督撫一律改稱都督，諮議局改為省議會，都督由省議會公舉的規定；直隸的民黨，運動直省議會已公舉王芝祥為直隸都督。此時的王芝祥是附於革命黨的要人，舉他作直督，就是因為袁世凱既不肯南下，想用革命派的直督去監視他。唐紹儀方在南京組閣，也贊成此議，因以王芝祥督直電袁。未報可，而直省的民黨堅持不肯讓步。唐入北京後，又以王督直之說請於袁，袁當面許可，唐因此電王來京，並以王督直之說報告直省紳民。

但是王芝祥一到北京，所謂直隸的五路軍界忽發出反對王芝祥的通電，袁便以軍界反對為口實，委王赴南京去遣散軍隊，唐總理對於王的委狀拒絕副署，說政府不宜以軍隊反對的原故失信於人民；袁則謂除令王督直外，諸事皆可聽總理之命，竟以不曾副署的委狀交王，唐於次日（即六月十六日）即提出辭國務總理之呈，不告而去。這是袁世凱作臨時總統後第一次使用北洋軍閥的武力抵抗約法上的箝制（所謂責任內閣制），鞏固自己的根本地盤，所謂「臥榻之旁，豈容他人鼾睡」，管什麼副署不副署，責任不責任呢！實際上，《臨時約法》此時已經等於廢紙，而那些反對同盟會派的參議員和新聞記者，不知此事關係的重要，因為平素不滿意於唐的原故，對於唐的辭職出走，反加以嬉笑諷刺；就是同盟會的議員也只以王芝祥督直的目的不能達到為恨，對於副署的責任問題，好像也並未

十分注意,何況一般的人民知道什麼共和約法、什麼內閣的去留呢?此種問題,莫說在英法,就是在天皇大權的日本,假使天皇發下一道沒有首相副署的敕任令來,日本的議會和新聞界要發生一種什麼喧囂的狀況?是不是「違憲」、「違憲」的聲浪,要震動全國?但在中國當時,不過把它當一個通常的內閣崩壞的問題罷了。除了對於繼任的內閣人選,勾心鬥角去經營,對於違憲的問題,竟好像「熟視無睹」。可憐他們,還在那裡「是丹非素」的爭政黨內閣呢!

二、陸內閣組織的波折

唐紹儀辭職出走後,同盟會的四閣員也聯袂辭職,熊希齡、施肇基也不能安於其位,依願免官。於是同盟會派的人以為混合內閣不能維持閣議的一致,倡政黨內閣之說;共和黨知道本黨尚無組閣的希望,又恐怕內閣竟被同盟會奪了去,便主張超然內閣的主義。這種超然主義之說恰合袁世凱的脾胃,因在當時的「買辦外交家」裡面選出一位「馴順如羊」的陸徵祥來,充國務總理之任。當陸被提出於參議院求同意時,同盟會的議員極端反對,共和黨則極端贊成;統一共和黨的議員(此時尚未與同盟會合併)雖贊成政黨內閣之說,以為各黨現勢都沒有單獨組閣的希望,因此便與共和黨員對於陸徵祥皆投同意票;到六月二十九日,陸竟被任命為國務總理了。但至提出其他六國務員時(唐內閣瓦解時,內務、海陸軍、外交四部國務員皆未辭職,故僅補提六國務員),便惹起一個大波瀾來。原來陸徵祥久居外國,外國話說得流暢,應酬交際圓滿周到,外國人極喜歡中國這種外交家,所以稱讚他;袁世凱從前在清外務部尚書任內,奏保外交人員,陸便為被保的四人之一,說他「通達時務,慮事精詳,上年在海牙舉行第二次保和會派為專使,凡於國體有關事項,據理力爭,曾不少詘,尤能洞察列強情勢,剀切敷陳,確有見地」(其實在海牙保和會所爭得的,就不過是依羅馬字母的次序排列國家的名次),於是國內的人士公然把陸

第十章　國民黨與北洋軍閥爭鬥的初期

徵祥看作一個大外交家。同盟會起初反對他作國務總理，不過是嚴守黨義，尚不知道他是一個全然無用的人；及到七月十八日，陸承袁意向參議院提出六國務員（財政周自齊，司法章宗祥，教育孫毓筠，農林王人文，工商沈秉堃，交通胡唯德）求同意，並親自到院宣布政見，說出什麼開選單作生日鄙俗不堪的話來，無一語及於政務，於是連曾經投過同意票的統一共和黨員，也皺著眉頭叫苦。因此多數議員對於所提出的六國務員一律否決，以為不信任的表示。

恰好於十九日以後，日俄同盟與英國在西藏自由行動的宣言在各報上露布，外交形勢上起了一種大震撼；於是袁世凱的好題目到了，又把他夾袋中的法寶（北洋軍閥的武力）拿出來了。首先由北京軍警特別聯合會，以參議院不顧國家危急的口實，通電各省，痛罵參議院；並用公函半恐嚇、半規勸的直達參議院；接著又用被收買的南方軍人鄧玉麟（前鄂軍第四鎮統制）、閻鴻飛等聯合的名義，通函痛罵參議院。到二十三日，袁世凱又另外選出國務員六人（財政周學熙，司法許世英，教育范源濂，農林陳振先，工商蔣作賓，交通朱啟鈐），交參議院求同意。二十四日，又發生幾件怪事：有署名軍界公啟，宣布參議院吳景濂、谷鍾秀、殷汝驪等罪狀，並牽及谷等主張王芝祥督直事；又有一道匿名的傳單，說有取得谷、吳二人之頭者賞洋一萬元；又有署名「健公十人團」者封送一百零三封信，分配各議員，說若再不犧牲黨見，將以炸彈從事；還有一個不知姓名的人用電話通告參議院某某，叫他們注意，軍警要對不住他們了。二十五日午前，共和黨的參議員劉成禺在參議院嚷著要投票，吳景濂（議長）依多數的主張延期；軍警會議公所也於是日午前開特別會議，有主張用兵力解散參議院的。午後，由薑桂題、馬金敘（直隸提督）、陸建章（執法處總辦）、段芝貴等，假安慶會館宴請參議員、新聞記者和政界要人，說是聯繫感情；陸建章在宴會席上演說，極力否認軍警有干涉的行為；有一位

二　內閣的更迭與政黨的關係

《北京時報》的總理陳紹唐，卻挺身出來替軍警賣氣力，在席間痛罵參議院，說：「明日再不將六國務員通過，當宣布議員的死刑。」最可驚嚇的還是從前的革命黨要人、這時候的統一黨領袖章炳麟也替袁世凱的軍警打邊鼓，拉扯張紹曾、孫毓筠、王賡聯名電達黎元洪，請他主張許大總統便宜行事。

電文云：「武昌黎副總統鑑，借款不成，東使西行，處分支那，已在商議，往返四月，勢即瓜分，原其藉口，在中國政府之無能力。政府之無能力，在參議院之築室道謀，議在錐刀，破文拆字，用一人必求同意，提一案必起紛爭，始以黨見忌人，終以攻人利己……陸總長名單，以眾妒而反對……以致政務停頓，人才淹滯，名曰議員，實為奸府。時不待人，他族入主，當是時議員已各鳥獸散矣，尚能為國民任責耶。追念前清之亡，既由立憲，俯察後來之禍亦在共和。邇來南北智士，僉謂改定約法，尚待來年，急在燃眉，豈可坐候。大總統總攬政務，責任攸歸，此存亡危急之頃，國土之保全為重，民權之發達為輕。國之不存，議員焉託。宜請大總統暫以便宜行事，勿容拘牽約法以待危亡。為議員者，亦當重國家，暫合高權，總己以聽。此蓋眾心所同，而未敢冒死以爭者也。某等輕材綿力，人微言輕，以公首信大義勳業格天，一言之重，逾於九鼎，為此冒死直陳，不避斧鉞，敢請昌言建議，並與各都督協商，速振紀綱，以救滅亡，不勝惶悚迫切之至。」袁世凱樂得暗中「笑不可抑」。到二十六日，參議院將二次提出的六國務員舉行投票，除了工商總長蔣作賓一人外，餘皆通過（工商總長後以劉揆一充任），於是袁世凱的目的達到──不是通過國務員的目的達到，是他第二次「用軍閥武力來試驗所謂議會勢力的目的達到。」

自此所謂中華民國已明明白白形成了一個中華軍警共和國。為什麼呢？所謂政黨領袖，所謂新聞記者，都有願意作軍警的留聲機器，附和他

第十章　國民黨與北洋軍閥爭鬥的初期

們向參議院作示威運動的；而竟沒有一個真正的人民團體，對於參議院此次行動有一種公判的表示。平心而論，參議院否決六國務員的舉動誠屬幼稚，好比小孩得了一具鉛刀，隨處亂砍，不管有效無效，有害無害；但若謂當時六國務員通過，便於借款和外交上有若何的好影響，否決便生出若何的惡影響，卻未必然，因為帝國主義者對於中國趁火打劫的方針並不因此而改變。我所謂他們的幼稚病，就是他們當時所把握的武器明明成了一具鉛刀，還不知道是鉛刀，拿去向凶惡的猛獸示威；約法成為無用的具文，在不經副署的王芝祥委狀上已經表現得很明白，他們可以承認總統下委狀不須國務員副署，還要堅持國務員任命的同意權，與小孩的濫試鉛刀何異？但是他們仍不心服，到二十七日晚，便有彈劾陸總理失職案的提出，陸徵祥從此稱病入醫院，不理政務，連續請假至再至三，以內務總長趙秉鈞代理。

三、陸內閣變為趙內閣

自唐內閣瓦解後，事實上國務院已成了總統府的祕書廳，所有的國務員都唯總統之命是從，國務總理的有無本已無關緊要，不過形式上還是非有這麼一個裝飾品不可。到九月二十四日，乃以代理國務總理的內務總長趙秉鈞正式任命為國務總理，其他國務員一概仍舊，於是陸內閣變為趙內閣了。在否決六國務員的風潮平息後，同盟會已與他黨化合為國民黨；陸內閣變為趙內閣乃是國民黨向北洋軍閥停止進攻的表示，不唯停止進攻，並且希望北洋軍閥與國民黨同化：這是忠厚老實的黃興一種妄想，孫中山和宋教仁都不以為然。中山在臨時政府北遷後，本想把政權儘讓於袁世凱，而同黨人不贊成，陳其美與黃興的書中說：「……其後中山先生退職矣，欲率同志為純粹在野黨，專從事擴張教育，振興實業，以立民國國家百年之大計，而儘讓政權於袁氏；吾人又以為空涉理想而反對之，且時有干涉政府用人行政之態度！卒至朝野冰炭，政黨水火，既惹袁氏之忌，更

起天下之疑。……」當時革命黨果採用中山的方針，不和袁鬥，專事下層培養民眾的工作，確是一個好辦法。無奈政治欲最旺的宋教仁輩絕不肯從；黃興卻也無可無不可，他把自己南京留守的職務呈請撤銷，把所部的革命軍隊激以大義，不給費解散（因借款為帝國主義的銀行團所壓迫，遂發憤而為此舉），以表示擁護中央的誠意（後來的新舊軍閥再不能有此舉動）。

陸內閣的風潮發生以來，袁世凱屢次電邀孫、黃往北京調和黨見，孫、黃因於八九月頃相繼入京，袁世凱待以殊禮，又釋出所謂八大政綱，說是與孫、黃、黎四人協定的。此時國民黨已化合成立，黨義主張新舊勢力合作，所以孫、黃也極力與袁交歡。不過所謂新舊合作的精神，在國民黨中孫與宋與黃各不相同。中山仍主張把政權讓給袁氏，己則率其黨員盡力於社會的培養開化，所謂二十萬里的鐵道政策，人家說他是放大砲（「孫大砲」之名由此始），在他是真實的主張：故中山的新舊合作是朝野合作。宋教仁的理想卻不同，他是政黨內閣主義的急先鋒，嘗對人說，現在非新舊勢力合糅不可，正式大總統非袁公不克當此選，但內閣必須由政黨組織，始能發揮責任內閣制度的精神，但不必出於己黨。故他的新舊合作是總統與政黨內閣的合作。黃興的理想則太老實可憐了，他以為北洋軍閥官僚的人士——世界上一切人士——都是和他自己一樣的忠厚老實，只要列名於本黨，便變成了本黨的真實黨員，因此逢人便勸加入國民黨；他曾勸過楊度，又勸過范源濂，又勸過民主黨的全部領袖（在民主黨未合併為進步黨以前），都不生效。

一天，袁世凱向黃表示，想任沈秉堃（沈是國民黨掛名的參議）為國務總理，承繼陸內閣，但其餘閣員仍舊。黃以商之同黨，同黨人因為沈雖掛名本黨，與本黨關係太薄弱，而其他閣員又不改組，不願披這種政黨內閣的空名，不若如袁之願，讓趙秉鈞由代理變為實任。黃以此告袁，袁因

第十章　國民黨與北洋軍閥爭鬥的初期

提出趙秉鈞為國務總理向參議院求同意，此時參議院國民黨已有三分之二的議席（因同盟會與統一共和黨合併之故），共和黨當然更不立異，所以安然通過。到九月二十四日，陸內閣便變為趙內閣了。這就是國民黨向北洋軍閥停止進攻的由來。但是趙內閣還不是國民黨的內閣；因為忠厚老實的黃興要用「化男為女」的玄想去化舊為新，便乘勢遍說各國務員加入國民黨，並勸袁世凱也來作國民黨的領袖，說要如此，政府方有後援，政局才能安定：這確是黃興忠厚老實的見解。袁世凱雖未加入，所有的國務員除了周學熙、范源濂二人及陸、海軍兩部長外，個個都填寫了入國民黨的願書，名義上趙內閣變成國民黨內閣了。

當時譏諷國民黨的新聞，說這不是「政黨內閣」，實是「內閣政黨」。但在黃興的意思是想藉此圖政局的安定。故他的新舊合作是最老實的新舊合作，是希望北洋軍閥官僚與國民黨同化的合作。當同盟會改組為國民黨時，同盟會的急進帳子捨不得「同盟會」三個字的名字；與中山精神相近的人，則嫌把同盟會的精神主義軟化了，也老不願意；溫和派「為淘汰流品及融合新舊起見，不能不有此著，若如今日（此指當時的今日言）往往以三數人牽及全體，後來者又顯分畛域，頗有附驥之嫌」（此魏宸組主張合併改組的演說詞語，見《遠生遺著》卷二），故堅持改組採取溫和態度，以避當時反對黨的指摘；中山既取暫時雌伏主義，無心立即與袁宣戰，對於改組的方針，故也取放任的態度。改組時的情形既如此，所以到改組後，國民黨雖然說是成立了，依然有上述孫、黃、宋三種不同的所謂「新舊合作精神」。國民黨的弱點便伏在此處，宋教仁的生命也便喪在此處，因為他的「新舊合作」只肯把正式總統讓給代表舊勢力的袁世凱，而內閣必操諸代表新勢力的政黨。到國民黨在國會議員選舉戰勝後，轟動一時的「宋案」因以發生。

三　「宋案」及大借款的風潮

自趙秉鈞的「內閣政黨」的內閣出現後，國民黨在參議院裡面和袁世凱的爭鬥，已告停止。因為此時正式國會組織法及兩院議員選舉法已經制定公布，臨時參議院的議員，大家都忙著預備國會選舉的運動去了；所以在民元冬間到二年春初，北京沒有什麼大可注意的政潮，而在各省的選舉競爭，鬧得煙霧迷天。國民黨挾革命成功的餘威，加以合併初成，吸收了無數的投機政客，因此選舉揭曉後，國民黨獨占優勢。不過當時的議員，所謂「腳跟無線如蓬轉」，好比孫猴子身上的毫毛，有七十二變之神，除了一部分中堅黨員以外，大都是掛名幾個黨的。當選舉初揭曉時，國民黨號稱得眾議院議員三百六十七十人；共和黨號稱得眾議院議員二百五十餘人；統一黨又號稱得一百數十人；民主黨又號稱得一百餘人；但是法定的眾議員通共只有五百餘人，現在合計卻有七百餘人，可見跨黨的不少。下面所列的表，比較可靠：

黨籍	議院名	人數	議院名	人數	合計
國民黨	眾議院	二六九	參議院	一二三	三九二
共和黨	同上	一二〇	同上	五五	一七五
統一黨	同上	一八	同上	六	二四
民主黨	同上	一六	同上	八	二四
跨黨者	同上	一四七	同上	三八	一八五
無所屬	同上	二六	同上	四四	七〇
總計	同上	五九六	同上	二七四	八七〇

觀上表可知國民黨議席之多，就是除了跨黨的不計外，還可以壓倒其餘三黨。但是國民黨的失敗也就在此。宋教仁拚命造黨，滿擬造成有力的政黨，和袁世凱及其他敵黨作憲政軌道以內的競爭。及國民黨選舉戰勝，

第十章　國民黨與北洋軍閥爭鬥的初期

便以組織政黨內閣的候補者自居,由湘而鄂而皖而寧而滬,到處演說,對於時政的得失,盡意發揮;但他仍主張將來的正式總統以袁世凱為宜,不過內閣非以在國會占有多數議席的政黨組織不可。在他以為這種宣傳,是先進立憲國政治家應取的態度;但是北洋軍閥官僚,絕對不願意在憲政軌道以內行動;就是和他們有歷史淵源的唐紹儀尚被他們排斥,何況他們所目為暴民首領的宋教仁呢!民國二年三月二十日午後十時,宋教仁擬乘滬寧車北上,在滬寧車站被刺,至二十二日逝世。二十三日、二十四等日,捕獲行凶犯武士英(即吳銘福)及謀殺犯應夔丞(即應桂馨),並在應宅搜得謀殺證據多種,乃知謀殺犯中尚有國務院祕書的洪述祖和「內閣政黨」的內閣總理趙秉鈞,並且與袁總統有關係。於是舉國人心震動。當此案發生時,袁總統曾電令江蘇都督程德全、民政長應德閎「窮究主名,務得確情,按法嚴辦」。四月二十六日,程德全、應德閎電呈袁總統,並通全國,將此案證據宣布;其文附錄如下:

……前農林總長宋教仁被刺身故一案,經上海公共租界會審公堂及法租界會審公堂分別豫審,暗殺明確。於本月(四月)十六、十七兩日,先後將凶犯武士英、應桂馨解交前來。又於十八日由公共租界會審公堂,呈送在應犯家由英法總巡等搜獲之凶器五響手槍一枝,內有槍彈兩個,密電碼三本,封固函電證據兩包,皮箱一個。另由公共租界捕房總巡當堂移交在應犯家內搜獲函電之證據五包。並據上海檢察廳長陳英將法捕房在應犯家內搜獲之函電簿籍證據一大木箱,手皮包一個,送交會檢。當經分別接收,將凶犯嚴密看管後,又將前於三月二十九日在電報滬局查閱洪、應兩犯最近往來電底,調取校譯。連日由德全、德閎會同地方檢察廳長陳英等在駐滬交涉員署內,執行檢查手續。德全、德閎均為地方長官,按照公堂法律,本有執行檢查事務之職;加以三月二十二日奉大總統令,自應將此案證據逐細檢查,以期窮究主名,務得確情。所有關係本案緊要各證據公同蓋印,並拍印照片。除將一切證據妥慎保存外,茲特撮要報告。查應犯

三 「宋案」及大借款的風潮

往來電報，多用「應」、「川」兩密碼本。……

本年一月十四日，趙總理致應犯函，「密碼送請檢接，以後有電，直寄國務院可也」等語，外附密碼一本，上注「國務院（應）密，民國二年一月十四日」字樣。

應犯於一月二十六日寄趙總理「應」密「徑」電，有「國會盲爭，真相已得，洪回面詳」等語。

二月一日，應犯寄趙總理「應」密「東」電，有「憲法起草，以文字鼓吹，金錢聯繫，主張兩綱：一除總理外不投票；一解散國會。此外何海鳴、戴天仇（即今之戴傳賢，當時號急進黨人）等已另籌對待」等語（可見破毀國會，在國會未成立前已為該黨所主張）。

二月二日，應犯寄程經世轉趙總理應密「冬」電，有「孫、黃、黎、宋運動極烈，民黨忽主宋任總理。已由日本購孫、黃、宋劣史，警廳供鈔，宋犯騙案刑事提票，用照輯印十萬冊，擬從橫濱發行」等語。

又查洪述祖來滬，有張紹曾介紹一函。洪應往來函件甚多，緊要各件撮如下：

二月一日，洪述祖致應犯函，有「大題目總以做一篇激烈文章，乃有價值」等語。

二月二日，洪致應犯函，有「緊要文章已略露一句，說必有激烈舉動，弟（指應）須於題前徑電老趙索一數目」等語。（此電即為示意暗殺之發端。所謂「緊要文章」，所謂「激烈舉動」，即指暗殺事，「說必有」之「說」者，絕非洪自說，亦非趙說，其說者果為何人？可按語氣得之。）

二月四日，洪致應犯函，有「冬電到趙處，即交兄（洪自稱）手，面呈總統閱後頗色喜，說弟頗有本事。既有把握，即望進行云云。兄又略提款事，渠說將宋騙案及照出之提票式寄來，以為徵信。弟以後用『川』密與兄」等語。（其實所謂宋騙案、所謂提票式都是烏有之事，應犯初欲假此以騙袁世凱之金錢者。）

第十章　國民黨與北洋軍閥爭鬥的初期

二月八日，洪致應犯函，有「宋輩有無覓處，中央對此似頗注意」等語。

二十一日，洪致應犯函，有「宋件到手，即來索款」等語。

二月二十二日，洪致應犯函，有「來函已面呈總統總理閱過，以後勿通電國務院，固智（趙秉鈞別號智庵）已將『應』密本交來，恐程君不機密，純令歸兄一手經理。請款總要在物件到後（指宋騙案等），為數不可過三十萬」等語。

應犯致洪述祖川密蒸電，有「八厘公債，在上海指定銀行，交足六六二折，買三百五十萬，請轉呈，當日復」等語。

三月十三日，應犯致洪函，有「民立記遁初（宋教仁別號）在寧之演說詞，讀之即知其近來之勢力及趨向所在矣。事關大計，欲為釜底抽薪法，若不去宋，非特生出無窮是非，恐大局必為擾亂」等語。

三月十三日，洪述祖致應犯「川，密蒸電已交財政總長核辦，債止六厘，恐折扣大，通不過。毀宋酬勳位，相度機宜，妥籌辦理」等語。

三月十四日，應犯致洪述祖「應」密「寒」電，有「梁山匪魁，四處擾亂，危險實甚，已發緊急命令，設法剿捕之，轉呈候示」等語。

三月十七日，洪述祖致應犯「應」密「銑」電，有「寒電到，債票特別准，何日繳現領票，另電潤我若干，今日復」等語。

三月十八日，又致應犯「川」密「寒」電，有「應即照辦」等語。

三月十九日，又致應犯電，有「事速照行」一語。

三月二十日半夜兩點鐘，即宋前總長被害之日，應犯致洪述祖「川」密「號」電，有「二十四分鐘所發急令已達到，請先呈報」等語。

三月二十一日，又致洪「川」密「個」電，有「號電諒悉匪魁已滅，我軍無一傷亡，堪慰，望轉呈」等語。

三月二十三日，洪述祖致應犯函，有「號個兩電均悉，不再另復，鄙

三 「宋案」及大借款的風潮

人於四月七號到滬」等語。此函系快信，於應犯被捕後，始由郵局遞到，津局曾電滬局退回，當時滬局已將此送交涉員署轉送到德全處。

又查應犯家內證據中有趙總理致洪述祖數函，當系洪述祖將原函寄交應犯者。內趙總理致洪函，有「應君領紙，不甚接頭，仍請一手經理，與總統說定方行」等語。（這就是要洪作表、應之間的關鍵，不必經過趙的意思。）又查應自造監督議院政府神聖裁判機關簡明宣告文、謄寫本共四十二通，均候分寄各處報館，已貼郵票，尚未發表，即國務院宥日據以通電各省之件。（國務院於「宋案」發生後，三月二十六日曾通電各省，謂「據應夔丞二十三日函稱，滬上發現一種監督政府政黨之裁判機關，並附有簡明宣告文，雜列宋教仁、梁啟超、袁世凱、趙秉鈞、汪榮寶等之罪狀，謂俱宜加以懲創，特先判決宋教仁之死刑，即時執行」等語。這是趙應洪等想藉此迷惑社會耳目的手段。）其餘各件容另文呈報。前奉電令窮究主名，必須徹底訊究，以期水落石出。似此案情重大，自應先行撮要，據實電陳。除武士英一犯業經在獄身故，由德全等派西醫會同檢察廳所派西醫四人剖驗，另行電陳，應桂馨一犯，迭經電請組織特別法庭一俟奉准，即行開審外，謹電聞。

我們看了前面的證據，不唯可以斷定趙秉鈞是謀殺的嫌疑犯，就是袁世凱也不能不被認為謀殺嫌疑犯之一，參以後來應桂馨與趙秉鈞暴死的經過，袁之為謀殺犯，尤很明白。（「宋案」初有組織特別法庭開審之議，後因司法總長許世英力持不可，遂就上海地方審判廳審理，開審數次，原告律師金泯瀾等要求非洪述祖、趙秉鈞到案不能洞悉確情。上海檢察廳於是發有傳趙秉鈞到案之廳票。洪述祖雖被政府嚴拿，然安然避居青島；趙自請辭職，袁僅准其請假安居北京。案懸不能審。應桂馨後乘滬上亂事之隙逃出。至民國二年十一月，應由青島電政府請昭雪，三年一月，應入京，招搖過市，一月十九日出京，在京津火車中被刺身死，行刺者名王滋圃〔據孤憤言，為袁所使〕。時趙秉鈞為直督，曾通電各處嚴緝殺應之凶犯，

第十章　國民黨與北洋軍閥爭鬥的初期

而竟忘應曾為「宋案」凶犯也。

應死未久，趙秉鈞亦以七孔流血暴亡。孤憤謂：「趙聞應死，曾用電話向袁鳴不平，謂如此，以後誰肯為總統作事。未數日，趙亦暴亡，蓋袁恐趙氏終暴其隱也。」洪述祖於洪憲帝制亂後，始被宋教仁之子拿獲，控由法院宣告死刑，「宋案」乃結。）袁所以必致宋教仁於死地，固然是因為國民黨選舉得勝，恐怕宋挾國會的勢力逼著要組織內閣，要破毀國民黨，非先破毀製造國民黨的領袖不可。但是國民黨的領袖，在宋的上面還有孫、黃，與宋同列的，還有某某某某等，為什麼獨謀殺宋一人呢？孫之為袁所忌，固不待言，不過他知道此時孫尚不欲與他為敵，黃則是他認為忠厚老實的人，其他與宋同列的領袖某某某某等，或則尚不欲露頭角，或則早被袁用金錢的迷魂湯把他們毒殺了（當時被袁用金錢賄買的黨人不止一人，現在也不必詳舉）。對於宋教仁，袁也曾用過金錢毒殺政策，但宋不肯受他的金錢——宋在北京時，袁以某銀行支票簿遺宋，令宋自由支用，宋略支少許表示謝意後，即以原簿還之（此事，著者曾親聞之宋君親密之友人）——此為宋致死的重要原因。袁世凱最忌有能力而又有操守的人，因為有能力而又有操守，便不肯作他個人的私黨，受他的牢籠指揮，便是他切身之敵；他一生的本領，就是使貪使詐；他最大的罪惡也是養成社會貪詐之風，務使天下的人才盡腐化於他的貪詐洪爐中；至於攬權竊位，猶其罪惡之小者。

當「宋案」的證據在滬暴露時，聽說滬上法院要發傳票傳趙秉鈞到案，袁、趙一時慌亂無計，便想出一種奇妙的抵制辦法，在北京製造一種暗殺風說，濫肆逮捕，說是搜出一個什麼血光團的名簿來；接著逮捕國民黨議員謝持，又賄買周予儆自首為血光團員，供詞扳扯黃興。及上海法院票傳趙秉鈞，北京便以票傳黃興為抵制，把司法上的刑事問題擴大為政治問題，使滬上法院對於「宋案」的審理，不能得到正當的結果。自此暗潮

三　「宋案」及大借款的風潮

日急,大有「山雨欲來」的景象。袁世凱知道戰事必不可免,祕密促成大借款,以為用兵及賄買各方的資金,「宋案」證據宣布的那天——四月二十六日——二千五百萬鎊的大借款合約也就簽字了。

　　大借款的進行,原來始於唐紹儀組閣時。因為帝國主義的資本家始終抱持財政侵略的政策,百端壓迫,不能就緒,但總在似破裂非破裂的情況中。到民元十二月間,關於借款的重要條件大致就緒,財政總長周學熙曾將其重要條件報告臨時參議院,參議院也表示大體許可;但政府既不是以正式公文提出,該院亦非以議決的形式出之,依臨時政府時代幾種小借款的先例,凡政府於立約簽字之先,無不正式提交參議院通過。此次大借款,經十二月間的報告,銀行團方面又發生變化,原因就是俄法兩使反對監督用人條款,主張各該本國必出一人;後經公使團協定,鹽稅稽核處聘英人為主辦,德人為副辦,國債局聘德人為總辦,審計顧問俄、法二國各聘一人;公使團於民國二年三月三日(時「宋案」猶未發生)將此議通告中國當局,當局以此議為借款談判時所未曾聞,於中國不利,拒絕之。時美國政府以銀行團要求中國的財政監督權太無道理,令本國銀行退出借款團之外,並獎勵便宜投資,五國團頗有恐慌的樣子。

　　假使不是袁世凱製造內亂,又切望外資去鎮壓內亂的原故,這時候確是衝破五國團羅網的一個機會;乃袁於「宋案」發生後,便祕密與五國團交涉,五國團正在受美國退出的恐慌中,焉有不歡迎之理,故年餘以來不能成立的大借款合約忽於數日之內即行簽訂。簽訂後,藉口往年十二月在參議院的報告,說是已經參議院通過了,現在僅諮請國會備案,於是國民黨的議員大譁。擁護袁世凱的國民黨議員,一面承認政府簽訂合約的「手續不合」,一面仍極力反對國民黨的反袁行動。各省都督有通電責問政府借款違法的,也有已經被袁收買,希望即時分飲「止渴之鴆」,因而替袁辯解的。這是大借款宣布後的情形。到七月間,又發見袁政府在大借款簽

第十章　國民黨與北洋軍閥爭鬥的初期

訂以前（四月二十日）還有一宗祕密借款，就是奧國借款。此借款不唯未經國會通過，簡直使國會夢不得知。經議會再三質問，始承認有此事，於是連擁護袁世凱的議員們也不便替袁政府說硬話了。趙秉鈞、周學熙至此始依願免官。在此兩宗借款的簽訂時，袁世凱向國民黨積極備戰的態度已經十分明白，戰鬥的成功也大都確定了。

四　討袁軍的失敗

「宋案」發生後，袁世凱積極備戰，一點不游移，一點不放讓，什麼法律、國會，一切不放在眼中；而在國民黨方面，形勢卻異常混沌。孫中山本是主張以政權讓袁，暫不與爭的；「宋案」發生以前，他在日本還向人說：「余已力辭正式總統的候補，黃君（克強）亦必力辭，此事終不能不煩袁君。」及「宋案」真相暴露，他由日返滬，認定新中國建設的重任絕不可託諸袁，而倒袁又絕非法律口舌所能奏功，也一點不游移地主張立即興兵討袁。但此時虛有其表的國民黨分子異常複雜，就是從前同盟會的黨員意見也極不一致：北京國會中黨員的意見，和南方各省幹部黨員的意見，既有平和、激烈之分；而南方各省幹部黨員中又有急進、緩進之別；從三月「宋案」發生後到七月贛寧兵起，幾個月間，都是在一種混沌的狀態中。黃遠庸在那年五月二十七日所發表通訊中有一段描寫當時國民黨的情形，大略有幾分相近，他說：

……「宋案」初發生時，國民黨幾恢復同盟會之原始時代，即北方之法律派亦緘口結舌，不敢異同。……於是因第二次革命風聲之影響，脫黨及組織第三黨者絡繹不絕。今又復因第二次革命之局面日益窘蹙，而政府之態度愈益強硬，南方暴動派之日漸轉變，前此之法律派又恢復其固有

勢力,而發表其所謂最近國民黨誠意之主張矣。最近國民黨誠意之主張維何?

第一,請袁總統勿動兵戎;

第二,大借款案必須諮回政府,請政府再行交議,國民黨以黨格保證之,必予以追認,但於借款用途之附件不能不略加更改,其最要者即裁兵費之輕重不均是也;

第三,內閣必須改組,新內閣提出借款案時,國民黨即為追認,並更改附件,然若以進步黨(此時進步黨已合併成立)組織內閣,則並附件亦可一字不改。

國民黨之前倨而後恭也如此……蓋國民黨中無論法律派與非法律派,其目的專在排袁,特其手段稍異。其先法律派的排袁僅在政黨內閣,至「宋案」發生後,則一律主張不舉袁矣。於是武力派主張以武力倒袁,法律派則主張以法律倒袁。「宋案」初發生時,法律派力不敵武力派,故無所主張;今武力雖未用,而大勢已到盡頭,故法律派復活。法律派之自解於武力派曰,姑以法律與袁戰,袁必敗,俟其法律之戰敗,則以武力解決之,是為武力擁護法律說,為南北兩派最近之連鎖。今照此法律派之主張,先以大借款坐定袁氏違法,則內閣不能不改組……進步黨基礎未固,且並其黨之為黨亦尚未正式發表,此時以內閣之,藉此正可得一部分之提攜,於兩院又可得絕對多數,此時則法律派與袁戰之武器益多,有憲法問題,有總統問題,袁若不聽命者則聲罪致討,已為有詞,況更有臨時種種發生之問題乎。……且此等計劃,自湯化龍被選得議長後,國民黨已眾口一詞願推進步黨組織內閣,且甚希望湯化龍為總理……李肇甫君在國事維持會協會中,對進步黨人痛哭流涕而陳袁氏之不可與合……蓋雖欲不謂為誠意,不可得也。

國民黨之法律派既欲破進步黨與袁氏之連合……而進步黨所以不敢領

第十章　國民黨與北洋軍閥爭鬥的初期

受國民黨法律派之厚意，正以今日說話不過國民黨一部分之主張，而其他為議會以外之行動者，則無人得而代表之也……

各報所傳黃興、李烈鈞等種種計劃，今即極有強辨之國民黨人，亦不能盡謂「非國民黨」人造謠。特近日狀況，日見衰落。……以余所聞：

（一）現在最激烈者僅一孫中山，孫以反對借款通電各國，而收效相反……

（二）頗聞孫電致胡漢民（時為廣東都督）屬宣布獨立，聞胡頗以時機未至拒之；

（三）柏文蔚（時為安徽都督）之態度，有頗謂其此時但求騙錢到手，俟到手後即造反者，然以余所聞，安徽軍隊，除某旅長一部分外，絕不附柏；

（四）此間所傳程雪樓（德全）之態度已日益明確；

（五）最激烈者，人以為江西人，其實最能實行同盟會宗旨者莫過於湖南……

（六）都督中之態度最明瞭者莫過於李烈鈞，其派兵計劃，以余所聞，已非子虛。

綜計孫、黃二人，黃已少變，而孫未變，都督中李最強硬，其軍隊亦比較可恃，故現在內外咸指目於李，今已有命李純代之之說。而此間（北京）國民黨議員則欲聯名呈請，代之以歐陽武。……

黃遠庸是不滿意於當時國民黨的，故他對於國民黨總不免詞帶譏諷。這段通訊是要把國民黨的祕密披露，以促政府的注意，故譏諷之中含有幾分真相，我們可以在此看出當時國民黨混沌的狀態來。到六月初旬，去破裂的時期更近了，國民黨的形勢卻更軟弱而混沌如故。黃遠庸六月十二日的通訊說：「江西則通電退兵；廣東則以文電自明無二意，『宋案』

借款之爭，謂作一種建言作用，並不敢出法律範圍；湖南則以軍官多明大義，譚延闓漸漸恢復其自由；安徽之柏文蔚則情見勢絀，其辭呈將不日到京。……袁意必撤李烈鈞及柏文蔚；今柏之去位，固已成公然之事實，不成問題；李烈鈞最強項，不肯辭職，去留聽之中央，在我必不發一語……廣東事最複雜，江孔殷派則欲以陳炯明繼胡之任，竭力為之擁護，此派勢力不小，純粹之粵派國民黨則欲戴岑西林為粵督，以胡漢民為民政長，而藉此以去陳炯明、陳景華，前陳與胡立異，後陳則為岑三所深惡。……」總括此時期的國民黨形勢，可以下列幾點表明：

一、孫中山、李烈鈞始終堅持武力倒袁政策，其餘領袖或反對，或游移。

二、北京國會中大部分的黨員想與進步黨提攜，以法律制袁。

三、南方各省的實力，鄂雖為革命發源地，此時完全為黎元洪所把持，而黎則已被袁所牢籠，替袁出力；湘雖在國民黨手中，譚延闓態度游移畏葸，軍隊亦不和；皖則柏文蔚態度與譚同，部下也不一致；寧則自留守府撤銷後，蘇督程德全以依違兩方為務，軍隊也不一致；粵則胡漢民、陳炯明不一致，內容更紛亂；只有贛省李烈鈞可把持幾分；其他各省也是混沌，不過與此次戰事關係較少。

在如此的狀態之下，所以專就討袁軍的自身方面說，最初就沒有致勝的可能。何況進步黨袒袁，帝國主義者也袒袁呢！進步黨袒袁最明顯的證據，例如參議院議長張繼、王正廷通電外國阻止大借款付款，進步黨的議員便迫令張、王再電宣告系以個人資格為之，使張、王前電歸於無效。帝國主義者袒袁的證據，例如中山忠告五國團，五國團允於兩星期內暫停付款，然實際則在四月二十九日（即簽字後四日）已付二百萬鎊（約中幣二千萬元）；倫敦《泰晤士報》對於中山反對借款通電且加以揶揄之詞。袁世凱因為有帝國主義者的金錢和進步黨人作後援，態度越加堅決。黃遠庸

第十章　國民黨與北洋軍閥爭鬥的初期

在五月二十七日發表的通訊說：「……袁總統之決心，於近數日中尤盛，以大借款成而債票已銷暢也。彼意……跋扈之都督在所必除（指李、柏、胡三人）。前日，藍建樞以代表岑西林資格，進言調和，袁謂：『今日並非調和南北問題，乃系地方不服從中央，中央宜如何統一問題。「宋案」自有法院，借款自有議會，我與岑君等皆不能說話。君系現役軍人，尤不能說話。

至李烈鈞等為地方長官，於行政之系統上，中央不能不求統一之法。』其意見可見一斑。最近更發現一可驚之談話，前數日袁特令梁士詒、段芝貴及祕書曾彝進至前而告之，謂：『可告國民黨人云，我現已決心。孫、黃等無非意在搗亂。我絕不能以受四萬萬人財產、生命付託之重而聽人搗亂者。彼等皆謂我爭總統，其實若有相當之人，我亦願讓。但自信政治經驗、軍事閱歷、外交信用頗不讓人。則國民付託之重，我亦未敢妄自推諉，彼等若有能力另組政府者，我即有能力毀除之。』其言咄咄逼人如此。據最近所聞，不出三日，袁必有最決裂之命令發表也。……」藉口李、柏、胡等曾通電反對借款，說他們不服從中央，於六月內把他們的都督位置削奪（李烈鈞於六月九日免職，胡漢民於十四日免職，柏文蔚於三十日免職），這是「先發制人」的方策。

袁又恐怕湖南為鄂後患，賄買奸人，把湖南的軍械局炸毀，使得湖南的激烈派無所施其技。廣東道遠，又有內爭，安徽也有內爭，袁是不怕的；他所最注意的就是江西，老早就派李純向九江進兵。李、柏、胡三督皆遵令解職，寂然無所動，彷彿沒有事了；但是北洋軍隊仍舊聯翩向江西內地出發，到七月十二日——就是任命李純為九江鎮守使的那天——李純的軍隊在沙河鎮和林虎的軍隊發生衝突，李烈鈞也在這一天占領湖口起兵，名曰「討袁軍」。黃興於十五日入南京，迫蘇督程德全宣布討袁，與李烈鈞的贛軍響應。其他安徽、湖南、廣東、福建和四川的重慶，後來雖

四　討袁軍的失敗

也參差不齊地先後響應一下,但都是「曇花一現」了事。只有江西和南京的兩處戰事比較久一點,所以後來稱此次的討袁軍為「贛寧之役」。袁世凱用段芝貴為第一軍軍長,對付贛方(以李純為前驅);用馮國璋為第二軍軍長,對付寧方,於是兩方的正式戰鬥遂以開始。

戰事發生後,進步黨的報紙大都偏袒袁氏,非難國民黨,進步黨的議員尚有在國會提出「征討案」,向袁討好的。獨有一位超出各黨派、全無勢力的蔣智由,發起一個「弭禍公會」,主張袁世凱辭去總統之職。(「弭禍公會」的會啟說:「……竊自『宋案』證據宣布,中外駭聞,人心憤譁。以民國開始之政府,而有此腥聞之奇案,外貽四方之羞,內激蕭牆之變。以法律平等而論,無貴無賤,均須到案。免冠對簿,既失政府之尊,若違法自上,不可以為萬世之則,亦不足以平天下之心。國民黨之與政府屢相齟齬,本未調和;所以未由決裂者,正以無辭可藉,懼為戎首耳。今結此大難,受以問罪之據,不為無名之舉。一旦發難,見以戎衣,政府若辭屈而服罪,有傷統御之權;若恃強而相抗,必成騷擾之局。

南北或至分裂,四民陷於塗炭。即不然而或合數省之都督師旅之軍官,聯合以請政府之到案,則神聖不可侵犯唯君主始有此權;今政府之所承認者民主而非君主,自不得援神聖不可侵犯之律。……本會為保全大局,力求和平,唯有求大總統退位,並矢言不再任總統,遠師周公以管蔡流言而徂東山,上法虞舜以瞽瞍殺人而逃海濱。且大總統為任天下之重而出,毫無利其祿位之心,尤與初志相符。……本會均系超然不入黨派,向與國民黨殊其宗旨,亦與宋教仁異其政見。唯同為國人,匹夫有責,當此大局動搖……不一設法……生民亡,國家盡矣。為此伏乞大眾同蒞此會……」)國民黨人雖然認為合理,但是袁黨都認它是替國民黨打邊鼓的,沒有人理它。國民黨的名流領袖汪精衛、蔡元培當戰事未發生以前,都極不主張動武;進步黨的人士平素對於他二人也頗懷好感,現在想利用

第十章　國民黨與北洋軍閥爭鬥的初期

敵黨平素對己懷好感的心理，各發出一通宣言，主張要求袁氏退位，另選總統以弭戰禍，汪、蔡二人的呼籲比蔣智由的「弭禍公會」當然是更無效力。對於蔣不過是消極地不理罷了；對於汪、蔡，除了消極地不理之外，還要積極地加以揶揄說他們想「抄襲成文」（指辛亥宣統退位而言），「希圖屢邀天幸」。

袁黨作此揶揄之詞猶無足怪，號稱非袁黨又非國民黨的人士也加以非笑。（據黃遠庸通訊，戰事初起時，國民黨要人曾與進步黨要人密談，一面請袁退位，一面令兩方停戰，謂此為最好之和平辦法，進步黨人謂此議太不經。）國民黨安有勝理？大約當時盲目的言論家以為首先動武的是國民黨，袁氏縱然不對，只應該以正當的法律手段解決，不應該用武；例如某報說：「……袁氏當討矣，為公義矣，為義師矣，其當研究者尚有數問題。第一，除今日外，是否無以武力解決之時也。夫討袁檄文有數以十二罪者，有數以六罪八罪者，得當與否無暇深論；然果如檄者所言，則當訴諸國民全體，先以國民全體之名義迫袁退位，倘尚戀棧，乃興民軍，未為晚也。第二，除武力解決外，是否別無方法也。正式總統行將選舉，臨時總統即將告終，此數月間，以前法迫之而彼不退位，則將來選舉，相約不投袁票，亦未嘗不可。……」這種議論彷彿很有理由，其實首先就自己忘記了自己是「國民全體」之一分子，忘記了當前的謀殺刑事犯趙秉鈞已抗不到案，當前的所謂國會已經失了選舉投票的自由，所謂法律解決，只是一種幻夢。這種幻夢不到破毀國會洪憲帝制時，是不得醒的。

當時所謂知識階級袒袁的中堅心理，只是汪精衛所指出的幾句話說：「一年以來，國民有一致普通之口頭禪曰『非袁不可』，然同時又有一致普通之心理曰『非去袁不可』。何以非袁不可？非袁則蒙、藏無由解決乎？曰否。非袁則列國無由承認乎？曰否。非袁則共和建設無由進行乎？曰否。然則何為而非袁不可？曰：以袁擁重兵故。袁之部下，不知有國民，

四 討袁軍的失敗

只知有袁宮保，使袁宮保在，專制可，共和亦無不可；使袁宮保去，則亂且接踵而至；津京兵變，已小試其端，奈何其復蹈之。此『非袁不可』之說也。今日以前，慮其部下之有變，而苟然安之，然則今日以後，亦將慮其部下之有變，而苟然安之乎？慮其部下之有變，奉為大總統而苟焉安之；然則慮其部下之有變，奉為皇帝而亦苟焉安之乎？此所以『非袁不可』之言者，同時亦必有『非去袁不可』之意也。」此時袒袁的心理純粹為「非袁不可」四字所籠蓋；而「非去袁不可」的心理一時尚不能發見，因為尚不相信袁氏果然要作皇帝，不相信汪精衛是一個先知的預言家。袁氏得此輩人的援助，所以著著致勝。

　　從七月十二日兩軍正式開始攻戰後，江西湖口的討袁軍被袁軍水陸夾攻，於七月二十五日敗退；八月十八日袁軍攻取南昌，江西便為北洋軍閥所占領。南京方面，因為一部分軍隊被袁氏利用帝國主義的金錢所買收，發生內變，急令扼守臨淮關之第八師還寧防守；而在徐州與袁軍對壘的冷遹軍因後路空虛，退守臨淮關；值袁軍奪取湖口，南京內外震動，黃興於七月二十九日潛離南京，程德全又宣告取消獨立；到八月八日，革命黨人何海鳴又入南京，自為總司令，與袁軍抵抗；直至九月一日，南京始為張勳所奪取。當黃興尚在南京時，陳其美、鈕永建、居正等圖攻上海製造局，不利，也於八月十三日棄吳淞口炮臺而去，安徽柏文蔚的獨立政府也被軍隊所逐，於是長江流域全入北洋軍閥的勢力範圍。不久，用湯薌銘督湘（二年十月），用段祺瑞督皖（二年十二月，三年二月改任段芝貴），用李純督贛（二年九月），用倪嗣沖督皖（二年七月），用馮國璋督蘇（二年九月以張勳督蘇，至十二月始改用馮國璋，而以張勳為長江巡閱使）。此後除湯薌銘於洪憲帝制的末日被湘人所逐，湘省常為南北戰爭的導火線外，鄂、皖、贛、蘇四省被北洋軍閥宰制十餘年，到民國十五年廣東革命軍北進，四省才脫去北洋軍閥的勢力範圍；可見「贛寧之役」於北洋軍閥

第十章　國民黨與北洋軍閥爭鬥的初期

與革命黨勝敗關係的重要。

討袁軍失敗後，陳其美於民國四年春間有一封致黃興的長函，追溯此次失敗的原因（原函見《孫文學說》第六章附錄中，因太長，此處未便錄入，請讀者取《孫文學說》參觀）。大意說是由於黨人未能聽從中山的主張，從速發難所致。假使當時果依中山主張，失敗或不如此之易，但依當時的所謂「民心」觀察，討袁軍是萬難致勝的。當時的人心一般說是「厭亂」，其實所以「厭亂」，還是因為「並不知亂」，一般人以為辛亥革命的小小戰事就是「亂」，贛寧的軍事就是「亂」，不知道還有無數次南北混戰的「大亂」種子伏在北洋軍閥裡面，好比小孩身上長了一個小癰，你要趁早替他割去，他就拚命地抵抗叫痛，不知道癰毒蔓延日久，還有將來的大痛。中山雖然學過醫，想用割癰毒的方法從早下手，大多數的所謂國民都不願意要他割，就非等到癰毒的大潰爛，無從施治了。我們試看上海攻打製造局時，滬商會致南北兩軍的公函，說：「敬啟者贛省事起，風潮驟急，商界首當其困。本日宣傳南北軍在製造局將有戰事，商民恐慌，要求設法維持。頃間全體開會，決議上海系中國商場，既非戰地，製造局系民國公共之產，無南北軍爭奪之必要，無論何方面先啟釁端，是與人民為敵，人民即視為亂黨。用特函告臺端，約束麾下，勿與吾民為敵，輕啟釁端，眾商感戴。」這種不問甲乙是非的平和公論，就是小兒割癰時怕痛的呼聲，滬商會就是一般人民的代表。所謂「民心」如此，討袁軍所以必敗。

五　國會的破毀與所謂「第一流內閣」的末路

討袁軍的導火線是「宋案」，「宋案」的導火線是國民黨在第一次正式國會裡面獨占優勢，已如前二節所說。但是自從「宋案」發生，國會開幕

五　國會的破毀與所謂「第一流內閣」的末路

後（國會於民國二年四月八號正式開幕，在「宋案」發生後），國會裡面的黨派形勢漸變。共和、統一、民主三黨懾於國民黨的優勢，併合為進步黨，湯化龍因此取得眾議院議長的位置。國民黨自宋教仁被刺後，失去了一個控馭的健將，被袁世凱的威逼利誘政策加以破壞，劉揆一（早已宣言脫離同盟會）引誘一部分黨員組織一個相友會；孫毓筠（早被袁世凱買收的人）、景耀月引誘一部分黨員組織一個政友會；還有什麼癸丑同志會、超然社、集益社的小團體，於是國民黨弄得四分五裂，凌亂不堪，而國會的重心反移於進步黨。雖然進步黨不久也有共和黨分裂的事實，但於進步黨的潛勢力無大損傷。此時的進步黨，為舊立憲派名流集中的淵藪，行動言論極其溫和，處處與當時所目為暴民的國民黨不同，因是遂為一時所謂輿情的寵物。袁世凱對於他們本也沒有什麼深情厚愛，不過因為要抑制國民黨的原故，就不能不暫時借重他們以收輿望；國民黨的溫和派感覺一時環境的危險，也不能不隨處屈就他們，以圖苟延殘喘。所以此時的進步黨，就它的本身而論，是它最得意之時；就全體的政局而論，是重要的關鍵所繫。但是事變的演進，進步黨雖然得意一時，其結果徒被玩弄於袁氏，與國民黨同歸於失敗。其失敗的經過如次：

一、熊希齡組閣

進步黨最得意的，就是所謂「第一流內閣」組織的成功。當討袁軍發動時，事實上已無國務總理，趙秉鈞久因「宋案」稱病不視事，以段祺瑞代理。及奧國祕密借款暴露，進步黨也有主張彈劾內閣一部分的，袁乃決意改組內閣。袁的本意在徐世昌，但此時國民黨在國會裡面尚有一部分勢力，徐不敢出；袁想借重進步黨，便把熊希齡與徐世昌兩人提出，向進步黨的某要人交涉。某要人說：熊的通過國會比徐容易；又有該黨人向袁獻計的，說：此時無論提出何人，首先提出的必遭反對，不如先以熊為犧牲，若不同意，再將徐提出。袁因於七月後旬提出熊希齡為國務總理，交

第十章　國民黨與北洋軍閥爭鬥的初期

國會求同意。此時國民黨的溫和派正想和進步黨提攜,希望進步黨組閣;熊希齡是與進步黨有關係的,現在既為該黨所擁戴,無論他的人如何,總比北洋軍閥官僚好些,所以熊在兩院得安然通過。

當時有人說,熊得為總理,好比偷關漏稅、祕密輸入的貨品;因為袁的本意是拿他來向國會試風色的,不料國會竟慨然予以同意,適入進步黨的彀中。進步黨本意想擁熊希齡,組織一個完全進步黨內閣,除了陸、海軍兩部外,所有的重要閣員都要以進步黨領袖充任。熊的正式任命在七月三十一日,此時熊尚在熱河都統任內,三推三讓,不肯來京就任,得梁啟超再三催促,然後來京,於八月二十八日正式受任。受任過一星期,閣員的配置竟不能就緒。原來在熊未到北京以前,袁世凱已把重要的閣員決定,只留下教育、司法、農商幾個閒位置,待熊來配置;而熊又曾宣言「須組成第一流人才與第一流經驗的內閣」,現在所謂第一流的經驗家,已由袁替他選定了朱啟鈐任內務,孫寶琦任外交,周自齊任交通。(袁本擬周自齊任財政,熊初欲梁啟超任財政,因袁不欲,乃以總理自兼財政抵制之,改以教育或司法界梁,而周自齊乃改任交通。)而熊心目中的所謂第一流人才的第一個梁啟超,本意要做財政總長,發揮他整理財政的計畫,對於教育、司法等閒曹,不願屈就,因託言黨義,百端推辭。梁若不出,第一流人才的第二、第三個張謇、汪大燮也不肯出。進步黨人滿擬取得一個純粹的政黨內閣,見此形勢,也有不十分贊成梁啟超登臺的。但機會難得,要丟又捨不得丟,所以經熊和袁再三的勸誘,梁終接受了司法部長的椅子。於九月十一日始正式發表閣員的配置如下:

總理兼財政熊希齡

陸軍段祺瑞

海軍劉冠雄

內務朱啟鈐

外交孫寶琦

交通周自齊

司法梁啟超

教育汪大燮

農商張謇

　　這種內閣，我們看起來，和民元唐紹儀的內閣形式上實在毫無差別，不過唐內閣所包含的閣員，除了北洋軍閥官僚之外，還有幾個處於閒曹的同盟會名流；這次熊內閣所包含的，除了北洋軍閥之外，還有幾個處於閒曹的進步黨名流；所差別的就是由革命黨的得意時代變為立憲黨的得意時代，實際是同被玩弄於袁世凱。因為當時的同盟會不得人望，立憲黨是溫和而又善談政策的，於是加入幾個處於閒曹的立憲黨員，就說是「差近人望」，就說是「以立憲黨為主體」的內閣了。但唐內閣因為拒絕王芝祥委任狀的副署而瓦解，瓦解後還保存著革命、立憲兩黨政治活動的餘地；後來熊內閣甘心副署了袁世凱摧毀國民黨議員的命令，副署了停止國會的命令，也不能不歸於瓦解，瓦解後不唯革命黨沒有政治活動餘地，連立憲黨名流的自身也失去了政治活動的機會；立憲黨第一次正式受試驗的成績也就可觀了。

二、正式總統的選舉

　　當討袁軍發動時，急進派的國民黨員認定北京國會已無自由行使職權之餘地，主張議員離去北京而南下。參院議長張繼老早離京，並運動程德全、譚延闓、孫道仁各督，紛紛電請議員南下，汪精衛、蔡元培亦主張是說。但多數議員皆不欲，於是有最激烈派的黨人密謀炸毀議會的風說。而袁世凱本是要破壞國會的，但在此時，卻認國會有維持的必要，因為正式總統的位置尚未到手，非假現存的國會投一投票不可；若被摧毀，須另造

第十章　國民黨與北洋軍閥爭鬥的初期

投票機關,未免稽延時日;若國會議員果真多數南下,又將被敵人的孫、黃力用,故雖一面壓迫國民黨議員,逮捕監禁,無所忌憚,一面又特頒命令,保護議員,宣告尊重約法上議員應有的特權。因為要速得正式總統,不能不暫時要國會;因為暫時要國會,便不能不暫時借重進步黨;因為要暫時借重進步黨,便不能不暫時組織所謂第一流內閣:這是袁一貫的計畫。

進步黨和溫和派的國民黨員,都沒有看出袁的祕密來。進步黨只希望制定一種他們所視為完美的憲法,引導北洋軍閥的舊勢力漸上憲政軌道,對於選舉袁為正式總統,當然是沒有問題的。溫和派的國民黨員自然不信任袁,不願舉他作正式總統,但一時找不出相當的候補者(因為孫、黃、黎都不能通過進步黨),因此想依正當的程序,把憲法制定後,依照憲法上的總統選舉法來選舉正式總統,一則可以在制憲期中觀察袁的行動,若袁不用非法手段來干涉國會,便可選舉他;二則有了正式的憲法,效力總比約法大,袁將不敢過於跋扈。簡言之,就是想以制憲和總統的兩問題來戰勝袁氏。(其實約法本應與憲法有同等的效力,約法既不足以制袁,憲法又安能有效?)平心而論,總統選舉法本屬憲法之一部,先定憲法,後舉總統,本是正當的辦法,就是進步黨的領袖梁啟超起初也是如此主張(見《遠生遺著》)。但是當時一般人把外國承認民國的問題看得異常重大,以為不經外國正式承認,民國在國際上便立不住腳,非有了正式總統,外國不易承認。

袁世凱利用一般人的這種心理,使他的私黨鼓吹「先舉總統,後定憲法」之說。進步黨的議員,為確定袁氏的地位計,恐怕遷延時日,國民黨議員「夜長夢多」,生出別的糾紛來,也主張先舉總統,後定憲法;國民黨的議員,為大勢所屈,不能堅持原意,於是「先舉總統,後定憲法」便成了定議。繼由國會中的憲法起草委員會草出憲法中的《總統選舉法》來,

交國會通過,即由國會以憲法會議的名義公布,於十月六日依《總統選舉法》,由兩院議員組織總統選舉會,舉行投票選舉。那一天選舉的情形,煞是可憐。原來袁世凱預定在「雙十節」的那一天,要升坐正式總統的椅子受賀的;倘若國民黨的議員搗亂,一時選不出來,「雙十節」受賀不成,豈不掃興;又恐怕別派豬仔議員問他要交換條件,也是難於應付的,於是就預先制好一種便衣軍警的公民團數千人,於議員入場後,將議場重重包圍,聲言「非將公民所屬望的總統於今日選出,不許選舉人出議場一步」。可憐那些議員先生們忍饑挨餓,從午前八時開始投票,到午後十時才得了一個結束。原來此時的議員,尚有一部分硬骨漢;依照選舉法,「須得票滿投票人總數四分之三者方為當選。但兩次投票無人當選時,就第二次得票較多者二名決選,以得票過投票人數之半者為當選」;那一部分硬骨的議員,憤公民團的包圍,偏不投袁的票,所以連投三次,遘到最後一次,袁僅以但書所規定的票數當選。選舉的結果報告後,公民團高呼「大總統萬萬歲」而散,議員始得出場。袁的總統到手了,國會的厄運也就快要到了。

三、國會的破毀

在正式總統選舉前,袁氏恐怕進步黨還靠不住,因使其祕書長兼交通銀行總理的梁士詒誘拐一小部分議員,組織一個公民黨,以李慶芬、梅光遠、權量等為幹部人物,凡在梁士詒勢力範圍內的所謂交通系的部屬(梁在前清任郵傳部事,掌握該部實權,後為交通銀行總理,因養成財閥私黨),都令加入公民黨。這個公民黨的用處,第一就是替袁運動正式總統,第二就是監察制憲。(所謂交通系的團結,亦於是公民黨始。)憲法起草委員會方在擬訂憲草時,公民黨遇事特別起勁,該黨機關嘗遍發號外,曰憲法起草委員所訂之草案某條不利於總統,某條不利於總統。袁氏左右的所謂法律派(顧鰲、施愚之流)也捕風捉影,向袁上條陳,說草案某條

第十章　國民黨與北洋軍閥爭鬥的初期

某條不利於總統。於是在十月以前，便有軍警將干涉國會的風說。所謂某條不利於總統者，第一總統任期問題，初擬為任期六年，不得連任。

袁語人：「我甚願任期三年，越短越好，唯不得連任明定限制，則軍隊中人將有不受我制裁之苦。」第二為責任內閣制問題。第三為總統解職後須受刑事上之追訴（此條卻是進步黨汪榮寶的主張）。但因為總統的選舉懸在目前，袁尚是不動聲色，並且向人力闢軍警變亂之謠，又戒飭左右說：「關於憲法上的爭衡，須概持不干涉主義，千萬不可為無聊之運動。」當國會以憲法會議的名義公布憲法中的《總統選舉法》時，袁已很不高興，說總統連公布憲法的權都沒有了；但是恐怕誤了「雙十節」就職日期，也不和國會爭論。到「雙十節」以後，坐上正式總統的椅子了，忽諉憲法會議爭憲法公布權，接著又提出增修約法案於眾議院；此時憲法草案在委員會中已將付三讀會了，當然對於這種增修約法案置之不議；到十月十八日，袁忽有派遣八委員（施愚、顧鰲等）列席憲法會議及憲法起草委員會陳述意見的諮文到國會。值起草委員會開三讀會時，八委員果然來了；委員會以會章僅許國會議員旁聽，其他無論何人皆格於會章不之許，遑論陳述意見，因此拒絕。

其實委員會此次所定的草案，是由國民、進步兩黨調和的公意而成的，草案良否姑不論，比較《臨時約法》是大有進步，對於總統的許可權也沒有那麼大的束縛。但袁氏決計要做皇帝大權的大總統，不願再和國會遷延不斷的麻煩了，於十月二十五日通電各省都督、民政長——妙在不訴諸國民，而訴諸都督、民政長——反對憲法草案。通電的大略說：制定憲法，關係民國存亡，應如何審議精詳，力求完善；乃國民黨人破壞者多，始則託名政黨，為虎作倀，危害國家，顛覆政府，事實具在（指討袁軍），無可諱言；此次憲法起草委員，該黨居其多數——妙在專責備國民黨，而不傷及進步黨——閱其所擬憲法草案，如何如何的荒謬——若果

五　國會的破毀與所謂「第一流內閣」的末路

施行，如何如何的於國家不利。各該文武長官，同為國民一分子，對於國家根本大法，未便知而不言，務逐條研究，於電到五日內迅速條陳電覆。這一電就是用以撥動他安在各處的留聲機器的。於是那些留聲機器——各省都督、民政長、鎮守使、師長、旅長等——果然一撥而動，大家攘臂瞋目而議憲法；但對於憲法草案的內容卻略而不談，只主張解散國民黨、撤銷國民黨議員、撤銷草案、解散起草委員會等辦法。

所謂一般國民，既沒有人向他們申訴，他們也不理這些事，除非到了動兵，「商界首當其困」的時候，什麼總商會出來喊幾句怕痛的話，現在沒有可管的閒事。進步黨一部分的議員自從公民黨開始活動以來，知道局面日趨危險，很願意和國民黨的溫和派提攜，以謀憲政的鞏固；因此共同組織了一個民憲黨，於十月二十一日開成立會：國民黨以張耀曾、谷鍾秀、湯漪、鍾才宏、楊永泰、沈鈞儒等，進步黨以丁世嶧、李國珍、藍公武、劉崇佑、汪彭年、解樹強等為主要人物；宣言不為金錢勢力所屈，以貫徹民主精神、擁護憲草為職志。這個民憲黨的結合，可以說是國民、進步兩黨有了覺悟，但是遲了；十一月四日，袁世凱的「苦迭打」就見於事實了——是日，大總統以經由國務總理副署的命令解散國民黨，撤銷國民黨國會議員，凡自湖口動兵之日起，掛名於國民黨的，都追繳議員證書徽章，共三百五十餘人；但是兩院猶足法定人數，可以開會，因又補行追繳八十餘人；於是連跨黨的國民黨議員，在湖口動兵以前，已經宣告脫離國民黨的也都被追繳，共計四百三十八人。

五日，兩院開會，袁派軍警手持被追繳議員證書的名單，守住兩院的入口，凡到會的議員都受嚴重的盤查，果不能達法定人數。自此國會便陷於不能開會的絕地。殘餘的議員，除了最少部分的公民黨以外，個個憤恨，卻無辦法。過了許久，仍用兩院的名義各向他們所擁戴的第一流內閣提出兩篇很長的質問書，限期答覆，但是杳無消息。又過了許久，由熊希

第十章　國民黨與北洋軍閥爭鬥的初期

齡致函兩院議長，大略說：大總統於危急存亡之秋，為拯溺救焚之計，是非心跡，昭然天壤，事關國家治亂，何能執常例以相繩。不久，又有各省都督、民政長等呈請總統遣散國會殘餘議員的聯電；總統真是慎重，還不肯即行遣散，又交所謂「政治會議」（其來歷見後節）討論，直等到三年一月十日，得政治會議答覆，請宣布停止兩院現有議員職務，才正式宣告解散。得第一流內閣的贊襄，替袁氏除去一大障礙物，但是第一流內閣的命運，也要告終了。

四、內閣的瓦解

熊內閣成立不久，便有兩件受北洋軍閥官僚壓迫的事情：

（一）對於湖南（熊為湖南人），熊不主派北洋軍隊去駐防，他決意將蔡鍔由滇調湘（蔡為湘人），因為蔡也想離去滇境，歸任湘事，並且已得袁的同意（只是表面上的同意，與同意王芝祥督直無異），湘人都很希望；但是段祺瑞、段芝貴定要派兵去；段祺瑞在國務院與熊力爭，說熊不主派兵是姑息。段芝貴向熊說，湖南非大加清理，將有蘊亂長奸之懼，並說：「我輩已經打掃一次（指贛寧之役），若更要我打掃第二次，我們有點不高興了。」兩段雖然沒有彰明昭著在地反對蔡鍔任湘督，意思是要把湖南放在北洋軍隊控制之下，把該省原有的軍隊消滅。後來蔡鍔督湘之說，同於王芝祥督直；蔡離滇後，閒廢北京，湘人被湯薌銘挾北洋軍隊的威力蹂躪兩年多。這是熊被壓迫的一件事。

（二）對於財政，熊的挪扯手段不如梁士詒，因為梁有交通銀行在手裡，挾有交通系的勢力，而熊則妙手空空；陸軍部和各省督軍請發軍費之文電，如雪片飛來；熊要向交通部挪移，交通部故意和他作難，說交通銀行墊款過多，不肯再墊付了。「人若無錢，又瘦又黑」，熊在登臺不久時，已到了瘦而又黑的地步了。但此時尚有一個在國會的進步黨，替他叫好；他也還在那裡盡力扮演，和梁啟超等計劃大政方針，預備向國會宣布。

五　國會的破毀與所謂「第一流內閣」的末路

他們大政方針有最重要的一點就是省制的改革，意在廢省，以固中央，謀國家統一。但是袁世凱的統一理想方法根本與他們不同，暗笑他們的計畫只是一種書生的空想，但卻也不說破，不過說問題太大，須召集一種地方長官的代表委員會議方能決定；熊也以為然，因此便有所謂行政會議組織的電令。這個電令釋出的時候，就是撤銷國民黨籍國會議員的時候，袁世凱要用這個行政會議作特別工具了。國會既毀，便把所召集的行政會議改組為「政治會議」，其中人物有所謂政界元老由總統府、國務院各部派遣的，有各省及各特別區長官派遣的代表，以李經羲為議長，於十二月十五日開會。於是第一流內閣的大政方針只得拿到政治會議去宣布。但是政治會議是袁氏的特別工具，不是內閣的擁護者，那些各省的代表先生們聽說要廢省，正觸犯他們所忌，於是對於他們的大政方針就首先反對，熊總理在會議席上受種種揶揄而退。

不久，到了年底，向熊要錢的人又「紛至沓來」了；從前恭維第一流人才的總統府要人，現在對於他們表示十分的厭倦，總統也說「內閣辦事太遲緩」了。到民國三年二月，熊內閣替袁氏將所有停止國會、停止省議會、停辦各地方自治、特設造法機關種種的命令副署發表後，漸知道所謂總統制將要出現，內閣雖是「第一流」的，也沒有存在的餘地。於是熊希齡、梁啟超、汪大燮三人連翩去職，這便是第一流內閣的末路。平心而論，熊、梁等未嘗不抱著一種政治理想。他們第一想引導北洋軍閥勢力漸入憲政的軌道，第二想把中國的地方制度加以根本的改革。但是袁世凱自有他自己的軌道，第一就是獨攬大權，第二就是利用部屬升官發財的心理，以各省長官地位為餌，既可以鎮壓各方的反抗，維持一己的地位，又可以得部屬的歡心，所以連廢省的計畫都不能容納他們的。唐紹儀和袁世凱有二十年的交情，因為袁不肯循憲政的軌道，甘願犧牲個人的交情，和袁破裂；熊、梁等在戊戌政變時就是被袁所賣的人，與袁本不同臭味；到

第十章　國民黨與北洋軍閥爭鬥的初期

十一月四日袁要施行「苦迭打」時，分明是走到憲政軌道以外去了，縱令國會的組織如何不良，既以引導袁氏上憲政軌道為職志，對於袁氏此種行為應該有一點覺悟了。為何還是將順他，和他一同跑到軌道外去呢？可見立憲黨名流的短視病，還不及半同盟會員唐紹儀的明決。直等到洪憲帝制發生時，才知道袁氏是一個巨魔，把從前「非袁不可」的心理轉變而為「非去袁不可」，再和革命黨同行。人類和其他的動物相差不遠，總是容易走錯誤的道路，我們也不能專責備立憲黨。

第十一章　帝制運動與反帝制運動

　　當國民黨勢極盛的時候，進步黨盡力扶助袁世凱以抑制國民黨；到民二冬間，國民黨被袁氏摧毀後，進步黨也失去了政治活動的立足地，於是中國成為北洋軍閥官僚的獨舞臺，進步黨人漸漸地抱恨於袁氏了。但使袁氏不做帝王的幻夢，不唯北洋軍閥內部不至於即時出現裂痕，就是進步黨人雖然怨恨袁氏，也還不至和國民黨人同走上倒袁的途徑；試看袁氏方在改造約法的進行中，進步黨領袖們還是將順他，希望他藉此實行所謂開明專制以救中國。不料袁氏是要由「專制」而「帝制」，卻不是為「開明」而「專制」；「專制」成，而「開明」無望，「帝制」繼起，於是把平夙擁護袁氏號稱穩健派的進步黨領袖，也逼上倒袁的途徑，北洋軍閥的內部也從此出現裂痕。所以帝制運動不唯是民國的大危機，也是北洋軍閥的一個盛衰關鍵。因為帝制失敗，袁氏倒斃，北洋軍閥失去了一個統率的頭腦，清朝遺下舊勢力的中堅，才有破毀的可能，故護國軍之役與辛亥革命之役，在中國革命史上是同等的重要。本章當以次述其經過，至袁氏死去時止。

一　約法的改造

　　袁世凱的帝制思想，究竟起於何時，頗屬疑問。在辛亥革命時，他和倫敦《泰晤士報》駐北京記者莫禮遜的談話，曾說：「……余深信國民中有十分之七仍系守舊分子……進步一派，不過占十分之三耳。今若推倒清室，將來守舊黨必又起而謀恢復帝制。」又說：「……深懼民主國體，不能穩固……不若保存清室。剝奪其實權，使僅存虛名，則國家安全，方能確

第十一章　帝制運動與反帝制運動

保。」有人根據這段話，以為這便是袁氏預謀恢復帝制的暗示。但這段談話，僅能證明袁氏的欺騙無信，不能證明他在此時便有帝制自為思想；因為他向莫禮遜的表示，是要保存清室的皇位，卻暗中與革命軍勾結，以取得總統位置做推倒清室的條件。袁氏向來不輕易向人表示真意，譬如他在要實行幹憲的時候，還戒飭左右說：「關於憲法上的爭衡，須概持不干涉主義。」在籌安會將要發動以前，還堅決地矢言維持共和，所以在要推倒清室以前，偏說要保存清室。這是袁氏一貫的欺人術策，所以袁氏究竟在何時發動帝制的野心，是無從知道的。不過我們知道袁氏是一個貪戀最高名位、乘機竊權的人；而他竊取權位的術策起初總是務求實在，不露形跡，必等到實權完全把握在手中，然後才露出真面來。他推倒清朝，攫取總統，是用這種方法；圖謀帝制，也是用這種方法。帝制運動的公開，雖然是起於民四秋間的籌安會，但他的實在基礎卻是在改造約法時立定了。所以我們談袁氏的帝制運動，應該從改造約法說起。

袁氏改造約法的兩個工具，一個是前章所述的「政治會議」，一個是「約法會議」。他起初本想利用政治會議作直接改造約法的工具，後來因為政治會議的人員覺得本身的來歷形式太不合資格，對於袁氏的諮詢約法增修程序令，答覆他說：「……宜於現在之諮詢機關（即指政治會議的本身）及普通之立法機關以外，特設造法機關，以改造民國國家之根本法。」造法機關的名詞，本由章士釗所創，民國元年，章不贊成以普通議會握制憲之權，主張於普通議會之外別設制憲機關，因立此名，現為政治會議所利用。於是袁氏再令政治會議議定所謂造法機關的組織，名曰「約法會議」；所以，約法會議就是由政治會議所產生的兒子。依照《約法會議組織條例》，該會議之議員：一、由京師選舉會選出四人；二、各省選舉會各選出四人；三、蒙、藏、青海選舉聯合會選出八人；四、全國商會聯合會選舉會選出四人。選舉人的資格：一、曾任或現任高等官吏而通達治術者；

二、由舉人以上出身而夙著聞望者；三、在高等專門以上學校三年以上畢業而精研科學者；四、有萬元以上之財產而熱心公益者。被選資格更嚴，先由政府制定一種被選人名冊，凡當選為約法會議議員者以列名於政府所制定的被選人名冊者為限。尤奇特的是選舉人的調查，選舉監督「得因便宜以現住於該選舉監督駐在地方者為限」——意思就是選舉區限於京師及各省的省會。所以，約法會議議員形式上說是由選舉而來，實際上都是由袁政府所指派，都是袁政府的工具。故當時的新聞記者說：「政治會議者，祕書廳之所放大也；約法會議者，法制局之所放大也。」因為政治會議的要人，大概就是祕書廳的要人；約法會議的要人，大概就是法制局的要人。

《約法會議組織條例》於三年一月二十六日以教令公布；約法會議於二月十八日舉行開會式，孫毓筠當選為議長，施愚為副議長（故意把一個變節的國民黨名士孫毓筠作議長，以掩飾國人耳目）。袁氏於三月二十日提出「增修《臨時約法》案」諮交約法會議，諮文中有幾句最緊要的話：「……為目前建設國家計，根本法上之關係，宜有兩種時期，蓋增修約法為一時期，制度憲法又為一時期；質言之，則施行約法為一時期，而施行憲法當別為一時期也。增修約法與施行約法既應別為一時期，則第一要義之所在，當知施行約法為國家開創時代以來之所有事，即與施行憲法為國家守成時代之所有事者截然不同。」孫中山的約法訓政之期與施行憲政之期的劃分，民元二年間國民黨把它捨棄了，現在袁氏卻拾取來應用。不過，袁氏的所謂約法之期是收攬皇帝實權之期，而憲法之期便是帝制公表之期罷了。

我們試看他所提出增修《臨時約法》大綱的七項：

（一）外交大權應歸諸總統，凡宣戰、媾和及締結條約，無庸經參議院之同意；

第十一章　帝制運動與反帝制運動

（二）總統制定官制官規及任用國務員與外交大使、公使，無庸經參議院之同意；

（三）採用總統制；

（四）正式憲法應由國會以外之國民會議制定，由總統公布，正式憲法之起草權亦應歸於總統及參政院；

（五）關於人民公權之褫奪回覆，總統應自由行之；

（六）總統應有緊急命令權；

（七）總統應有財政緊急處分權。

關於上舉的七項，我們試查一查世界的君主國，除了在君主專制時代，誰國的皇帝有這樣的大權。那些約法會議的先生們好比入考的秀才，把一篇宿構的成文，謄寫完捲了事。到那年五月一日，新約法由總統公布，它的內容大體以袁氏所提出的大綱為根據，把總統的權擴張到最大限度；廢去責任內閣制，而採用所謂總統制。（並不是美國式的總統制。因為美國的總統制，總統與立法部相抵衡，立法部不能宰制總統，總統亦不能宰制立法部。而袁氏新約法之總統制，則並立法部而亦受其宰制也。）約法會議的先生們，就「總統制」三字生出一種新意象：因為美國的總統下面，有一個國務長官（Secretary of State），日本人把它譯作「國務卿」，於是就借用日本譯文的「國務卿」三字，輕輕地插入新約法中，說：「行政以大總統為首長，置國務卿一人贊襄之。」原來中國的所謂「卿」，是與天子諸侯為因緣的；這是所謂「烘雲托月」的法子，預先把一個「卿」字，隱射上面的總統同於「帝」。又在新約法的第二十七條，給與總統一種頒給爵位的權，也是一種「烘雲托月」的法子。（說是由顧鰲所主張，他說五等封爵，滿、蒙人均有之，獨漢人不能享受，非平等。張其鍠反對無效，因憤而去職。）有了「卿」，有了五等封爵，皇帝安有不出現之理。

一 約法的改造

「國務卿」三字，既被新約法嵌上，袁即於新約法公布後，任命徐世昌為國務卿，廢止國務院，設政事堂於總統府。政事堂的組織，以國務卿為首腦，下置左右兩丞，分設五局：曰印鑄、法制、銓敍（此國務院之舊）、機要、主計。機要局的權力遠在各部總長之上，主計局則把財政部和審計處的職權，一併網羅而去。各部總長除例行公事外，一切須經國務卿核准。簡括的說，政事堂就略同於前清的軍機處，國務卿就略同於前清的軍機大臣了。

新約法上的立法機關，是採用一院制，規定名曰「立法院」，但是還規定了一個「參政院」做總統的諮詢機關：在立法院未成立以前，以參政院代行其職權。立法院和參政院的組織法，皆須由約法會議議決。因此該會便先議決一種參政院的組織法，於五月二十四日公布。依此法，參政院的參政純由總統委任，於六月二十日成立，以黎元洪為議長，汪大燮為副議長，梁啟超亦列名其中。原來的政治會議至此取消。到六月二十九日，袁氏便以命令宣布依據新約法以參政院代行立法院職權；而新約法上所許與的立法院，雖到十二月二十七日也公布了一種組織法及選舉法，但始終不曾實現。參政院始終為立法院的代替機關，即為洪憲帝制之創作機關，與袁氏共存亡。

代行立法院的參政院，於三年八月十八日，迎合袁氏意旨，建議修改二年十月所公布的《總統選舉法》。約法會議因於十二月二十八日通過一種修正案，次日由袁氏公布。修正選舉法的要點：（一）總統任期改為十年，連任亦無限制；（二）凡屆總統改選之年，參政院參政如「認政治上有必要時」，得為現任總統連任之議決，即無須改選；（三）總統繼任人應由現任總統推薦於選舉會，其名額以三人為限——被推薦者之姓名，由現任總統預先書於嘉禾金簡，藏之金匱石室，臨選時始行取出，交付選舉會——現任總統則當然得以繼續當選。

第十一章　帝制運動與反帝制運動

袁氏有了三年五月所頒布的新約法，無論在事實上、形式上已經成了中國的獨裁元首；有了三年十二月所公布的《修正大總統選舉法》，至少成了終身的獨裁元首；假若在推薦繼任總統的人選時，他願意把袁克定或袁克文⋯⋯的名字寫在嘉禾金簡上——因為修正選舉法上，並沒有說不許推薦現任總統的親屬，並有袁家世襲獨裁元首的可能，有了獨裁的大權，輔弼有「卿」，可以封爵，又有世襲的可能，所缺少的就只有「皇帝」兩字的稱號和一頂皇冠了。假若袁氏更聰明一點，便應該從此暫時停止進行，應該自為周文王，讓袁克定去作武王。無奈袁氏的忍耐能力到底不及曹孟德，要自己爬到「爐火之上」去，給蔡鍔一個立功成名的機會。

二　帝制運動的公開演進

袁世凱爬到「爐火之上」去，大部分的原因，恐怕是袁克定催促而成的。在民國二三年之交，北京便流行一種傳說：「共和不適於國情，證諸元二年椒擾之象，可以概見；非改弦更張，不足以救亡。」對於這種傳說便有人揣度，是由袁大公子播散的（不過無從證實）。不過恢復帝制的思想有兩派：除了袁家一派，還有清室遺老的復辟派。自新約法公布後，袁既成了事實上的皇帝，九月袁又釋出祀孔令，預備到了冬間，還要祀天；清室遺老勞乃宣、劉廷琛、宋育仁、章梫等便有些不平，想乘機實行復辟運動，首先釋出勞乃宣的《正續共和解》。（勞乃宣在辛亥冬即著《共和正解》，未釋出。到民三六月，又作《共和續解》，至此合印為一冊，名曰《正續共和解》。全書不足萬言，附有章梫所作之跋。勞自言曾交趙秉鈞呈袁總統閱過。其正解大意據周代故事，謂君幼不能行政，公卿相與和而修政，故曰共和。

二 帝制運動的公開演進

故共和云者,乃君主政體,非民主政體。不學之流,乃用為民主之名詞耳。因歷言中國不能行民主之制,是為正編。其續編乃自詡其前此有先見之明,而揣測今之總統,於皇帝初不甚尊崇,繼乃異常擁戴,謂為有伊尹之志。因主張創作一種憲法,謂宜名為「中華國共和憲法」,以共和立名者,謂合於彼之《共和正解》也。名中國不名民國者,示行君主制也。然則何以不稱帝國,謂帝國為日本名詞也。何以不稱大清而稱中華,謂中華地名,而大清乃代名也。)接著便有宋育仁等聯合國史館的守舊派人員,上書呈請復辟之議(實際宋等之呈文尚未遞上)。到十一月初旬,北京的復辟風說幾有「滿城風雨」之勢。於是肅政使夏壽康等呈請查禁,袁氏批交內務部辦理。旋以宋育仁(時為國史館協修)有復辟運動的嫌疑,由步軍統領逮捕,解回原籍。(宋被捕在步軍統領衙門訊問時,問官訊以:「見勞乃宣所著書否?」答謂:「勞書專從個人上說,我意則欲從政體立論,作一篇文字。」主者請示於總統,總統謂不妨令其作去。宋因作一書呈上。

書中大意謂非贊成勞說,乃主張春秋親周王魯之旨,以清室比之東周,清室滅亡,只能存其尊號,萬難復辟。若大總統則等於魯,魯有聖人,其義當王云云。此宋以畏死之故,由復辟說而變為推戴袁氏說也。遺老之價值如此。)這是對袁家帝制運動的一個打擊。因為復辟既不可行,又烏可發生新帝?但是袁家的人物到底不能忍耐。到四年春初,運動依然進行。梁啟超說:「……去年(指四年)正月,袁克定忽招余宴,至則楊度先在焉。談次,歷詆共和之缺點,隱露變更國體,求我贊同意。余為陳內部及外交上之危險,語既格格不入,余知禍將作,乃移家天津,旋即南下。……」可見袁克定和楊度的活動,早在籌安會公開之前。但此時的環境,於帝制運動實大不利。因為在三年七八月之交歐戰爆發後,西方各列強不暇東顧,日本成了東方獨霸的虎狼國,把山東的膠濟一帶要地占領了。

第十一章　帝制運動與反帝制運動

到四年一月十八日,便提出有名的「二十一條」要求。此時革命黨人莫不看到中國所處地位的危險,恐怕袁政府受內政外交的困難,不能專心禦侮,因是都通電宣言停止革命活動,主張一致對外。不料袁家的人物反以此為帝制運動的好時機,日本提出「二十一條」時,卻是袁公子宴客張羅帝制時。他們以為西方列強既無暇干涉中國事情,獨有日本一國,與以少許的權利作交換品,便可了事。(據遊晦原的《中國再造史》,袁氏曾欲以承認「二十一條」為日本贊助中國帝制之條件,特外交祕密,不易證明耳。作者曾記日本某報載有當時日首相大隈重信之談話,大旨謂:日本為君主國體,中國若行帝制,則與日本同一之國體,日本當然樂為贊助。且袁世凱氏,事實上已總攬中國之統治權,改行帝制尤與事實相合云云。此報一時未能檢出,但記其大意如此。大隈氏此種談話,實所以誘袁入彀者,性質上絕無國際上之責任。袁氏以為大隈氏既有贊助帝制之表示,大事當無不可成功之理。)此所謂「白晝攫金於市,只看見金,看不見市上的人」。

到五月九日承認日本的要求後,一般國民認為奇恥大辱,而袁家的臣僕反頌揚「元首外交成功」;袁家的報紙反釋出「雙方交讓,東亞幸福」的傳單;袁家的封疆大吏,反祝電紛馳;並有請舉行提燈行列,開會慶賀的。(原來日本提出最後通牒時,所列要求條件共為五項:前四項是必須承認的,第五項是故示嚴重,留作讓步餘地的。袁氏承認日本要求時,對於第五項未予承認,日本亦未再加強迫。袁家人物便以為這是日本讓步了,故頌揚「元首外交成功」。)他們為什麼這般無恥,就是因為候補皇帝的聲威,在中日交涉的當中未免毀損了一點,想借「外交成功」四字,修補裝飾一下。到五六月之交,袁家的人物躍躍欲發了,袁氏還堅決地不承認;他對美報記者宣言:「吾之國體,既同於美,以後唯有奮力前進,以期發展真正共和之精神。」日本東京都喧傳了帝制的風說,袁氏又明白宣示,

謂:「第一次革命之際,清皇族中曾議以帝位讓余,而余不受,胡今忽欲取之。果其取之,是欺人孤兒寡婦,不仁不義,余何忍為。且由中國歷史觀之,帝王數代必逢革命,子孫絕滅,貽禍無窮。即日君主立憲,亦終不能不依君主其人以為興替。余若為皇帝,是自絕其姒續,而無益於國家,人雖至愚亦不至此。……」(見是年六月十七日東京《朝日新聞》,《甲寅》雜誌引述)《朝日新聞》謂帝制由楊度、孫毓筠建議,楊、孫亦電駐日公使陸宗輿,託其在該報上更正。馮國璋得到一點消息,約梁啟超入京探聽內幕,袁向梁、馮也堅決地否認,且說「國人若必欲以帝位相強,余當逃往倫敦」。但是到了八月上旬,袁氏的顧問美人古德諾氏,在《亞細亞日報》上發表一篇《共和與君主論》,說中國不適宜於共和;不到一星期,六君子便據古氏的論說發起籌安會,從此帝制運動進於公開的時期。

發起籌安會的所謂六君子,便是楊度、孫毓筠、嚴復、劉師培、胡瑛、李燮和。這六人當中,孫、胡、李三人是以革命元勛的資格被借重的,劉師培是以國學淵博的資格被借重的,嚴復是以學貫中西的資格被借重的,(據嚴復與熊純如書,嚴之列名籌安會實被楊度強姦,嚴自謂雖主張君主立憲,然應戴誰為君主實為難題。嚴書見《學衡》雜誌。)然而都不過是裝點場面的配角,該會活動的中心人物要算是楊度。楊是光緒維新變法時經濟特科所拔選的人才;戊戌政變後,與革命領袖的黃興、陳天華輩很親密;後來覺得革命黨暴烈有餘,成事不足,決心作君憲黨,與梁啟超賡同調;後來又覺得梁是西太后所痛恨的人,與他合作有害無利,乃獨樹一幟,以謀活動;到預備立憲時,以四品京卿的榮擢,參與憲政編查館,在此時便與袁世凱發生很密切的關係了。袁氏被載灃放逐後,楊雖不曾同時被擯,但在那種排漢潮流的當中自然不能得志。辛亥革命事起,袁世凱出山,楊的活動機會到了;當時在北方的所謂「國事匡濟會」,便是以他和汪精衛為中堅人物;清帝退位,孫、袁總統位置的授受,他和汪便是當

第十一章　帝制運動與反帝制運動

時重要的牽線人物。楊度若真正看到中國不適宜於共和，為什麼不在此時和梁啟超一致，力持君憲主義，卻為推翻君位的內幕人物？他的解說，是滿漢情感既裂，已無彌縫的餘地，非另造君統不可。但是二十世紀的新君統，是不容易創造的；楊若果有創造新君統的遠識，應該如梁啟超所指示的，必使「今大總統內治修明之後，百廢俱興，家給人足，整軍經武，嘗膽臥薪，遇有機緣，對外一戰而勝，功德巍巍，億兆敦迫，受茲大寶，傳諸無窮」，乃當「強鄰迫脅，吞聲定盟之時……果未熟而摘之……孕未滿而催之……」楊的見識，到底不及梁啟超遠了（上所引梁啟超語，見梁著《異哉所謂國體問題者》）。

楊於籌安會成立後，發表他的《君憲救國論》，大意是說共和絕不能立憲，唯君主始能立憲；與其行共和而專制，不若立憲而行君主，彷彿袁氏之所以專制是因為共和的原故，我們想要立憲，須把世襲的皇冠和袁氏交換，單止一個總統位置是不夠換取憲法的。這種理論，誰能相信？所以梁啟超詰問他說：「吾欲問論者挾何券約，敢保證國體一變之後，而憲政即可實行而無障？」其實楊氏所持的理論，都是飾詞；他的潛意識，就是急於接近政權。辛亥革命以來，他替袁氏出力不少，終不能與梁士詒輩並駕齊驅，分嘗鼎之一臠。熊希齡組閣時，想取得一個交通總長的位置，都不能達目的；因窺得袁氏父子的隱衷，極力和袁克定要好，想替袁家製造一個世襲皇冠，庶幾袁帝國第一任的內閣總理可以取得。所以籌安會的出現，可以說是袁氏借重楊氏，也可以說是楊氏借重袁氏，（天津某報所發表之《北洋軍閥小史》謂：袁世凱當帝制議起時，絕無表示，凡有向袁氏說者，皆大受申斥，袁之動心，由於說客某之進言曰：「北洋諸將，從公多年，所為何事，亦唯欲攀龍附鳳，求子孫富貴耳，公不早定計，其如諸將何？」袁聆之默然，蓋已心許之矣。此所謂「說客某」者，或謂即指楊度，但今無從證實。）一個要皇冠，一個要開國的總理。誰知袁的皇冠戴

二　帝制運動的公開演進

不成，楊的內閣總理也終於徒託夢想。

　　籌安會本定八月二一日開成立大會，後來恐怕開會時被人搗亂，於十九日釋出啟事，說：「本會與各界接洽之事甚忙，故不待大會，先告成立，推定楊度為理事長，孫毓筠為副長，嚴、劉、李、胡皆為理事。」其通告會員書中，略謂：「本會宗旨在研究君主、民主國體二者孰適於中國，專以學理之是非，與事實之利害為討論範圍，此外各事，概不涉及。」隨即以該會名義通電各省文武長官，請派代表到京，並寄與古德諾論文、入會願書及投票紙，請各員書明贊否，並代募會員。此時袁氏的聲調，漸漸變了；有問以對於籌安會的行動應否干涉的，他答說：「此項言論，耳聞已熟。予所居地位，只知民主政體之組織，不應別有主張。帝王非所願，總統非所戀。研究此義者，作何主張，予固無嫌疑之可慮。唯予與國人均有身家產業、子孫戚族，其欲研究所以永保全全之法，亦為人情所應有。予受國民付託，何敢以非所願、非所戀之嫌疑而強加干涉乎？」又說：「如不任令學者自由研究，則一部分主張頗力，恐以武力搖撼國體，不如以此緩和其氣。」及各省電詢政府意見，則答以「該會為積學之士所以研究國體者，苟不擾亂治安，政府未便干涉」。肅政使以全體名義呈請取消籌安會，袁但飭令內務部：「對於該會以後言論行動，為之酌定範圍。……」於是大家明白籌安會的來由了。以後有人向肅政廳、檢察廳或內務部稟請封禁籌安會或提起公訴的，都無批答的下文；籌安會所，和楊、孫的私宅，並且有握槍的軍警替他們守門。各省文武官員對於該會的函電，因此無不贊成，紛紛派代表入京。到九月中，該會通告會員，附以表決票一紙，說：「本會原擬候各代表到齊，定期開會。現因入會者將近萬人，會場難覓，不得已用投票議決之法，請於表決票上填寫君憲或共和二字，本會即據票數多少以為議決標準。」所以籌安會，號稱以研究學理是非、討論事實利害為範圍，實際上並不曾開過一次會。所謂「研究」，所謂「討論」，

第十一章 帝制運動與反帝制運動

都是他們自己騙自己的話。這是帝制運動公開後的第一幕。

籌安會的初意，欲俟該會各省代表到齊，會議決定後，便呈請實行。但該會不是法定機關，沒有呈請實行的資格。於是改變方針，由該會各省的代表以公民資格，請願於代行立法院的參政院，由該院呈請實行。但參政院在九月一日便要開會了，而該會各省的代表未能立即到京。於是不等各省代表到齊，便運用各省旅京人士，分頭組織各種名目的公民請願團。所有請願書，一律由籌安會代為起草，以便參政院開院時呈進。這是不待第一幕完功，便預備第二幕的開演。到九月一日參政院開院後，投遞請願書的便陸續不斷，如雪片飛來。六日，該院開談話會，袁氏派楊士琦到院宣言，大旨說：「改革國體，極應審慎，如急遽輕舉，恐多障礙，本大總統認為不合事宜。至國民請願，要不外乎鞏固國基，振興國勢，如徵求多數之民意，自必有妥善之辦法。」他的意思，是怕參政院徑行議決呈請實行，要他們經過「訴諸民意」的手續。參政院中有人說依照立法院職權，不能收受此種國體請願事件。討論結果，於九月二十日議決：「請政府於年內召集國民會議，為根本上之改決；或另籌徵求民意妥善辦法。」（新約法曾規定民國憲法，應由參政院推定起草員十人起草，經參政院審定後，由國民會議複決；故約法會議曾經議定《國民會議組織法》，於四年三月十二日公布；六月，參政院且已舉定憲法起草員十人，梁啟超亦憲法起草員之一，旋因帝制之議發生，憲法起草之議無形消滅。

此所謂「於年內召集國民會議」者，欲依三月十二日所公布之《國民會議組織法》而行事也。又恐依此組織法進行尚太麻煩，故又以「另籌妥善辦法」為言，其意蓋重在後者。）議決後，連同請願書八十三件，諮送政府。這是參政院第一次的建議。袁氏於二十五日諮復，採用提前召集國民會議辦法。但帝制派的急色兒，總覺得國民會議的手續太繁重，於是有由梁士詒主使所組織的「請願聯合會」，把以前成立的請願團體並新組的

請願團體一齊聯合起來,再向參議院請願,說該院前次的議決不應該並列兩種辦法,使政府難以應付;且國民會議是決定憲法的機關,不能代決國體問題,應請該院立即議定召集徵求民意機關的辦法。參政院接到此項請願,於九月二十八日開會討論,參政梁士詒、孫毓筠等主張依請願團的辦法,即由該院議決一種《國民代表大會組織法》,於十月二日諮請政府公布施行。這是參議院第二次的建議。袁氏即於十月八日將此項組織法公布。此為公開運動後的第二幕。

依《國民代表大會組織法》的規定,代表的選舉,以前此《國民會議組織法》上的初選當選人及其他單選選舉人為基礎,可免去繁重的手續;但是選民散居各地,召集必須時日,又須經過通知答覆各項手續,方可詣省報到,故國民代表的選舉絕不是一個月工夫所能辦竣的。但自十月八日組織法公布後,到十月二十五日便開始選舉了;十月二十八日以後,便繼續國體投票了;不到一個月工夫,各省區決定君憲的已有十八處;在原定十一月二十日前,國體投票,全國各區一律告竣;結果一九九三票完全主張君憲,無一票反對的;辦理的神速和成績的優良真是駭人;袁氏的「神威」,真是要超過法國兩個拿破崙了(拿破崙第一的帝制投票,贊成者三五七二三二九票,尚有反對者二五六九票;拿破崙第三的帝制投票,贊成者七八三九〇〇〇票,亦有反對者二五三〇〇〇票)。又組織法中,對於國民代表大會僅予以決定國體之權,推戴元首,是決定採用君主國體以後的事,各省國民代表大會竟在國體投票時,連皇帝都推戴定了;各省推戴書的字句,都是用「謹以國民公意恭戴今大總統袁世凱為中華帝國皇帝,並以國家最上完全主權奉之於皇帝,承天建極,傳之萬世」的四十五字,竟沒有一書一字的不同,真是神妙不可思議。國民代表大會於國體投票推定皇帝時,又委託參政院為國民代表大會的總代表,向袁世凱恭上推戴書。參政院得到這種榮耀的委託,於十二月十一日舉行開會,即於是日

第十一章　帝制運動與反帝制運動

草定一篇頌揚功德的總推戴書，聯同各處來的推戴書，一併呈上；袁氏在當天即諮復該院，表示推讓，該院於當天又呈上第二次的推戴書，袁於十二日諮復承認帝位了。這是公開後的第三幕。

經過這三幕的活動，便只要籌備改元登極的典禮了——實際上大典籌備處在九月中已成立，不過沒有公布罷了。從八月中發動，到十一月便投票決定，通共不過三個月工夫，經過這許多的曲折事情，其進行的神速真是令人歎服。我們要知道所以如此神速的內幕，請看後列的祕密文電（後列文電，都是袁的黨羽向各省機關所發的）：

一、段芝貴等十人八月十三日發出電云：「現擬第一次辦法，用各省公民名義，向參政院代行立法院上請願改革書，每省各具一請願書，均由此間代辦，隨將稿底電聞，請將尊名並貴省紳商列入。」

二、九月二十六日，孫毓筠發出電云：「現擬另籌徵求民意辦法，由各省將軍、巡按使、都統就在省各縣紳民中，每縣擇定一人，召集臨時公民大會。」

三、九月二十七日，籌安會代表團發出電云：「各縣投票人，事實上雖系軍民長官指定，而形式上仍須用『各縣推舉』字樣，以昭鄭重。一面指定各縣投票人，一面即將各縣投票人姓名分飭各縣知事，補具詳文正式推舉，但須倒填日月耳。」

四、九月二十九日，朱啟鈐等發出電云：「現正擬另組公民大會，即在各省會地點開會表決，以期速定大計，唯組織方法，雖由參政院議定，而組織之精神，則在各監督長官有以操縱之而利用之。此項公民每縣擬公推一人，能於在省各機關中挑選此項人員，必不至於誤會意旨。」

五、十月七日，朱啟鈐等十人發出電云：「國民代表大會推戴電中，須有『榮戴今大總統袁世凱為中華帝國皇帝』字樣；委託參政院為國民代表大會總代表電，須用各省國民大會名義。至商軍政各界推戴電簽名者，

愈多愈妙,將來宣詔登極時,國民代表大會及商軍政各界慶賀書,亦請預擬備用。」

六、十月十日,國民會議事務局發出電云:「國民會議議員,各縣之初選當選人,實為產出國民代表之機樞,允宜特別注意。各縣初選監督,當能體會入微,善為運用。儘可於未舉行初選之前,先將有被選資格之人詳加考察,擇其性行純和、宗旨一貫、能就範圍者,預擬為初選當選人。再將選舉人設法指揮,妥為支配。果有滯礙難通處,不妨隱加以無形之強制。」

七、十月十一日,朱啟鈐等十人發出電云:「每縣初選當選人來省報到,必須設招待員,或派員疏通意見,再由監督官以談話、宴飲為名,召之至署,將君憲要旨及中國大勢並將擬定充選之人名示之,須用種種方法,總以必達目的為止。」

八、十月十五日,國民事務局發出電云:「國體改革,果能於形式上辦到絲毫無憾,自足為久安長治之基,凡關於法律上之形式,除確有障礙者外,務必表示鄭重。」

九、十月二十六日,朱啟鈐等十人發出電云:「國體投票開票後,當即行推戴,無須再用投票手續,即由公等演說應推戴袁世凱為大皇帝;如贊成,應起立;表決後,即將擬定之國民推戴書,交請各代表署名。事畢,再由公等演說推戴及催促大皇帝即位之事,可用國民代表名義,委託代行立法院為總代表,即將預擬之國民代表致代行立法院電稿,交請各代表贊成。至推戴書文內必須敘入字樣,已將漾電奉達,此四十五字,萬勿更改。」

十、十月二十九日,國民會議事務局發出電云:「前次電達以後,尊處用款有無窒礙情形,統希隨時密示,本局謹當竭誠相助,以便尊處放手辦事。」

十一、十月十一日,國民會議事務局發出電云:「京外官署往來密商之件,實為治亂安危所繫,設或稍有洩漏,轉蹈事機不密之嫌,而事關國

第十一章　帝制運動與反帝制運動

本,密件若傳於道路,尤恐貽政治歷史之汙點。此節對內對外,動關國家威信,務望特派親信人員嚴密保管。」

十二、十月二十一日,國民會議事務局又發出電云:「此項電文無論如何縝密,終涉跡象,倘為外人偵悉,不免妄肆品評,更或史乘流傳,遺留開國缺點,中央再四思維,以為不如一律查明燒毀,萬望趕速縝密辦理。」

這些文電,都是後來獨立的省區將原電紙攝影在報上發表的,沒有一字的偽造(當時所發表者尚不止此,梁啟超曾將此類電文綜合,作了一篇《袁世凱偽造民意密電書後》,見《盾鼻集》)。我們看了這些電文,就知道當時運動成功神速的由來了。梁啟超說得最妙:「自國體問題發生以來,所謂討論者,皆袁氏自討自論;所謂贊成者,皆袁氏自贊自成;所謂請願者,皆袁氏自請自願;所謂表決者,皆袁氏自表自決;所謂推戴者,皆袁氏自推自戴。……右手挾利刃,左手持金錢,嘯聚國中最下賤無恥之少數人,如演傀儡戲者然;由一人在幕內牽線,而其左右十數嬖人蠕蠕而動;此十數嬖人者復牽第二線,而各省長官乃至參政院蠕蠕而動;彼長官等復牽第三線,而千數百餘不識廉恥之輩,冒稱國民代表者蠕蠕而動。……」所謂帝制運動的活劇的真相,完全是如此。

三　反帝制各派的聯合戰線與外交形勢

袁黨的傀儡戲,扮演得如此圓滿,在他們的心目中,以為絕沒有人能夠拆他們的臺的。他們看定了:全國的老百姓,是希望有一個真命天子出現的;從前立憲派的人物,縱不肯幫忙,是絕不會積極作反對行動,也沒有積極反對的力量的;從前的革命黨人,雖然一定是要搗亂,但已經完全失去了根據地,也沒有這種實力了;北洋軍閥的勢力,布滿了全國各要

地，其間縱或有十二人不大熱心於此道，但也絕不會有反對的行為的，「人亦孰不欲富貴」，重重地封賞他們，沒有不歡天喜地的。如此，還有問題嗎？但是事實全不如他們所料；民國四年的中國情勢，全不如民國二年的情形了。此時反袁的勢力，可分為消極、積極的兩大派，兩大派之中又可分為數小派，以次略述如下：

一、一般的人民

中國的普通人民，向來不問政治，但是到了他們感覺痛苦的時候，消極的反對意味，有時也很有效力；辛亥革命時對於清，癸丑討袁時對於國民黨，我們已經看見過了。袁黨以為現在的所謂「民心」，還是和民國元年、二年一樣。不知在民國二年時，並不是「民心」對於袁氏有如何特別的好感，不過是誤認革命黨喜歡鬧亂子，希望把這班亂黨除去，他們方可安居樂業的意思。現在又要行帝制，必定又要招惹革命黨來作亂，所以他們就惶恐的不安起來了。假使袁政府在趕走革命黨以後，果然有若何的德政在民，或者還有幾分擁戴的心理；但是自從癸丑趕走革命黨以後，人民並沒有得到什麼好處。官吏的削刮，北洋駐防軍隊的野蠻，比以前的革命黨還利害；當時國內的報紙雖然不敢揭載，但是事實是不能掩蓋的。（當時有伍子餘致《甲寅》記者一封通訊，可以窺其大概，節錄如下：「……僕歸家鄉數月，默察地方吏治，見州縣之官，十九為前清聲名狼藉之汙吏，而報館不敢據事直書，地方公正士紳懼言及公事，彼可誣為亂黨以鉗其口，則不能不採明哲保身之義，以故生殺予奪，為所欲為。吏治之壞……即頑固黨亦驚為前清所未有，而存時日曷喪之想。……今姑舉其有妨學務者言之：僕歸家鄉旬日，即見十一二歲之小學生因被革命之嫌疑為警察擄之以去者，凡十餘人焉。夫十一二歲之童子，安知革命為何事？則因學校之國文教科書中有『武昌革命』一節，於是小學生徒知當世有所謂黎元洪者，又知數年前有武昌革命之事，故課餘歸家，三五相從，時談武昌革命

之事。警察聞有『革命』二字，不論其講他種革命或武昌革命，輒擄之以去。彼豈必欲槍斃此等十一二歲之童子，特既已擄去，其父兄不能不以金來贖耳。故為父兄者，多不敢輕令其子弟入學校讀書……故兩年來之學務一落千丈。……又自去歲以來，政府發行公債兩次，皆由縣知事強迫地方殷戶每人必認購若干，然使出錢而即給以票，則他日還償與否不可知，而目前有票以與之交換，則亦稍足以慰其心，而實際則不爾爾。縣知事告殷戶曰，爾先以錢來，我始知爾所認購者為不虛，然後待我詳文巡按使，由巡按使詳文北京，以請公債票焉，候其到縣，則以發給爾也。然以中國交通不發達，由縣達省至京，動須半月或數月，合往來之日計之，三四月或七八月者比比皆是。而縣知事之更易無常，當其未更易時，有往問者，則曰票尚未到；及新官涖任，有再往問者，則謂前任官不知如何辦理，吾見公債簿中固無汝名也。僕固未敢謂全國辦理公債之手續如此，唯據僕所目擊，其出錢而不得票者殆居十之六七焉。故人民謂前清之昭信股票，雖不償還，尚有票焉可以供捐納虛職之用，今則並票而無之。故公債云者，特人民出錢以償官府之債耳，略舉一二，人民之憔悴於虐政，已可概見。……」）在這種暴力壓迫的下面，自然沒有擁戴的心理；既不擁戴，還有惹起革命亂子的恐慌，由恐慌而厭惡憤恨，那種消極反對的意味，就表現出來了。

二、清室遺老的復辟運動派

在籌安會發生以前，勞乃宣、宋育仁輩，方才受了袁黨的打擊。假使袁氏真真維持共和到底，他們也沒有話說。乃宋育仁被捕解回原籍後，不過半年，袁氏便自謀稱帝，復辟派豈能甘心。現在勞、宋輩雖然沒有反對的力量，還有一個赫赫大名的康有為和一個握有兵符的張勳，方在那裡等機會，此刻雖不敢彰明昭著地提出復辟之議來，若有人要打倒袁世凱，他們也有相當的消極援助的力量。

三、北洋派的自身

袁世凱的生命全在北洋系，北洋系的生命也全在袁世凱。不過生命雖然是互相依託的，心理上卻各含有可以分裂的細胞種子。袁是統率北洋文武的總首領，段祺瑞、馮國璋是武的兩大柱石，徐世昌是文的柱石。徐的心理：若在共和的名義之下，替袁氏作一輩子的國務卿是很高興的；若要他向袁氏稱臣，並且將來還要向他的兒子稱臣，到底面子上難過；並且在共和的名義之下，他的名字也有被寫在嘉禾金簡藏之石室金匱的希望；袁若稱帝，縱然把他的名字列為「嵩山四友」之一，不要稱臣，但是作國務卿的希望就沒有了，還論總統呢！所以他就是消極反對的一個。段、馮的心理：若論地位、資格，稱臣原無不可，不過都認為時機太早，且封爵世襲雖屬可貴，總不如一國元首位置的尊榮，所以取得封爵的欲望，還不如取得承繼總統的欲望的強。

而袁氏必欲稱帝，這是兩方面可以分裂的細胞種子。自癸丑戰勝革命黨以後，進步黨也失勢，北洋系的內部，官僚派和武力派已有不和的現象；梁士詒與段祺瑞，常起暗鬥；袁克定更忌刻段氏，恐其「怏怏非少主臣」。袁、段關係雖親密，因有梁氏和袁大公子浸潤其間，便漸漸的不圓滿了。袁、段間的裂痕，最初恐怕是起於袁氏設定海陸軍統率辦事處；以前的軍事大權全操於陸軍部，段氏為陸軍總長，行動如意；自三年設定海陸軍統率處，把陸軍部的權移去了一部分，段雖沒有表示不滿，但心中已感不快。不久袁又藉口北洋軍隊已呈暮氣，另組模範團於北京，選各師旅的優秀將校為心腹，以別於北洋舊軍隊，越使段氏灰心。（袁之設統率處，練模範團，與載灃之皇族總攬軍權政策完全相同。）後來因為浸潤段氏的人，集矢於徐樹錚（時已為段之親信人），袁示意於段，段憤然曰：「此極易辦，公先免我可矣。」從此袁、段間的裂痕便大暴露。到籌安會將要發生時，段便辭去陸軍總長，而赴山西。（段在山西，相傳某公子曾進食置

第十一章　帝制運動與反帝制運動

毒藥,齋者以告,又傳見有刺客,但其事曖昧,真偽難知,唯可料非袁世凱所為。見《北洋軍閥小史》。)籌安會成立後,竟令准免職,而代以王士珍(王城府甚深,帝制初動議時,依違無所可否)。

馮在四年六月入京,向袁探聽意思,袁不肯說真話,已知道袁不相信自己,及段免職,馮更「兔死狐悲」;袁氏想利用周夫人從中斡旋,但也無效,馮一以消極對付。北洋軍人的兩大柱石既皆趨於消極,於是其餘的軍界要人,除了段芝貴特別起勁(段芝貴為當時所稱「十三太保」之一)外,都失了擁袁的誠意,不過無人起而反對罷了;對於袁克定,尤十分的不快。(洪憲尚未成,而袁克定之驕矜已不可遏。一日克定傳令將赴北範閱兵,師長某遣派團長以下迎接,克定至,不見師長,拂袖立去。又李純自江西馳書克定稱仁兄,克定擲還之。其驕大抵類是,然無敢明示反對者。滇師既起,北師入川,袁遣慰勞員至出征之各師旅,各攜袁影相及宣傳員十二人隨往,各師旅皆搭綵棚,宣傳員先向袁影相叩首,然後講演,軍官等私議,彷彿開追悼會者然,其鄙視之情可見。見《北洋軍閥小史》。)袁氏誤信某政客的話,謂「北洋諸將唯欲攀龍附鳳求子孫富貴」,以為只要有了封爵,無不可以驅使,誰知後來可以聽驅使的僅得一部分,其餘的一部分不唯不受驅使,還有走反對方向的危險呢!

上面三項,都可歸於消極的反帝制派。袁氏既已得不到這一派人的援助,積極反對派的力量就更強了,試看積極反對的各派。

四、中華革命黨

自癸丑討袁之役失敗後,國民黨的首領孫中山、黃興、李烈鈞等皆避居海外,其他在軍隊中有位置的重要黨員都被放逐,國民黨隨即被袁氏壓迫解散。孫中山知道袁氏的帝制運動早晚要實現的,就是袁氏不稱帝,北洋軍閥的惡勢力也非打倒不可,於是糾合舊同志謀恢復同盟會的革命精神,於民國三年在日本組織一個中華革命黨。(依黨章,本黨以實行民權、

民生兩主義為宗旨〔見總章第二條〕；進行的次序仍分軍政、訓政、憲政三時期〔總章第四條〕；入黨手續極嚴，黨員均須嚴格服從。總理操組織本部之全權。本部成立後，隨即派遣黨員入國內各省，祕密組織支部，海外各處亦有支部的組織。）黨既以「革命」立名，黨的精神自然以打破現狀為職志，無論袁氏稱帝與否，總須將北洋軍閥的惡勢力掃除，才算達到目的。帝制運動，既已發生，該黨當然是積極反帝制運動的急先鋒。

五、國民黨的溫和派

國民黨被破壞後，溫和派的黨員有散在海外的，有留在國內的。其散在日本的一部分，當中華革命黨組織時，中山也想羅致他們；他們也知道中國尚須革命，但是他們對於中山的辦法有點懷疑；他們最不喜歡的就是中華革命黨總章的十一、十二兩條，（十一條云：「凡於革命軍未起義之前進黨者，名為首義黨員；凡於革命政府成立以前進黨者，名為協助黨員；凡於革命政府成立後進黨者，名曰普通黨員。」十二條云：「革命時期之內〔指頒布憲法以前〕，首義黨員悉隸為元勳公民，得享一切參政執政之優先權利；協助黨員得隸為有功公民，能得選舉及被選舉權利；普通黨員得隸為先進公民，享有選舉權利。」凡非黨員，在革命期內不能有公民資格。）在中山定這兩條的意思，是要保障革命黨員在將來不受假革命派的排斥，如民國元、二年的現象；質言之，就是在特定時期以內，採革命黨一黨專政主義。但是溫和派的人士，覺得革命黨不應該有階級的分別；並且他們以為民元同盟會所以被人疾視的原故，就是因為同盟會的人士太專擅，不能容納別黨的意見，致被別黨人以「革命元勳」四字相揶揄，「革命元勳」四字幾成為「反恭維」的話柄；現在彰明昭著把這類字面列在黨章上作為一種階級的特權，太與普通社會心理相違反。還有一件事為他們所不喜歡的，就是黨員入黨時要加蓋指印。因此這一派人士，就站在中華革命黨以外，不肯加入，連黃興也不肯加入。

第十一章　帝制運動與反帝制運動

不久黃興往美國去了，留在日本的也沒有什麼黨的組織。及日本「二十一條」要求的交涉案發生，這一派留居日本的人士恐怕袁氏一面要對外，一面要防備革命黨，中國將陷於不利，於是有停止革命行動一致對外的通電發出；列名的有李根源、鈕永建、程潛、陳強、陳炯明、章士釗等二十八人（一說黃興亦列名其中，一說無黃名，因為原電一時不能查出，故列名的人不能全行錄出）；他們發出此電後，覺得中國的問題正多，須有一種聯繫同志的方法，於是便有所謂「歐事研究會」的組織（此時歐戰正在進行）。組織的初意並沒有擁戴何人為首領作為政黨的意思，不過藉此聯繫同志，隨時隨事可以互相商榷，而這個「歐事研究會」的名義又不至為政府所忌，國內的人士也可藉此聯繫，互通聲氣。但是其中有一位抱政治野心的（李根源），漸漸想藉此為將來政治活動的基礎，隱隱有擁岑春煊為首領的意思。（岑春煊本與革命黨無關係，癸丑討袁之役，章士釗欲假岑以抗袁，因往說岑。岑夙負戇直名，與袁世凱不合，岑為章說所動，允出任討袁之事。章又介紹李根源於岑，岑大喜。然岑出而討袁軍已敗。李、岑偕往圖粵，粵亦不可為。岑因避居南洋，常與李、章等通聲氣。此岑春煊加入討袁之經過，亦即岑、李發生關係之經過。）有人說「歐事研究會」是黃興所創造，特以與中華革命黨立異的，實不合於事實（黃興不贊成中華革命黨章是有之，別立一機關以與中山對抗，實在沒有此事）。及帝制運動發生，「歐事研究會」的活動漸漸及於國內，和國內國民黨的溫和派籌謀反帝制的組織行動，於是「歐事研究會」隱隱成為反帝制的一種勢力。國內國民黨的溫和派，在國會將被破毀前，已有一部分與進步黨的一部分攜手，及帝制問題發生，兩派的關係更親密了。（試看當時兩派出版品的言論，如國民派的《正誼雜誌》、進步派的《中華雜誌》、歐事研究會派的《甲寅》，後來兩派合辦的《新中華》，都有互相呼應、漸趨一致的傾向。）

三 反帝制各派的聯合戰線與外交形勢

六、進步黨派

進步黨本是君憲黨的化身；但自清室顛覆後，頗知道已經推入溷廁的偶像，不能再令人崇拜，若要創造一種新偶像，不是倉猝間所能成功的，故在此時恢復帝制，他們絕不贊成。加以他們受了袁氏的玩弄，大部分和國民黨人同樣的變為政治上失業者；就是沒有失業的，也不過是站在北洋官僚派的門下，分些殘羹冷飯罷了，所以他們此時反袁的心理，已和國民黨沒有兩樣。並且他們也知道帝制問題一經發生，現狀是絕不能再維持下去的了；他們不加入反袁運動，國民黨的人士也是要動的；倘若國民黨單獨行動竟告成功，豈不和辛亥革命後一樣，他們又要受排斥。(試看梁啟超致籍亮儕、陳幼蘇、熊鐵崖、劉希陶書云：「……第一，吾黨夙昔持論，厭畏破壞，常欲維持現狀，以圖休養。今以四年來試驗之結果，此現狀多維持一日，則元氣斫喪一分。吾輩擲此聰明才力，助人養癰，於心何安，於義何取？使長此無破壞，猶可言也，此人［指袁］則既耄矣，路易十五所謂朕死之後，洪水其來，鼎沸之局，既無可逃，所爭者早暮已耳。第二，吾儕自命穩健派者，失敗之跡歷歷可指也。曾無尺寸根據之地，唯張空拳以代人吶喊，故無往而不為人所劫持，無時而不為人所利用。今根基未覆盡者，只餘此區區片土［指滇黔］，而人方日甚訽於其旁［指國民黨］。當此普天同憤之時，我若不自樹立，恐將有煽而用之，假以張義聲者［指國民黨］。我為牛後，何以自存？倖免於此，而為獨夫戮力，杯酒釋兵之事，數月後，行且立見，儼然共為一匹夫，以坐待到割，噬臍何及？……」) 所以籌安會發生不久，梁啟超就毅然決然倡反對，發表他的《異哉所謂國體問題者》一文。(此文未發表前，袁氏已聞知，派人賄梁二十萬元，令勿發表，梁不受，繼又派人以恐嚇手段對梁，梁亦不屈，稿成後，並先以稿示袁，袁無如何。見梁著《國體戰爭躬歷談》。) 梁自民元歸國後，從沒有發表過反袁的議論；此文一出，頗振動各方的耳目，大家知道

第十一章　帝制運動與反帝制運動

進步黨的領首人物，也是立在反帝制的一方面了。

進步黨人加入反帝制的方面，對於反帝制的運動，發生很大影響：甲、進步黨的領袖，與北洋派的文武要人夙通聲氣，可以搖動北洋派擁袁的礎石，縱不能使北洋派人物積極地反袁，至少可使那消極反袁的（如馮、段、徐等）益趨於消極。乙、進步黨的領袖，夙以穩健兩字博得惰性國民的同情；現在轉為積極反袁的活動，使多數惰性的國民，也知道反袁不是革命黨的無故搗亂了。丙、進步黨在舊勢力方面，既可以與官僚復辟派人發生關係，在新勢力方面，又可以與國民黨的溫和派聯為一氣；而國民黨的溫和派自然與激進派（中華革命黨）可以聯繫的，因此進步黨人與激進派的國民黨人也一時成了朋友。於是各種消極、積極的反帝制勢力，不知不覺地形成一條不自然的聯合戰線。

上面所說，是國內反袁的情形，至於外交上的形勢，也和民國二三年大不相同。癸丑贛寧之役，袁氏所以戰勝民黨的，全在帝國主義者的大借款。而當時帝國主義團中握東方外交上牛耳的英國，尤特別袒助袁氏；英國駐華公使朱爾典和袁氏的顧問莫禮遜（原為倫敦《泰晤士報》駐北京記者）想利用袁氏作英帝國的工具，所以特別和袁氏要好，袁氏特別得了他們的助力。歐戰發生後，外交形勢大變，西方的帝國主義團都捲入戰爭的漩渦，不暇顧及東方，日本成了東方的霸主。假使中國發生變亂，日本乘機取利，英俄諸國既不能制止日本，又不敢得罪日本，眼睜睜望著日本把中國的利益囊括而去，英俄等無可如何。所以當帝制問題發生時，英俄等國皆表示反對態度；而日本當局非正式的言論和報紙上的論調卻不反對，並且表示一種「舉欣欣然有喜色」的樣子。及帝制運動的進行到了不能中止的時候，日本便首先發難，提出警告來了。

英、法、意、俄也不能不附和日本，相繼提出警告。警告的形式雖同，警告的精神，則日本與英、俄等國各別。英俄等國此時唯一的希望，

三　反帝制各派的聯合戰線與外交形勢

在中國勿發生變亂；帝制能停止進行固好，不能停止，則務使反對派不能有為，故一面順著日本提出警告，一面暗中盡力幫助袁氏，妨礙反對派的行動。日本當局，初分兩派：一為外務省派，一為陸軍省派；前者主倒袁，後者主助袁。（此據吉野作造《第三革命後之支那》所言。一說陸軍省派主倒袁，外務省派主助袁，未知孰是。但起初兩派意見不同則為事實。）所以分為兩派的原因，就是起初對於袁派和反袁派的力量觀察，未能十分明瞭。倘若袁氏稱帝竟能成功，則助袁為有利於日本；若終不成功，則助袁徒增長中國國民之惡感。故當最初提出警告時，日政府的方針並未十分決定，所決定的就只有對於帝制的進行必須加以干涉；干涉的用意，一方面是向袁氏埋伏榨取權利的伏線，一方面是博取反袁派的好感，以待時機的進展。及見反帝制勢力蔓延日廣，便又提出第二次的警告（第一次警告在十月二十八日，第二次在十二月二十五日），英、法、意、俄仍舊不能不附和。此時袁氏才明白他所恃為外援的英使朱爾典和莫禮遜，都沒有制止日本干涉的能力了，於是決心向日本送禮。派周自齊赴日本補賀日皇加冕之議，雖在五年一月初旬才公表，但雙方的接洽定議實在四年十二月後期。不料個中祕密臨時敗露，惹起英俄等國的嫉妒，英俄等才放棄暗中助袁的行動。日本因祕密漏洩，恐增長中國國民的反感，而帝製成功的希望很少，又日益明白，於是幾決計倒袁，對於已經答應接待的送禮特使周自齊於臨行時宣告擋駕。

袁氏賣國的外交於是全然失敗，帝制的成功遂以無望。（關於派遣周自齊赴日補賀日皇加冕事，張一麐的《五十年來國事叢談》中有一段記載可供參考，茲特附錄於此：「……初，政事堂參議伍朝樞往謁某使，某使甚不贊成〔不贊成帝制也〕，其說帖余親見之。其後某使忽覲見，蔡庭幹任傳譯，是日問答筆記，無一詞反對，與伍君前件如出兩人。蓋某使已聞某要人言，日本業已贊成，某國如不然，恐在中國商務，某國必受損。於

第十一章　帝制運動與反帝制運動

是陽為贊成，而陰調中日間之祕事。以電與上海某國領事，謂此次中國特派周某為大使，而日將以親王之禮相待，其中必有原因，如能查得實據者，則使館預備數十萬之外交祕密費，專辦此事。某領事乃訪寓滬之某鉅公，託其設法。某鉅公曰：可。適是時袁氏有同姓子在滬，其人固隨其父出入，而習知公府路徑，凡內外尉及女使婢媼，然自幼稔之者也。得某鉅公之鉅額費用，入京訪內差句某，某之母為袁氏舊媼，司內室晒掃虎子之役，他人所不能入，獨媼能之。某乃因其母配一鑰匙，伺項城去，開其密室中之扉，取而致之某國使館，遺工照入攝影，而以原物返其故所，絕無人知。其使乃以所攝轉與某使，某使電致紐約報略宣布之。此報章傳至日本，大隈首相乃召華使面斥之曰：余固知汝中國人不能共事，此事先與爾約，除我與爾及項城外，不許第四人知，今何如矣。華使逢彼之怒，而不知所由，至今茫然也。未幾而日政府致電外部：敝國因有未便，貴國大使可勿來云云。是時，熊君希齡以湘西賑事來京，謁某要人，問帝政可能否？某曰：專使不去，殆絕望矣。閱者諸君，不記句克明被捕之事耶〔即盜公文書者〕。未幾而顧問某國人某君曰唱帝制不成之語。是帝制之失敗，亦某使為之也。……」按張一麐曾宦於袁氏，袁氏之取消帝制令，由張起草。張自言：自籌安會初設至帝制取消，逐日有日記，因中多牽涉當代人物，故不宣布，此處所記，於國名、人名亦多以某字代之，然讀者當能默揣而得之也。）

四　護國軍的崛起與帝制的撤銷

站在反帝制聯合戰線上的急先鋒，當然要算中華革命黨。但自癸丑討袁失敗以來，舊革命黨在國內的根據地盤完全喪失，軍隊中的基本勢力完全破壞，中華革命黨活動的困難，卻比辛亥革命以前更甚。因為在辛亥以

四　護國軍的崛起與帝制的撤銷

前，長江以南各省的軍隊都是革命黨的工具；現在，除了滇、黔、粵、桂四省以外，差不多各省都是北洋軍隊的駐防地；而粵省的龍濟光和他所部的軍隊，又已為袁氏的爵位金錢所制服，成了袁氏的死黨；桂省的陸榮廷雖然還沒有納入袁氏的彀中，因受了龍氏的牽制，也是不易發動的。此時可以利用作為發難的地點，就只有滇、黔二省。而滇、黔二省向為進步黨人的地盤。(辛亥革命時，蔡鍔被舉為雲南都督。蔡命唐繼堯率滇軍入黔，唐旋以滇軍駐貴陽，黔遂納入滇之勢力範圍。元二年間，蔡鍔雖被統一共和黨擁戴為總幹事，曾與國民黨發生關係，然蔡為梁啟超之弟子，梁、蔡關係極密，故蔡實為進步黨人之保護者。滇、黔二省，久為進步黨人之活動場所。癸丑討袁之役，李烈鈞曾電蔡請同時發難，蔡以時機未至，不為動。旋蔡自知為袁所忌，乃調唐繼堯返滇，以滇督與之，而自請離滇。然蔡在滇之潛勢力則依然保存，進步黨人亦依然倚黔滇為活動之窟穴。)要想運用滇黔發難，進行無阻，非中華革命黨人所能辦到；就是舊國民黨溫和派的人士，也未必能運用圓滿，除非蔡鍔出馬，方有發動的可能。因為蔡是滇黔勢力的首腦，又是進步黨人的保護者，而中華革命黨人在該兩省沒有多大的關係，所以反帝制聯合戰線上的急先鋒，雖為中華革命黨，而聯合戰線的重心，全在領導護國軍的蔡鍔。

護國軍未起以前，上海方面有鄭汝成(上海鎮守使)被刺(十一月十日)和肇和軍艦被襲取(十二月五日)的事件，這是急先鋒的中華革命黨人所為。(主之者為陳其美。陳在日本東京與中山議定，原想在廣東舉事。及歸國過滬，各同志多以上海方面的海陸軍已有相當的聯繫，只要把鄭汝成去了，便可乘機占領上海。陳其美亦以為然。但是鄭汝成一被刺，袁即派楊善德為淞滬護軍使，防範極密，肇和軍艦雖被襲取，並占領電報局等數官署，但終不能抵抗袁軍之大隊，占領上海的計畫歸於水泡。此後中華革命黨最顯著的活動，在南為廣東方面由朱執信等領導，在北為山東方面

第十一章　帝制運動與反帝制運動

由居正領導，都是在護國軍崛起雲南以後，頗能牽制袁家軍力，給予護國軍莫大的助力。）此時袁世凱還不曾正式承受帝位，護國軍也還在醞釀之中。到袁氏將要登極的前數日（十二月二十五日，袁改民國五年為洪憲元年，擬於一月一日登極），護國軍在雲南發動了。

關於護國軍在雲南發動的經過，梁啟超說：「……籌安會發生之次日，蔡君（鍔）即訪余於天津，共商大計。余曰：『余之責任在言論，故余必須立刻作文，堂堂正正以反對之。君則軍界有力之人也，宜深自韜晦，勿為所忌，乃可以密圖匡復。』蔡君韙余言，故在京兩月虛與委蛇，使袁氏無復疑忌；一面密電雲、貴兩省軍界，共商大義，又招戴君戡來京面商。戴君者當時甫辭貴州巡按使之職，後此隨蔡君轉戰四川……者也。（戴為貴州人，唐繼堯督黔時曾為都督府參贊，歷任黔中觀察使、民政長、巡按使等職，屬於進步黨。）戴君以去年（四年）十月到京（與王伯群同由黔入京），乃與蔡君定策於吾天津之寓廬。後此種種計劃，皆當時數次會議之結果也。……議既定，蔡、戴兩君先後南下，余於兩君行後亦潛赴上海。余到上海實十二月十八日也，而蔡、戴兩君亦以十九日到雲南。……」（見《盾鼻集‧國體戰爭躬歷談》）這段話當然是事實，不過把事實說得太簡單，彷彿這件事就只有他自己和蔡、戴是發動的人，別人都不曾與聞，未免有專替己派宣傳功績的意味。其實，舊國民黨李烈鈞、李根源等的一派也老早注意到了雲南，（李烈鈞在清末曾任雲南陸軍小學總辦，又做過雲南講武堂的教官，故與雲南的軍官亦多有關係。）癸丑贛寧之役失敗後，贛軍的舊部，便有潛往雲南祕密插在滇軍裡面的。

帝制問題發生後，梁、蔡等在京津方面與雲南密通消息時，李烈鈞也由日本派人往雲南活動。到雲南最早的，要算是方聲濤。（方聲濤與李烈鈞同為第六期士官生，李任贛督時，方為贛軍旅長，癸丑失敗後，與李同出亡於外。）方到滇後，住在黃毓成家，與滇中軍官祕密會商；唐繼堯得

四　護國軍的崛起與帝制的撤銷

知,也曾赴黃宅與方面晤。李根源雖不曾親回雲南,也由日本到了香港,與唐繼堯及各方黨人通消息,促唐發難說以外省(如蘇督馮國璋、桂督陸榮廷等)亦有反對帝制的,如滇省一動,不患沒有聲援的話;所以向雲南謀活動的,不僅進步黨領袖的梁啟超一派,就是雲南內部的軍官,也不少主動的人;據蔡鍔與梁啟超書中所說(五年一月五日在滇與梁書,見《松坡軍中遺墨》):「滇中級軍官健者,如鄧泰中、楊蓁、董鴻勳、黃永社等,自籌安會發生後,憤慨異常,屢進言於蓂賡(唐繼堯之別號),並探詢主張,以定進止。蓂以未得吾儕之意向所在,且於各方面情形不悉其真相,遂一意穩靜,荏苒數月,莫得要領。

暨聞敝宅誤被搜查(即指袁派軍警搜查蔡鍔北京寓宅事)、鍔引病出京之耗,慷慨激昂之聲浪復起。迄王伯群到滇,將鍔在津所發一函遞到 —— 先鍔五日抵滇 —— 蓂意遂決……」據此看來,滇軍的內部,也很有主動的人物。不過有兩點我們應該注意的:

一、雲南內部的最初發動者絕不是唐繼堯,唐不過是一個「看風轉舵」的人;

二、唐繼堯發動的決心是由蔡鍔促成的,蔡若不到雲南,雲南的變化如何,甚不可測。

(據當時隨蔡赴滇的軍官某君所言:「唐繼堯的態度,是蔡到滇後才真正決定。當方聲濤等與滇中軍官密謀時,唐初未聞知。後雖告於唐,然唐之態度不甚明瞭。即李烈鈞到滇 —— 在蔡到滇之先二日 —— 唐仍虛與委蛇。巡按使任可澄則袁世凱所恃以監視唐繼堯者,其態度尤不可靠。財政廳長籍亮儕 —— 即籍忠寅 —— 雖屬進步黨人,初亦甚不欲動。滇軍官之一部分,與方聲濤、李烈鈞等暗中計劃,唐若終不肯從,則將殺唐以舉事。唐亦慮及內變,故始終以虛與委蛇之態度出之。及蔡鍔赴滇之消息到滇時,且有謀邀蔡於途而殺之者 —— 或謂系任可澄之所為 —— 因蔡鍔機

第十一章　帝制運動與反帝制運動

警,計不得逞。蔡抵滇後,唐知勢不可抗,始決從眾議發難。」日人吉野作造所著《第三革命後之支那》亦言,滇軍官最初發動者為黃毓成、羅佩金、趙又新、鄧泰中、楊蓁等,初未使唐知,議定後,始由黃、鄧、楊三人代表全體同志請於唐。謂唐若終不從時,則將殺唐以舉大事,可見上記某軍官之言並非虛語。)至於蔡鍔和李烈鈞,也不是到了雲南之後才同謀的。

蔡由天津赴日本,由日本轉台灣,由台灣轉海防,由海防入滇,隨處和舊國民黨的軍人政客都有接洽(他和李烈鈞是在台灣已相晤一次,因避人耳目,故未一同入滇,此亦某軍官所言)。這也是在滇與梁啟超的書中,可以看得出來的;蔡的書中說:「彌月來周歷萬里,細察各處情形,多為始願所不及;綜言之,人心固結,氣象發皇;前所謂急進派者(指國民黨人)反諸平實,穩健派者力去弛惰。」他的書末,又敦促秋桐(章士釗)、鎔西(張耀曾,舊國民黨人)諸人赴滇,轉道入川,說:「此時雖為軍事時期,將來一切政治上規劃亦不得不早為著手。」這些話,都是蔡在入滇之先,早與國民黨人有接洽的證據。概括言之,護國軍在雲南發動的經過,便是舊國民黨的溫和派和進步黨結合的經過;最初的動力,同時起於京、津、東京、雲南的各方面,漸次各方的策士集中於上海、香港兩處(在滬者有梁啟超、谷鍾秀等諸人,在港者有李根源、林虎諸人),互相策應,而重要的實地戰鬥員則集中於雲南,而以蔡鍔的達到雲南,為實行發動的關鍵。

蔡鍔於十二月十九日到滇,二十三日即以唐繼堯、任可澄的名義致電北京,請袁取消帝制,懲辦禍首,限於二十五日午前十時答覆,屆時不得答覆,便於是日宣告獨立。原來的計畫,本是要從雲南把軍隊祕密運到川境後才向北京發表,趁北方援軍未到,一舉奪取四川,擬在四川組織反袁的中心機關(二一日,梁啟超在上海接得蔡鍔由滇電告,滇軍前隊定於

四　護國軍的崛起與帝制的撤銷

二十三日出發，出發二十一日後，方發表獨立之公文），但因上海方面，得到外交上一種重要消息，恐怕發動過遲，於國家損失過巨（就是袁世凱預備以重要利權許日本，將派周自齊赴日訂約，日已允許），梁啟超因由南京發電至滇，促蔡從速發表，故於前軍出發之日（即十二月二十三日）便向北京發出取消帝制限期答覆的電文。蔡與梁書說：「宣布過遲，固有妨大局，宣布早，殊於軍事計劃大受影響。唯冀東南各省速起響應，使賊軍不能遠突，則西南方面軍事乃易措手。……」後來川境軍事甚不得手，就是因為宣布太早的原故。

滇省宣布獨立後，廢去將軍、巡按使名義，恢復元年都督府制，並召集省議會，推唐繼堯為都督，任留守，蔡任出征；原議設元帥府，因蔡「欲力事謙抑以待來者」（蔡與梁書中語），故出征軍只設總司令部。出征軍初定名為「共和軍」，因為李烈鈞反對，說與從前政黨──共和黨的名稱相混，恐怕世人指為共和黨一派人的行動，所以棄而不用；恰好那天是在護國寺開會，而此次興師又是以護國為目的，因改稱為「護國軍」：這是「護國軍」的由來。（護國軍共分三軍：蔡軍一軍入川，戴戡一軍入達黔川，李烈鈞出滇南。）

蔡鍔所統的護國軍，共分三梯團；三梯團的兵額，通共只有三千一百三十人（據《松坡軍中遺墨》兵數分配單所記）；出發時所帶餉糈，不夠兩個月的夥食津貼之用（亦據《松坡軍中遺墨》）；假使不得他省的響應，護國軍的前途，甚不可知。（據一月五日蔡與梁啟超書，謂：「第一梯團五日內可達昭通──離省十三站──其前鋒已將川邊之燕子坡占領──距昭通十站，距敘州三站──第二梯團日內由省出發，俟抵畢節後相機進行，第三梯團須元宵後可集中省會，預計非二月中旬不能抵川境。」以區區三千餘眾，軍行又如此緩慢，及全軍到川，而袁氏之大軍已雲集矣，故終困於敘瀘間。）原來貴州是預備和雲南同時獨立的，而所希望響應雲、貴兩省的

第十一章　帝制運動與反帝制運動

是廣西和江蘇。(鈕永建、林虎曾兩次入南寧，運動陸榮廷、陳炳焜，陸、陳皆允響應。唯以龍濟光冥頑不易說通，故陸不肯與雲南同時發動，必待雲南獨立後始響應。江蘇的馮國璋本與梁啟超有接洽，早已表示反對帝制，並有雲南發難，必當予以贊助的表示。)因為雲南發動太快，貴州預備不及，便不能和雲南同時宣布，(據蔡與梁啟超書云：「黔省當局初頗踴躍，繼以該省準備一切頗需時日，各省意存觀望，甚至倡言立異，加以袁政府之虛聲恫嚇，龍建章——貴州巡按使——之暗中把持，心志為之沮喪，未敢同時宣布，然一切部署仍著著進行，循若——即戴戡——於二號啟行赴黔，伯群亦已赴興義，滇日內已趕編一混成旅及挺進軍千人為援黔及進窺湘鄂之用，接最近黔電，似已有義不反顧之決心矣。」)直到一月二十四日，戴戡所率領的滇軍到了貴陽，劉顯世方正式宣告貴州獨立。廣西到三月中旬才響應，江蘇的馮國璋則畢竟不曾響應，不過消極地不替袁出力罷了。廣西未響應以前，蔡鍔與戴戡以所率領的滇黔飢卒數千人，和曹錕、張敬堯等所領的袁軍數萬人，苦戰於敘州、瀘州、綦江之間；在護國軍方面，以寡敵眾，自然不能達到奪取四川的目的；而曹、張等亦竟不能越敘瀘、綦江而有所發展，不能不佩服滇黔護國軍的努力，和蔡鍔領導的得宜。及廣西宣告獨立，護國軍的聲勢愈大，袁軍氣益沮喪。

　　原來袁氏對於滇黔取包圍形勢，一面令曹、張等率大軍由川攻滇，令馬繼增所部由湖南入黔；一面令龍覲光(龍濟光之弟)率粵軍與桂聯合，由桂省的百色進攻滇南。陸榮廷的態度，很使袁氏不能放心，袁因於三月七日派陸為貴州宣撫使，另任桂軍師長陳炳焜兼護廣西軍務，意思是想借陳以制陸。誰知陸、陳的關係比袁、段、馮的關係，還要密切；到三月十五日，陸榮廷、陳炳焜等竟聯名宣告獨立了，開往百色等處的龍軍都被繳械，陸榮廷覆被推為廣西都督。(廣西獨立的醞釀甚久，國民黨人之往遊說運動者亦最早。帝制之議初起，陸向遊說者即謂，「昔與黎宋卿等

四　護國軍的崛起與帝制的撤銷

以十四省聯名保障共和，今共和已瀕危境，而前此之力任保障者，或變初衷，或遭排斥，然吾荷此仔肩終必有以答十二次革命死義諸烈之靈」云云。然桂省巡按使王祖同為袁氏之鷹犬，袁又假以會辦軍務之銜，以監視陸，凡民黨致陸之函電，多被王詗知。又陸子裕勳，先是為質於京，充袁氏侍衛武官，故陸甚不敢妄有所舉動，常告病假兩月。當時議者，因陸病假，以為即反對帝制之表示也。然假滿後，一變態度，迭電北京，頗多鞠躬盡瘁語，又請令其子裕勳回桂侍病，袁知不可留，命人伴送裕勳，優禮備至；抵漢，裕勳忽以暴病卒，諑謠紛起；袁連電慰唁，備極哀悼；陸雖一一稱謝，於喪子之痛，若毫不介意，然銜袁益深矣。

陸於辦理帝制選舉投票各事皆極速，唯對於封爵之來，不准慶賀。滇將發難時，國民黨人又往說陸，陸極表贊同，但以桂極貧瘠，兵餉無可恃，又受粵牽制，請遲以待之，允予中立，囑滇勿輕犯桂境，陸又派祕書某入滇與謀，故外間有滇、黔、桂三省同時並舉之說。滇發難後，袁氏初欲派北軍由桂攻滇，陸託代表商民以損害商業為辭，去電力阻，袁乃轉請陸出兵徵滇，陸又以餉械不足、地方防務吃緊為辭，袁因乘勢派龍觀光率粵軍赴桂助攻，以堵陸之口，實則授意龍氏，欲俟陸離南寧後，設法取而代之也。陸、龍本兒女姻親，故陸曾派人與龍密商聯合獨立事。龍不聽，而龍觀光率兵由桂入滇之舉又無詞可拒，乃戒觀光少帶兵士、多攜槍械，謂兵士可在桂沿途添募，實則預為制龍之謀。龍濟光亦因粵中革命黨人四伏，不能多出兵，故觀光入桂之兵甚不多。陸則撥助將弁，促之向滇進行。命其子裕光統兵與之偕進，而自請攻滇，向袁要求大批軍火併軍餉百萬元，袁半與之，陸再電稱非百萬不敷用，袁又與以五十萬，越數日，又去電索餉械，袁愈疑，乃因其攻滇之請，命為貴州宣撫使，而以陳炳焜兼護廣西軍務，此三月七日事也。陸旋準備出發。

袁於三月十二日忽得王祖同萬急密電，謂桂省日前開會議，陸榮廷尚

第十一章　帝制運動與反帝制運動

未明白表示，陳炳焜最激烈，於大庭中指數陸氏，謂「事新君則不忠，背舊主則不義，不念裕勳則不慈」，現陸已率師出發，恐變生旦夕云云。至十三日，而廣西向袁之「哀的美敦書」發出矣。王電中述陳指數陸氏語確為事實，所謂「為舊主則不義」者，指岑春煊也，陸為岑之舊日部屬，岑屢致函促陸獨立，陸故不動，今陳發難而自離去南寧，蓋以避王祖同監視之耳目也。至十五日，乃正式宣布獨立，而在百色等處之龍軍則悉繳械矣。獨立之電由陸榮廷、陳炳焜等聯銜，梁啟超亦列名其間。陸、梁本無關係，因陸慕梁之名，梁於滇省發難後曾致函於陸，促陸響應。陸喜，因特派代表唐伯珊赴滬，一面邀請梁往南寧任民政，謂梁朝至，桂即夕發難，一面又藉往南京與馮國璋接洽。三月四日，梁乃率其同黨湯覺頓等偕唐伯珊由滬赴桂，在港得晤李根源、林虎等，彼此極融洽。梁不敢徑由粵入桂，迂道海防，迨梁抵南寧，桂省早已宣告獨立矣。因陸慕梁之名，又知梁已在入桂之道中，故桂省獨立通電亦列梁名，實則梁於獨立後始到也。桂省獨立之經過，大略如是。）廣西獨立的消息，一達北京，袁政府的慌亂更不可名狀。因為桂省既加入護國軍，則非徒粵桂聯合進攻滇南的計畫不行，就是粵省的本身也日趨危險，護國軍的範圍就要一天一天的擴大起來。護國軍的範圍越擴大，滇黔方面的勢力就越強固，袁氏對付的計畫，就越沒有成功的希望。所以廣西的獨立，實給與滇黔護國軍莫大的助力，對於袁氏則為莫大的打擊。洪憲的帝號，不久就要消滅了。

帝制撤銷之說，在護國軍發動於雲南的半個月後，已有所聞。因為派往日本送禮的特使周自齊既被擋駕，袁世凱已知道得不到外交上的援助，帝制前途的希望，甚為黯淡。但改變國體，既說是出於全國人民的公意，忽然由政府下令取消，面子上也太難說得去；並且那時候公然反抗帝制的，還只有雲南一省，或者可以用武力鎮壓下來；假若能夠從速將雲南鎮壓下去，外交上也未嘗沒有疏通的餘地；所以帝制撤銷之說到底不欲實

四 護國軍的崛起與帝制的撤銷

現，就只把登極的日期展緩，把大典籌備的精神用到戡定滇亂上去。一月後旬，貴州也正式宣告獨立；到了二月後旬，川湘方面的形勢益形緊迫；於是帝制撤銷之說，又漸漸地發生；大典的籌備竟奉令停辦，籌備費自三月一日起一律停發了；並且有提議先行取消洪憲年號、解散參政院、裁撤籌備處的。

公府中疊開會議，商榷取消帝制的手續，因國體變更，既說是出於民意，則取消也要經過民意機關表示的形式，面子上方才過得去，因於二月二十八日申令提前召集立法院，以五月一日為召集期；又以立法院議員選舉程序繁瑣，諮由參政院以前此國民會議覆選當選人，為立法院覆選當選人，俾得如期召集；並分電各省長官及駐外公使徵求對於帝制之意見。（嗣得覆電，雖有少數仍請速正大位，然多數則均直接、間接表示贊成取消。）這種舉措，就是想用召集立法院作一個相機轉舵的方法，倘若對於滇黔的戰事成功，帝制仍可進行，否則由立法院宣告取消。因為立即取消，恐怕前敵的將士灰心，於政府的威信有礙。三月初旬，忽得到前敵幾次的捷報，帝制派的鷹犬又揚揚得意，想慫恿袁氏作登極的準備。不料廣西方面，忽然打下一個晴天霹靂來；外交方面，又傳來一種很可慮的噩耗；（雲南起義前，外交團既以恐釀內亂為口實，兩次提出警告；雲南起義後，外交團又相繼質問袁氏的應付辦法。袁氏初以雲南事件實由少數之所為，不難於三數月平定答覆之。

現廣西又宣告獨立，亂事有日益擴張之勢。相傳某公使接得該國政府訓電，以「中國內亂蔓延甚廣，袁政府已無平定能力，雲貴方面既以維持共和為名，不能視為亂黨，北京方面之帝國，各國均未承認，已失去代表國家之資格，以後對南北均為交戰團體」云云，相傳某公使將據以向袁政府致送前述意旨之通牒，袁因異常焦急。此所謂某國者，日本也。日本此時已決計倒袁，謀市恩於民黨，而取利也。）軍費又日益困難；想向外國

第十一章　帝制運動與反帝制運動

借款，此時可以應募外債的就只有日美兩國；美國的資本家雖然有願意應募的，但不願意在洪憲帝國的名義之下簽約；日本既採倒袁主義，不唯自己不肯應募，並且對於美國的借款還要極力破壞，所以向外借款一時全無希望。於是袁所希望的，就只有向反帝制方面求調停的一個辦法。要想調停，非取消帝制不足以平反對者之心，也不能塞反對者之口；並且左右回顧，負一部分的人望，可以向反對方面說話的，只有黎元洪、徐世昌、段祺瑞等幾個人；現在黎、段、徐都已與己疏遠，非取消帝制不能挽回他們的心理。於是袁於二月二一日（廣西獨立後五日）在公府召集會議（並預以取消帝制之意旨通知徐、段等，求徐、段一併到會，徐、段亦應召而往），提出立即取消帝制之議。帝制派的要人都面面相覷，不知所對；朱啟鈐、梁士詒等，因為利害切己，表示反對，袁又以所謂五將軍的密電示之，（所謂五將軍者，傳者不一，大抵為馮國璋、李純、張勳、靳雲鵬、朱瑞，或謂無張勳而列湯薌銘。所謂密電，即勸袁取消帝制，以平滇黔等之氣。當時誠心擁袁稱帝者，唯直督朱家寶、奉督段芝貴、豫督趙倜、陝督陸建章、皖巡按倪嗣沖等而已，以外大都多采中立態度，所謂五將軍者即此中立派人。）帝制派才俯首無詞；倪嗣沖適亦到會，尚憤憤不平說：「君主政體，中國行之數千年，何物小醜，敢以取消為要挾！臣誓死掃蕩群醜而後已。」袁溫語慰止。於是即命張一麐起草命令，於二十二日宣布將去年十二月十二日承認帝位案撤銷，竟用不著預備轉舵的立法院了。同日，又特任徐世昌為國務卿；二十三日，又特任段祺瑞為參謀總長，明令廢止洪憲年號，仍以本年為中華民國五年。帝制的活劇，至此全歸泡影。

張一麐替袁氏所草撤銷帝制令的原稿，關於袁氏自身，通篇皆稱「予」，並無「大總統」字樣。原稿經阮忠樞、徐世昌等修改無數次；後袁氏自己，又將罪責帝制派人的語句削去，並於令文的末尾，加入「本大總統本有統治全國之責」的語來。「大總統」的字面不見於公文者已經有三個

月了，聽說袁氏提筆加此數字時，躊躇再四，連他自己都不免有點忸怩；但不乘此機會輕輕地提出，則前此承認帝位時，總統業已自己取消，今又把帝位的承認撤銷了，自己將站在什麼地方呢？所以非老著面皮把這幾個字插入不可。但此問題，不是在令文上插入「大總統」的幾個字面就可以解決的了。

五　帝制撤銷後南北兩方的行動及袁氏之死

　　帝制撤銷後，最可注目的事件，在北方就是段祺瑞的復出，改組內閣；在南方就是廣東的被迫獨立，組織兩廣都司令，繼復組織軍務院為獨立各省的統一機關；站在南北之間以謀操縱政局的，就有馮國璋所提倡的南京會議；到六月六日袁氏羞憤成疾死，這一幕活劇，才完全終了。分別略述如下：

一、段祺瑞改組內閣

　　袁氏撤銷帝制，本是藉以向南方謀和的，而要向南方求和，非拉出幾個可以向南方說話的人不可。於是於撤銷帝制後，便用黎元洪、徐世昌、段祺瑞三人的名義，向蔡鍔、唐繼堯、劉顯世、陸榮廷、梁啟超發出一電，要求停戰，商議善後辦法。（此電，段雖知之，並未署名，黎則並不之知，唯徐頗為盡力。）一面託人說黎，請其出管將軍府事以為餌，黎宣言除約法上之副總統外，無論何職皆不承受；一面促段出就參謀部長職。相傳段曾要求三事：甲、和平解決南事；乙、暫緩擴充模範軍（袁氏有招足十旅計劃）；丙、恢復參謀部事權。但是袁氏不願將全權交與參謀部，故段始終未到部視事，唯徐一人到政事堂就國務卿之任。徐於就任後，於勘日通電獨立各省徵求意見，並電未獨立各省力保地方治安，向袁條陳種

第十一章　帝制運動與反帝制運動

種善後辦法,又電懇康有為、伍廷芳、唐紹儀、湯化龍等力任調人,又令龍濟光與陸榮廷婉商協調。(此時梁啟超尚未達南寧與陸面晤,恐陸為所惑,在龍州聯發數電與陸,囑勿為龍所誘。)但是這些氣力,都是空賣了的,不曾發生絲毫效力,因為護國軍的方面,非袁氏去位,絕不罷手。不過川黔方面的戰事,因為滇黔護國軍經過長時間的惡戰苦鬥,已極疲弊,想乘間休息以圖恢復補充;袁軍也因為帝制撤銷,軍氣沮喪,事實上已在停戰的狀態中。川督陳宦,也知道袁氏的冰山靠不住了,想和護國軍要好,便與蔡鍔以函電祕使相往還,於三月三十一日得蔡鍔的允許,停戰一星期。(到四月六日,又經雙方同意展長停戰期間為一月,一月滿後,又延期一月,蓋自四月以後,川黔方面已無戰爭。)此後,川黔方面戰事便全停了。但是蔡鍔對於以黎、段、徐三人名義所發求和的電,答覆卻甚強硬,說:「……默察全國形勢,人民心理尚未能為項城曲諒。凜已往之玄黃乍變,慮日後之覆雨翻雲。已失之人心難復,既墮之威信難挽。若項城本悲天憫人之懷,為潔身引退之計,國人軫念前勞,感懷大德……崇奉豈有涯量。……」所謂「其言雖婉,其意堅決」。到四月中旬,獨立各省會銜答覆黎、徐、段的電詞,更為嚴厲:「……項城違反約法,自召兵戎。若僅削除帝號,複稱總統,廉恥既亡,威信全失,愈益國家之憂,莫慰中外之望,無術可以調停。請轉項城,速行宣告退位。……」徐世昌知道此事甚不易了,因為川黔方面雖然停了戰,而廣東反在川黔停戰後被迫獨立了(四月六日)。到四月十二日,浙江也獨立了(江蘇的江陰、吳江各處也有被運動獨立的騷動)。段祺瑞依然不熱心出力,其意非袁氏將軍政大權給他,他不出負責任。袁氏也知道難於收拾,想借改用責任內閣制的名義,一以餌段氏,一以愚民黨;於是在四月二一日發出一道申令說:

囊以庶政待理,本大總統總攬政權,置國務卿以資贊襄;兩年以來,成效未著,揆厥原因,皆由內閣未立,責任不明,允宜幡然變計。茲依約

法制定政府組織令，委任國務卿總理國務組織政府，樹責任內閣之先聲，為改良政府之初步……

此令的意思，就是現在我只留一個總統的虛位，把政權交給責任內閣，再不若從前那麼專制，你們應該罷休了。此令宣布後，於次日（四月二十二日），特准國務卿徐世昌免職，改任段祺瑞為國務卿兼陸軍總長，組織內閣（到五月四日修正政府組織令及政府真屬官制，改稱政事堂為國務院，並公布修正大總統公文程序令），段祺瑞因此漸出任事。但至段氏擔任內閣後，要求將軍政大權交與內閣，並裁撤機要局、統率處、軍政執法處；袁氏雖然應允，實際並沒有完全移交，統率處等亦不曾裁撤，拱衛軍及模範團，內閣仍不能指揮。這便是袁氏比載灃厲害的處所，也便是段氏不及袁氏的處所。不過袁氏把握這些大權，終沒有方法制服護國軍。

二、兩廣都司令及軍務院的組織

廣東正式宣告獨立雖在四月六日，但是兩廣都司令的組織直至五月一日才實現。因為廣東的獨立是龍濟光受了四面的壓迫，無可如何，想藉此以保全自己的地位和勢力，其實是和護國軍背道而馳的。（此時中華革命黨和舊國民黨的李根源、林虎、陳炯明、徐勤等皆注全力，謀奪取廣東，依當時《中華新報》所編的《護國軍紀事》所載，以「中華革命軍」名義所占領的地方共三十一處，軍艦二艘；以「陳炯明護國軍」名義所占領的地方共七處，軍艦一艘；以「徐勤護國軍」名義所占領的地方一處，軍艦二艘；潮汕方面的莫擎宇，欽廉方面的馮相榮等皆已響應廣西宣告獨立。龍氏已成孤立，其勢力殆不能出廣州，又因平素仇殺民黨，積怨極深，難於和解，故陸榮廷屢次派人勸說，並允保證其現在位置，龍皆不從。岑春煊亦曾數次致函龍氏，欲龍氏與革命派要人在粵租界內會商，龍亦未允。李根源又曾以代表唐督名義親往廣州與龍交涉。龍以各方迫脅，勢甚岌岌，乃陰與蔡乃煌密電袁政府速派重兵南下協防。袁軍行有日矣，旅滬粵人大

第十一章　帝制運動與反帝制運動

諱，警告招商局，勿承運北軍以禍粵，粵中民黨聞之愈憤。四月四日，寄碇省河之軍艦數艘忽然駛去，軍隊中亦有高懸旗幟，上書「聽候龍濟光、張鳴岐宣告獨立」字樣，為龍所見，龍知大勢已去，乃電袁政府請辦法，袁覆以「獨立，擁護中央」六字，龍因於六日下午召集會議後即行宣布獨立，然其所發表獨立之文告無一語指斥袁氏者，從前所捕之黨人一律皆未釋放，民黨所切齒之蔡乃煌，則加以保護。故民黨知龍之獨立，不過為緩兵計也。）所以粵中舊國民黨的各派，對於龍之獨立皆不信任，必欲逐龍而後已；就是穩健派的梁啟超在未到南寧以前，也堅持逐龍的主張。（梁啟超在龍州致陸榮廷電有云：「粵之得失為國命所繫。若彼〔指龍氏〕尚持異同，非使之屈而從我不可；即彼欲要求保其地位，亦請勿輕許。龍與超本有私交，豈欲過為已甚。但彼失政已甚，粵人共棄，望公如望慈父母，公安能合而不救。至於為國家計，粵不得手，西南大局終無法維持。……若公輕許彼把持吾粵，則是不忍於一二友人之爵位，而忍於全粵數千萬人幸福之消滅，及國命之顛危……」又致湯覺頓電云：「現在舍袁退位外，對京無調停餘地；舍龍退職外，對粵無調停餘地……」又致馬濟電云：「現在舍袁退位外，對北京斷無調停之餘地；舍龍、張〔鳴岐時為廣東巡按〕退職外，對廣東亦無調停之餘地。此兩者關係全域性安危，絲毫不容有失。」觀此數電，可見梁氏意思之堅決。）但是陸榮廷不願與龍破裂，促岑春煊南下。因為龍也是岑的舊部，想用岑的名義制服龍氏，併力北伐。梁啟超到了南寧後，也贊成陸的主張，四月七日，梁在南寧致李烈鈞電云：「粵於魚日獨立，其當局雖或不厭人望，然藉此免糜爛，我軍得專力規服中原自是大佳。……」又致周孝懷電云：「幹〔即陸榮廷〕對粵別有規劃，持之頗堅，弟初不謂然，今亦首肯。」）並且代替龍氏向國民黨勸解；在四月八日，由南寧致電李根源、林虎、楊永泰、徐勤等，說：「幹公於粵事計劃精詳，粵之宣布，全屬與此間熟商之結果。龍、張（鳴岐）為幹公

五　帝制撤銷後南北兩方的行動及袁氏之死

至誠所感,亦以至誠相應,絲毫無可猜疑之餘地。今日之事,必須兩粵完全安堵,乃可蓄精銳以殲狂寇。幹公已專電為兄等略述此意。(陸氏另有一電致粵舊國民黨各派領袖陳炯明、朱執信、李根源等,其電文亦梁氏所擬。)務望苦勸各同志,協保秩序,待幹公到後(時陸、梁已預備東下),斷無不可解決之問題。此時若生葛藤,則是破幹公之計劃,授敵以間隙,非諸公所忍出也。要之粵為討賊之策源地,粵若糜爛,猶獲石田,將焉取之。想諸賢必深會此意也。」梁於發出此電的一天,便和陸督由南寧起程赴粵。到梧州,得到海珠事變的消息,(湯覺頓充陸督代表先由梧州來粵,與龍氏接洽。十二日,與龍氏部下及民黨徐勤等會議於海珠,龍部顏啟漢於席間刺徐及湯等,徐倖免,湯及譚典虞皆被刺死。)梁異常憤激,粵中的民黨也異常憤激。此時陸督率領入粵的軍隊約及萬人,龍氏以海珠事變的原故,恐怕陸督翻臉,派張鳴岐親往梧州,向陸、梁二人解說。陸督提出七款,龍全部承認,陸即統軍入粵。陸、梁抵肇慶時,忽接粵中各方面函電,皆以陸督和龍氏妥協的七款中仍許龍氏督粵,一致反對。陸、梁不得已,乃勸龍率師北伐,推岑春煊繼粵督;龍恐力不敵桂,又戀粵督的地位不能捨,乃於四月十九日親往肇慶,向陸求調和,議定妥協條件五項:甲、廣東暫留龍濟光在都督之地位;乙、於肇慶設臨時都統府,以岑春煊為都統;丙、蔡乃煌處刑;丁、從速實行北伐;戊、地方民軍候岑入粵後,設法撫綏。此種妥協的辦法本是一種不徹底的辦法,梁啟超後來(五月十四日)電告蔡鍔說:「吾為粵事,吾聲嘔心,卒無善果;海珠之變,殲我三良……悍將蟠於上,私黨哄於下,浩劫終無倖免,所爭早暮耳。然吾深思熟計,以圍攻觀音山(粵督署所在地),雙方相消之兵力,足舉湘、贛、閩而有餘。龍變而桂亦疲,更何挾以禦賊。況糜爛後之結果,非期月可奏功。故飲淚言和。……」(梁啟超調和此事,曾親往廣州與龍及民黨領袖商洽,龍部欲害梁,故此云云。)因為急謀兩廣合力北進,以緩

第十一章　帝制運動與反帝制運動

川黔敵勢的原故,所以只好如此妥協了事,民黨也暫時含忍下去。岑春煊於四月十八日由滬抵香港,次日赴肇慶,乃公推岑為兩廣護國軍都司令,梁啟超為都參謀,李根源為副都參謀,設都司令部於肇慶(所以設在肇慶的原故,就是表示不侵逼龍氏地位的意思),於五月一日正式成立。這便是兩廣都司令設立的由來。

兩廣都司令的設定,是解決廣東問題的;兩廣和其他獨立的各省,尚沒有一個統一的機關。在雲南起事以前,梁、蔡等本有候雲、貴、兩廣獨立後,即組織一臨時政府,戴黎元洪為總統的意思;因為袁既叛國,失去總統資格,依約法當然由黎副總統繼任。及梁入桂之時,便在旅途中草擬一種《軍務院組織條例》。(梁啟超《從軍日記》云:「瀕行之夕,唐蓂賡書至,極言選舉元首設立臨時政府之急務。因思兩廣既下,茲事信不容再緩,乃覃思其條理,以為黃陂繼任,乃約法上當然之程序,但依法宣言一次已足,無須選舉,選舉乃反非法也。國務院在法律上無從發生,在事實上倉猝發生,必招惡果,今方當以綜核名實救袁氏之弊,若最初即建一指鹿為馬之責任內閣,其所以異於袁者幾何,故擬在軍政時代設一軍務院。……磊磊落落,名實相符。院置撫軍無定員,以合議制裁決軍國重事。其撫軍即以現在首義掌兵之人充之,而互選一人為撫軍長。竊以此為今日臨時政府最善之制。與同行諸員,往復討論,僉所贊許。乃草擬關於元首繼承軍務組織之宣言五通……軍務院組織條例附焉。」此時在上海至香港舟中。)廣東問題即將解決,梁氏便提出設立軍務院的主張,向各方面徵求意見,皆同意。蔡鍔起初不大贊成(因為尚沒有看見軍務院條例,以為組織政府,推舉首長,將要生出爭總統的問題來),後來接到梁氏所草的條例及宣言文稿,也就同意了。便以滇、黔、桂、粵四督唐、劉、龍、陸和蔡、戴、梁、李(烈鈞)、陳(炳焜)等任代表護國軍軍政府,釋出宣言五通:第一號宣言,宣告袁世凱自稱帝以後,已喪失大總統之資

格；第二號宣告大總統既已缺位，依民國二年十月所公布之《總統選舉法》第五條，由黎副總統繼任；第三號宣告黎總統因陷於賊中未能即時執行職務（梁啟超與蔡松坡第五書中謂「津中諸賢，極力設法，欲拔黃陂於賊中，已託西人密往救挈，而黃陂聲稱，唯待死耳，不願更出⋯⋯」），國務院亦無從產生，暫設一軍務院，隸屬於大總統，指揮全國軍事，籌備善後庶政，院置撫軍若干人，用合議制裁決一切，對內、對外皆以本院名義行之，俟將來國務院成立時，本院即行撤銷；第四號宣布《軍務院組織條例》；第五號宣告依組織條例，以唐繼堯、劉顯世、陸榮廷、龍濟光、呂公望（浙江都督，此時浙已獨立）、岑春煊、梁啟超、蔡鍔、李烈鈞、陳炳焜、羅佩金等為撫軍，並互選唐繼堯為撫軍長，岑春煊為撫軍副長，梁啟超領政務委員長。五月八日，軍務院正式成立，即以肇慶為軍務院所在地；因為唐繼堯未能來粵，依組織條例第四條的第二項以岑春煊攝行撫軍長職權。於是護國軍便有了一個形式上的統籌機關了。

三、馮國璋所提倡的南京會議

　　袁氏複用段祺瑞改組內閣，是謀保持總統的地位；南方組織軍務院，就是堅決的否認袁氏總統資格的存在。所以自帝制撤銷後，問題的中心，全在袁氏的退位與否。馮國璋自帝制問題發生後，早與反帝制各派的人士通聲氣，已沒有擁護袁氏的意思。袁氏撤銷帝制後，起初想向代行立法院的參政院辭職，即由該院以代表民意的資格挽留，但該院一部分尚有良知的人自慚形穢，不願再自丟臉，有向袁表示自請解散的，因此這一著便不能行。這一著既不行，袁氏便想仍用未獨立各省的將軍、巡按作留聲機，由公府祕書擬好一篇擁護袁氏仍留總統地位的電文，特派阮忠樞赴南京，請馮國璋聯合各省照發。馮以現在通電，絕無效力，尚須等待時機為詞，拒絕他；經阮再三懇求，馮但允聯合各省，擔任調停；可見馮氏並無擁護袁氏的意思了。不過馮氏想乘機取利，對袁則挾南方以自重，對護國軍則

第十一章　帝制運動與反帝制運動

挾北方以自重,恰如辛亥年袁氏對待清廷和革命軍一樣(可說是承受袁氏的衣缽),所以始終採用一種模稜的手段。(馮在四月十六日電袁氏大發牢騷,說袁不應該採中央集權主義,削奪各省將軍的權力,現在人心解體,再不宜向南方用兵,宜「及此尊重名義推讓治權」;又電徐、段、王,要他們勸袁「敝屣尊榮,急求自全之策。」這是明明主張要袁退位。但是他四月十七日的通電又說:「大總統在任四年……群生依賴,責任所在,既非反對者所得獨持異議,亦非當局者所得自卸仔肩。……」並且擬定辦法八條:(一)應遵照清室充付組織共和政府全權,原先承認袁大總統,仍居民國大總統地位;(二)慎選議員,重開國會;……餘六條不備錄。上記各電原文均見《護國軍紀事》第四期,因原文過長不備錄。)袁氏對於馮氏本來早不信任,所以想利用段氏替他盡力;段氏出組內閣的時候,雖無絕對要袁退位的意思,但也沒有絕對要袁不退位的意思。段於組閣後即致電南方,謂責任內閣已成,袁名為總統,實則虛位,請派代表來京與祺瑞等直接媾商云云。又以南方疑於內閣組織,更電晰五事:甲、內閣確係過渡性質,非軍樞性質;乙、對各方面負責任,非專對總統負責任;丙、既完全負責,即為特別政權,並不受總統及他方牽掣;丁、並非拋棄國會,為國會未能倉促成立;戊、因南方要人不來京,故閣員暫由在京人員遴選云云。及見南方堅持袁氏退位之說,段亦暗中贊成。袁見段不能轉移南方趨向,且亦傾於贊成退位之說,因棄去倚賴段氏的思想,有繼續備戰的傾向,所以對於段所要求的移交軍政大權雖已允許,卒不實行。段因平和無望,又握不到實權,面請辭職。袁雖不願倚段,又不敢立即去段,因為馮也不贊成用兵,並且財政上絕無辦法,所以對於段的辭職不曾允許,但是大勢已成僵局。馮氏因為想操縱南北的政局,在四月中旬,曾發出和平辦法八條(見前注),通電未獨立各省徵求意見,於四月二十五日又通電未獨立各省,說:「滇黔等四省意見尚持極端……計唯……先與各省聯繫,

五　帝制撤銷後南北兩方的行動及袁氏之死

各保疆土……擴充實力,對於四省與中央,可以左右為輕重;然後依據法律,審度國情,妥定正當方針,樹立強固根本,再行發言建議,融洽雙方。四省若違眾論,自當視同公敵,政府如有異議,亦當一致爭持……」馮的意思,是想組織一種中間勢力,由一己操縱,以達一己的目的,(他的目的,就是想各省擁戴他作繼任總統,方法就是另組新國會,候新國會開會後,袁向新國會辭職,再由國會另選繼任總統,這是在他所提出的八條辦法上可以看出的。)前電發出後,旋得各省贊同,便於五月一日將前次所提出的辦法八條加以修改,並詳細說明,通電各省,大旨與前無異。甲、若謂民國中斷,大總統地位已經消滅,則副總統亦當同歸消滅,中國目前實一無合法政府之國,不如依據清室付託袁大總統組織共和政府全權的事實,承認袁大總統對於民國暫負維持之責,俟國會開幕後,袁大總統即行辭職,由國會另選。乙、參酌國會組織法及選舉法,嚴定資格,慎防流弊,速籌國會(其他六條不備記)。此電釋出後,反袁各派皆大譁,由唐紹儀領銜,以二十二省旅滬公民的名義發表一篇反對馮電的宣言書。馮氏不顧,於五月五日親赴徐州,與張勳、倪嗣沖會商,決定在南京舉行會議。倪本袁之走狗,張此時也想買袁歡心,以取得重權,二人便與馮聯銜電告中央,並電未獨立各省請各派代表一人於十五日,齊集南京開會。袁接電後異常歡喜,以為此會可為己所用,於是宣言對於總統的地位絕不戀棧,但須候南京會議妥定辦法,此時他利用段氏的心理,便移到馮氏身上去了。這便是南京會議的由來。

　　開會的日期本定在五月十五日,但是實際到十八日才開會,列席的代表共二十三人(獨立各省未與會),由馮國璋主持,劈頭便是總統的去留問題。山東代表丁世嶧首先主張請袁氏速即退位,說山東現狀危急,恐釀成國際交涉(此時居正率領中華革命黨員在山東活動最力,謀獨立的暴動紛起,日人左袒民黨);湖南代表和之(因為湖南也有黨人的活動,亦甚

第十一章　帝制運動與反帝制運動

危急），各省代表也多贊同；主袁退位者竟占多數。馮以此條關係重大，未付表決，便宣告散會。這一晚，倪嗣沖由蚌埠率衛隊三營到寧，各界驚訝。次日，繼續會議，倪到會，首先發言，主張總統不可即行退位，丁世嶧起而反對，張勳的代表萬繩栻贊成倪說，多數代表皆為倪所脅，主張退位的忽變為少數。是日仍未付表決。次日續議，馮國璋說：「袁總統本應退位，唯宜向國會辭職，本會礙難建議。」倪請以馮說付表決，多數贊成，當場便請馮之祕書廳擬稿，電告各省。到二十二日，馮將所擬電稿付討論，代表中有根本不贊成發此電的，頗生爭論，丁世嶧便乘間發言，說：「辦法不外三端：不退位，即退位，緩退位。即此電稿所云由國會解決，即為緩退位之一種。事實上，獨立各省縱主張即退位，其手續亦須亙十二月之久。我輩縱主張緩退位，國會一開，第一即為彈劾總統問題，至遲亙三四個月之久，結果仍不免退位。我輩既鑒於時勢，不能主張不退位，緩急之間亦不過一二月之差。因此一二月之期間，與獨立各省爭執，非徒無謂，若一旦決裂，則咎將誰歸。」馮為丁言所動，便說「鄙意與丁代表意略同」，主張電請獨立各省也派員加入會議，解決善後方法，眾贊成。於是將原電變更，另發通電，電文中有「……總統問題關係國家存亡，既非五省片面所能主張（指獨立各省），亦未便以十五省之心理為依據（指未獨立各省），急宜研究妥善辦法以救危亡」的話。此電發出後，張勳的代表回徐報告，張大憤，便通電痛斥各代表，又通電主戰。袁氏見南京會議開會後不利於己，知道馮氏究竟是靠不住的，便想誘馮為國務總理，以張勳取蘇督地位而代之；若馮不遵命，即以張勳、倪嗣沖合力制蘇。張此時變為擁袁，原欲取得蘇督，所以欣然樂從。劉冠雄、段芝貴也力主用兵，袁於是決計備戰，因於五月二十九日特頒告令，宣布帝制案的始末，想以此解除叛國的責任，為繼續用兵的先聲。不久，獨立各省，也回電拒絕加入南京會議，馮於是宣告解散，並且電告北京，說：「目下會

議已經停頓,獨立各省在未經退位以前均不允遣派代表,是最初預定之結果,斷難辦到。為今之計,只有三項辦法:第一或宣告退位,尚可繼續開議;第二或另訂辦法,以求轉機;第三如仍無相當手續,國璋能力只可維持江蘇秩序,其他未能兼顧。」這就是南京會議的結果。

四、四川、湖南的獨立與袁氏之死

南京會議既無結果,袁欲繼續用兵,南方軍務院方面也以袁之即行退位為罷兵最低限度的條件,(梁啟超在肇慶致各督及總司令電謂,須「以退位為媾和條件之主眼」。又梁於五月四日致段祺瑞電云:「今日之有公,猶辛亥之有項城,清室不讓,雖項城不能解辛亥之危,項城不退,雖公不能挽今日之局。」可見南方逼袁意志之堅決。)但是繼續戰爭,事實上到底尚可能否。就北方一面說,中交銀行已於五月十二日宣告停止兌現,財政的窮迫可知;張勳、倪嗣沖等雖然誇說某省可派兵餉若干萬,某省又可派若干萬,都是空談。就南方一面說,軍務院雖然成立在肇慶,廣東的問題並未解決;桂軍雖然陸續入湘,龍部的粵軍則以堅守廣東的地盤為唯一的目的,所允出兵北伐是一句空話;李烈鈞所率領的滇軍,雖然由百色東下抵肇,預備由粵入贛,但是經過粵境便有侵占龍家地盤的嫌疑,與龍部將起衝突;川湘方面的滇黔軍,已到精疲力竭的景況,唐繼堯雖然允許補充,總不實行(忌蔡之功)。在這種情況之下,若不發生別種變化,可謂已成定局。但在南京會議當中,四川忽然宣告獨立了(五月二十二日)。到袁世凱宣布帝制案始末的一天(五月二十九日),湖南又宣告獨立了。(陝西的陳樹藩,亦曾於五月九日獨立。)原來川督陳宧、湘督湯薌銘都是袁氏所恃為忠實的鷹犬,現在也叛附護國軍,袁氏不能不痛心。(陳宧早與蔡鍔密使往還。三月三一號,蔡鍔致電梁啟超,便謂「陳二庵時派人來言,意在倒袁行聯邦制,而舉馮、段、徐為總統」,並謂「已派人聯繫湘、鄂、贛三省,已得贊同」等語,可見陳氏通款之早。因陳所部之北軍

第十一章　帝制運動與反帝制運動

亦有與蔡通款迫陳獨立者，蔡鍔在四月二十日致唐繼堯等電謂：「馮玉祥〔此時為旅長，在四川〕兩次派人來言渠已決心效順，其主張在倒袁以推馮，並擔任聯繫北軍。馮曾在灤州首義，後為袁所驅，故深恨之。其部曲亦多識大義，現已囑令速舉，並迫二庵宣布。」所以四川早傾於反袁。湘督湯氏雖非誠心擁袁，然以其殘暴為湘人所恨，獨立實被迫所致。）袁自護國軍崛起以來，焦勞羞憤，早已病在膏肓；及聞川湘相繼獨立之耗，憤怒更不可遏，病遂不起，到六月六日死去，於是退位的問題，不解決而自解決了。

袁氏臨死所受的痛苦，和他自己所加於清室的痛苦大略相同，他的措施也有和載灃相近之處。載灃想藉宣布憲法信條以保持皇位，袁氏也想藉撤銷帝制以保持總統；載灃向袁氏投降廢止親貴內閣，起用袁氏組織責任內閣以收人望，袁氏也向段氏投降，廢止政事堂，起用段氏組織責任內閣；袁氏對載灃再三要挾，必取得實權而後出，段氏對於袁氏也有所要挾，不肯即出，必取得相當實權而後動；袁氏在辛亥時祕密與革命軍通款，以顛覆清室，現在馮、段、陳宦之流也祕密與護國軍通款以倒袁；辛亥時外人的輿論，一致非難清室，現在外人的輿論也一致責難袁氏：大概辛亥年清室所受的苦惱逼迫，現在袁氏也一一領略了一番。不過袁氏比載灃到底厲害一點，他對於清室所施的要挾逼迫，無不如願相償，而段氏對於他的要挾，他卻能把持不放；辛亥時，為清帝退位的阻力有良弼等一派的宗社黨人，現在也有段芝貴、倪嗣冲等的一派，為袁氏退位的阻力；而袁氏個人意志的堅強又遠在載灃之上，所以袁氏退位的問題比清帝退位的問題還要難解決。最後促成清帝退位的，為清軍前敵將領段祺瑞等四十餘人的聯電，現在雖沒有這樣一個聯電，川湘兩省獨立的電告，也可謂有同樣的功效了。

袁死後，以副總統黎元洪繼任，當然不成問題；及段氏自動改組內

閣,由黎副總統宣告恢復舊約法、舊國會,南方的軍務院也自行撤銷(此諸項之經過待於下章再詳述),帝制的戰爭便完全告終。袁氏當國四年有半,他的政治展布和成績,無容多加批評,讀者自能明瞭。不過袁氏所種的隱毒,恐怕人多忽略。梁啟超有一段批評他的話,請附在後面:

護國軍總司令蔡將軍之言曰:「吾儕今日不得已而有此義舉,非敢云必能救亡,庶幾為中國民爭回一人格而已。」嗚呼!我全國父老昆弟……知將軍此言,其中含有幾鬥之血、幾斛之淚者。嗚呼!我四萬萬人之人格,至今日已被袁世凱蹂躪而無復餘,袁氏自身,原不知人之所以異於禽獸者何在,以為一切人類通性,唯見白刃則戰慄,見黃金則膜拜,吾挾此二物以臨天下,夫何其不得者。四年以來,北京政府曷嘗有所謂政治,唯有此二物之魂影縱橫披猖,盤旋薰灼於人人心目中而已。夫無論何國,皆中人資居大多數。中人云者,導之善,則可以向善,導之惡,則可以向惡。袁氏據一國之最高權,日日以黃金誘人於前,而以白刃脅人於後,務使硬制軟化一國之人以為之奴隸。自非真強立之士,其不易自拔也有固然矣。……蓋四年以來,中國士大夫之道德,實已一落千丈,其良心之麻木者,十人而七八,此無庸為諱者也。而此種罪業誰造之?吾敢斷言之曰,袁氏一人造之。袁氏窺破人類公共之弱點,乃專務發達此弱點以資利用。其有能自制其弱點而不甘受彼利用者,則必設法屠殺之,驅逐之,窘蹙之,使其不能自存。當前清之末,袁氏執政,已專用此策以自植勢力;中國政界惡濁之空氣,實自茲播種。及其為總統,乃益煽而揚之。試思以此種人為淘汰之術,挾大力以鼓鑄社會,云何可當。使袁氏帝國成立,賡續行此政策數年乃至數十年,其必善類日漸滅絕,唯惡種獨能流傳,其不至使全國人盡喪失其為人類之價值焉而不止也。

第十一章　帝制運動與反帝制運動

六　帝制戰爭的副產物——南北小軍閥的產生

帝制戰爭的目的在倒袁，袁的倒斃，算是帝制戰爭的正產物；袁死而北洋軍閥失去一個統率的首領，伏著分裂的動機，便可算是帝制戰爭的副產物。但除此以外，還有一些副產物，就是在帝制戰爭中南北各方地盤割據思想的潛滋暗長，培植許多小軍閥的基礎。其最顯著的例如下：

一、張作霖的取奉

張作霖在清末和馮德麟、吳俊陞等都不過是東北舊巡防營的統領，並無勢力。辛亥革命時，趙爾巽因為不信任新軍，調張入省，用以脅制新軍，參預省政。元年，駐奉新軍第二混成協發生兵變，紀律廢弛，聲威大減；到是年九月，改巡防營為二十七、二十八兩師，張作霖乃升為二十七師師長，馮德麟為二十八師師長，勢力漸增，但在張錫鑾督奉時，張作霖、馮德麟都俯首帖耳，不生問題（因為張錫鑾對於二人皆有舊恩）。及袁將稱帝，以其心腹段芝貴代張錫鑾為奉督，張作霖對於段氏便有些不服節制了。護國軍初發動時，張欲得袁歡心，曾電請袁氏早正大位，並自請出兵征討西南。段芝貴想乘此去張，便密請袁氏調張領兵赴湘。張本志在取得奉督，因請餉械於段，及得到餉械後，陰令奉省商會電請留防，另以他軍代行，段的陰謀失敗，張的跋扈更甚，並且揚言：袁若不退位，奉軍將宣布獨立。此時段所有的衛隊不過千人，而張所能指揮的軍隊則已達萬數千人；段既不能敵張，北京又不能增派援兵來奉，並且傳聞革命黨人紛紛由大連到奉，段無計可施，乃自請退去奉天，以將軍的位置與張。袁氏此時也無計可施，想用名位籠絡張氏，便以張為盛武將軍督奉，兼署巡按使。這便是張氏趁帝制戰爭的機會，攫取奉省地盤的經過。馮德麟與張素處平等地位，張恐馮吃醋，乃為請於袁氏，以幫辦軍務名義與之；同時在黑龍江握有兵權的許蘭州，也以謀獨立的口實驅逐黑督朱慶瀾，當時宣傳黑龍江獨立，其實是許氏爭奪黑督。袁

政府因以畢桂芳督黑兼巡按而令許為軍務幫辦以籠絡之。許氏尚不甘心,張作霖想和許氏打成一片,因電阻畢桂芳到任,請以許為將軍,袁政府也無可如何。這便是東北軍閥基礎的培植。

二、陳樹藩的取陝

陝督陸建章是袁氏的心腹,而陝南鎮守使陳樹藩本不是北洋軍閥裡面的人。帝制戰爭發動後,陸恐陳不能為用,乃令陳轉任陝北鎮守使。誰知陝北是革命黨人的淵藪,陳竟與陝北黨人聯為一氣,變為陝西護國軍的總司令,於五月九日宣布獨立。陸建章的兒子戰敗被擒,勢益窮蹙,因向陳氏求和,自行退去陝西,請以陝督與陳。袁氏初以陝西勢孤,想用兵力制服,因僅以軍務幫辦與陳,陳不受。不久,袁便死了。陳氏聞袁死耗立即撤銷獨立,向黎、段電稱:「樹藩謹舉陝西全境奉還中央,一切悉聽中央處分。維持秩序自是樹藩專責,斷不敢稍存委卸,貽政府西顧之憂。……」這是他想用服從中央的條件,取得陝西地盤的策略。段氏果如其願以相償。

三、周駿奪取四川的失敗

周駿在癸丑討袁之役,因附袁而取得重慶鎮守使。護國軍入川以後,頗想附南,又有點怕曹錕,不敢輕動,暗中電促陳宧,宣布川省獨立(陳宧離川時致周書,謂周曾七次電促陳氏獨立)。但是等到陳宧宣布獨立後,袁政府任周為崇武將軍,督理四川軍務,周即進兵成都,謀逐陳氏。袁氏既死,中央電令周、陳罷兵,以蔡鍔為川督(蔡因南方軍務院尚未撤銷,不便即受北政府之委任),周氏佯為不知,進兵不已,陳不得已離川。及中央嚴電周氏刻日入京,周氏的覆電說:「四川者,四川人之四川,非川軍不能收拾川事。」意思就是不許蔡鍔為川督,自己要割據川省,也便是後來川滇軍閥爭哄的發端。但周氏的人望、兵力都不夠,到底不能抗蔡,蔡軍一到,周便逃走了。

第十一章　帝制運動與反帝制運動

四、唐繼堯大雲南思想的萌芽

唐繼堯本沒有反抗袁氏的決心，因為不敢抗拒蔡鍔，卻得到首義的美名；但是他的心中最初以保守雲南固有的地盤為唯一要義。護國軍發難時，蔡氏表示或留守，或出征，唯唐意是從，唐即表示願自任留守，這就是他要保守固有地盤的意思。他給與蔡氏的軍隊僅三千餘人，軍餉僅平時給養費兩個月；後來蔡在前敵，屢次電請增援，唐一以空言搪塞，未嘗補充一兵、一錢、一械，皆由蔡氏就地羅掘。唐的隱衷，一則是忌蔡之功，二則是不願把自己保守地盤的實力弄空虛了。及至袁氏既死，戰事已了，雲南的援軍卻又陸續向川省出動了。據蔡鍔致唐繼堯皓電云：「我輩應始終抱定為國家不為權利之初心，貫澈一致，不為外界所搖惑，不為左右私匿所劫持，實為公私兩濟。邇者，滇省於袁氏倒斃之後，於剛出發之軍，不唯不予撤回，反飭仍行前進；未出發者亦令剋期出發。鍔誠愚陋，實未解命意所在。近則與川軍起衝突於寧遠矣，若徇某君等之一意孤行，必至敗壞不可收拾，將何以善其後。鍔為滇計，為莫公計，不忍不告，務望力圖挽回。……」因為此時雲南地盤的保守已無問題，想更進一步以四川為雲南的外府，將多數滇軍送入川省，造成一種大雲南的勢力。但是川軍也不是不要地盤的。後來川滇許多糾紛，便在此時發端了。（蔡鍔卻不欲據有川省，他頗有插入北軍隊中改造北洋軍隊的意思。他致劉顯世的電文云：「弟之思退〔辭川督〕，一以償夙願，一以病軀難勝繁劇，亟須趁時療治，俾免啞廢〔蔡病喉痛〕。蜀雖可為，但民情澆薄虛矯，絕不適於從軍。若專用外軍屏絕土著，主客不相容，終成水火。加以連年變亂，巨紳良民，多習為盜匪，恬不為怪，澄而清之，談何容易。故弟常謂治蜀非十年以上不能收效：開始二三年中，須臨以雷霆萬鈞之力，芟夷斬伐，不稍姑息，俟亂根既盡，民志漸蘇，乃噓以陽和之氣，培植而長養之，殊盛業也。而弟意甚漠然。北軍樸勇耐勞，為全國冠，惜少國家思想與軍人智

慧。得賢將領以董率改造之，確可植國軍之基礎。弟甚欲置身彼中，為此後改良之導線，然刻病未能也。……」此電見《松坡軍中遺墨》，可見蔡所見獨遠，絕無割據地盤的思想。）至於貴州，本來是一個貧瘠省分。戴戡所統的滇軍，唐氏不願其再返滇省，由滇給養，黔省又豈願其留黔。不唯不願滇軍留黔，就是戴所部的黔軍也想找一個外府。並且戴氏勞苦功高，豈可不給他一個重要地位？於是後來川滇軍的糾紛，又加入黔軍一派，成為川、滇、黔三省爭奪地盤的局面。

五、龍濟光的死力據粵和陸榮廷的併粵

陸榮廷在護國軍發動時，保守廣西地盤的思想是有的，擴張地盤的思想似尚不曾發生，因為他對於龍氏始終採和平聯合主義。（陸氏亦曾實行出兵向湖南進展，袁死後，陸亦不欲霸有湖南的地盤。）但是龍氏的死力霸守廣東，卻給陸氏一個擴張地盤的機會。軍務院在肇慶成立後，編制滇、粵、桂聯合北伐軍，命滇第二軍總司令李烈鈞率滇軍由粵入贛，本無侵占粵省地盤之意，龍氏卻很懷疑，反對滇軍取道粵垣。經岑都司令派人再三與龍交涉，龍氏才允滇軍由粵省三水轉北江以達韶州。但是滇軍沿途皆受龍部妨礙。及抵韶，又不許滇軍一人入城，且在城樓開炮威嚇滇軍。滇軍不能再忍，便起戰爭。袁氏一死，龍不商諸軍務院，自行宣告取消廣東獨立。段祺瑞想利用龍氏以抗民黨，便任命龍氏以粵督兼署巡按，龍愈得志。粵人大憤，孫中山、唐紹儀、王寵惠等及粵民團體紛紛通電反對，便是最溫和的梁啟超也反對龍氏再留粵省。此時舊國民黨的李根源一派，未嘗不想留岑春煊為粵督，但是段氏絕不能允。梁啟超一則想拉攏陸氏，二則不願粵省地盤落入國民黨系之手，暗中運動以陸督粵。到七月六日，中央便任命陸氏為粵督。（陸未到任以前，令龍暫署。又派龍督辦兩廣礦務。粵人以段袒龍，仍不服，龍亦未罷兵，及陸由湘返桂率兵來粵赴任，龍始被迫赴瓊崖。）陸氏初猶表示謙遜，欲以讓岑，但岑於就任都司令時

第十一章　帝制運動與反帝制運動

曾宣言「袁生則不與俱生，袁死已即退隱」，欲踐前言，表示不受陸氏的推薦，於是粵省入於陸氏之手。所謂舊桂系軍閥的基礎，便在此時確定。

上面所舉，都是南北各小軍閥地盤建設的顯明事實。至於北洋大軍閥的分崩，雖尚無顯明事實的發現，但到袁氏將倒的時候，各將軍及各大小將領，或與南軍頑抗，或與南軍通款，也無非是為保固各人自己的地盤勢力計了。就中陝督陸建章、川督陳宧、湘督湯薌銘的失敗，使北洋軍閥失去三省的地盤；(陳宧、湯薌銘雖非北洋系人物，然其所部駐川湘之軍隊則皆北洋系，故在二人未失敗時，川湘皆為北洋軍閥地盤。)但陳樹藩旋即變為北洋派的附庸，實際僅失去川湘二省。不過以前的北洋軍閥是整個的，現在的北洋軍閥但有整個的形式，精神上已不是整個的了。

就政黨派別的地盤而論，在帝制戰爭前，進步黨系因受了蔡鍔的卵翼，在滇黔二省保留相當的關係，國民黨系的地盤幾於全行喪失。帝制戰爭發動後，形勢漸生變化，滇、黔、粵、桂，初為兩系共同活動的地盤；(進步系在滇黔勢力為優，國民系在粵桂勢力為優。進步系初於粵桂無甚關係，自陸榮廷招梁啟超入桂，進步系始漸及於粵桂。梁啟超《從軍日記》云：「幹卿此次殷殷相招，期我以粵中善後初時，同人殊不願我以此自承。……雖然中國之政治，以省為單位也久矣。今後此種積重之勢有加無已，吾儕自審能否謝事不任。如其不能，宜審所擇，欲行其志，恐地方實較中央優也。此當視所以與幹卿相處者如何。若其耦俱無猜，固當任之。……」可見進步系初無意於桂粵，及陸氏相招，始相率加入活動。)因李根源輩積極活動，國民系在滇、粵、桂三省的潛勢力，似較進步系漸趨優勢。

蔡鍔因病離川不久即逝世，進步系失去了一個卵翼的大人物，因極力擁護戴戡入川，想在川省培植一點根基，但是終歸失敗。(梁啟超在袁氏未死以前，極想鞏固在南方的勢力，又想以川、滇、黔為活動的基礎。他

六　帝制戰爭的副產物—南北小軍閥的產生

在五月十四日致蔡鍔的電說：「此役結果，最低限度，亦須造成南北均勢，否則無以對死事先烈也。」又致蔡鍔的第五書說：「此時優在亡秦，雖云艱瘁，然有共同之向心，尚可力圖控搏。神奸既殛之後，人欲橫流⋯⋯過此以往，則為演水簾洞、演惡虎村之時，絕無我輩插足之地，唯有與吾弟共艱苦於邛蜀滇樊間，冀莊嚴此士，為國人覓一遺種地耳。⋯⋯」意思就是想用蔡的力量，據川、滇、黔為政治改革的小地盤。但袁一死，他的「造成南北均勢」的思想立刻消滅，卻盡力與段祺瑞聯繫，主張速撤軍務院。及蔡因病去川，他「莊嚴邛蜀滇樊」的思想，也遺失了。不過仍想扶植戴戡入川，以承蔡氏後。）至於舊國民系的急進派──中華革命黨──在山東、廣東及長江流域各處的計畫皆未成功，因此不曾取得一隅的地盤（並且陳其美在滬被刺死，失去了一位健將）。所以帝制戰爭結局後，只有所謂溫和派的舊國民系和進步系，能夠周旋左右於南北各武人間，踞一時政治的重心；但是他們的活動，不過以將順武人為操縱政治的妙用，其結果也不過是助長大小各軍閥的勢力罷了。

第十一章　帝制運動與反帝制運動

第十二章
護法運動中北洋軍閥的分裂與西南軍閥的離合

　　護法軍起於國會第二次解散、復辟之變以後；但在五年袁世凱死後，國會與舊約法復活的命運已經成了問題；所以帝制戰爭結局，便是護法運動的開始。不過所護的法，護來護去，終無結果；所得到唯一結果，就只是把北洋軍閥截成兩段，所謂直系、皖系，從此永無結合的可能；到九年夏秋之交，直皖兩系便以兵戎相見了。在這一個時期之內，最初是舊國民系的左翼與北洋軍閥作殊死戰，舊進步系則力謀再與北洋軍閥結合，舊國民系的右翼，也依違於二者之間。到復辟亂作，進步系已與北洋軍閥打成一片，而舊國民系的左右兩翼形式上又漸行合作，產生廣東軍政府，於是成為南北對立之局。在南北對立的當中，北洋軍閥日就分崩，進步系不久也為北洋軍閥所棄；南方的舊國民系，形式上雖然未即分裂，但以右翼分子與桂系軍閥相結托以壓迫左翼，到北方直皖兩系開戰的時候，舊國民系的左右兩翼也作最後的分裂了。這便是此時期內的政治趨勢。

一　袁死後新舊約法之爭──護法運動的序幕

　　袁世凱死，以副總統黎元洪出任大總統，這是南方軍務院成立時所早主張的，當然無問題；但是問題卻發生了。南方所承認黎氏的總統資格，是民國二年十月公布的總統選舉法上所規定的資格（總統缺位，副總統繼

第十二章　護法運動中北洋軍閥的分裂與西南軍閥的離合

任），以舊約法為基礎；北政府所宣告黎氏的總統資格，是民國三年修正的總統選舉法上所規定的資格，以袁氏的新約法為根據。（依《護國軍紀事》，袁氏臨死，僅以家屬託徐世昌，並未言及繼任總統事，其死實在六月五日。死後，北方要人以布置未妥，祕未釋出，其時謬說紛起，有主張復辟者，有主以袁克定繼任者，有主以段祺瑞繼任者。徐世昌以北京秩序唯段祺瑞有維持之可能，須聽段氏主張。段主依約法，以總統名義與黎，而自負政治上一切責任，遂定議。段因往黎宅，勸黎出，黎初以無力維持秩序為言，段謂「公出，北京秩序，祺瑞當一人負責」，黎始允。乃發喪，草袁氏遺命，其遺命口氣嚴若帝王臨崩之遺詔，其中有語云：「不意感疾，浸至彌留，顧念國事至重，寄託必須得人。依約法第二十九條，大總統因故去職或不能視事時，副總統代行其繼權。本大總統遵照約法宣告以副總統黎元洪代行中華民國大總統職權。……」）於是就黎氏的總統資格上，便發生新舊約法的爭議，開護法運動的序幕。

　　不過北政府一派對於副總統代行大總統職權的一點，有很難適應當時情勢的處所，就是：若以袁氏新約法及《修正大總統選舉法》為根據，則黎氏代行大總統的期限只有三天，應該在這三天之內，便要組織大總統選舉會，從石室金匱裡面取出前任總統所推薦的名單來，交選舉會投票舉定新總統。而在事實上，這個選舉會在三天之內便無從發生；選舉會既不能發生，則總統職權的代行，非超過法定的期限變為長期不可。於是為適應時勢計，想用糊塗的方法混過去。段祺瑞於袁死公表的一天（六日），用國務院名義通電全國說：「袁大總統於本月六日巳正因病薨逝，業經遺令遵依約法第二十九條（指新約法），宣告以副總統黎元洪代行中華民國之職權。……」七日，又通電說：「本月七日上午七時，黎副總統遵依約法，接任中華民國大總統職權。」所謂接任，可以說是代行，也可說是繼任，這是中華民國辦文案的先生們舞文弄墨的慣技。黎元洪就任的宣誓，更糊

塗得莫名其妙，誓詞的前面既說：「……當依據民國元年頒布之《臨時約法》接任大總統之職權……」後面復說：「……並誓於代行大總統職權之時，確守國憲……」他竟不知道他自己現在處於什麼地位，（因為若依據民國元年頒布之約法而接任大總統，則修正之大總統選舉法當歸無效，而其所得之大總統地位則為繼任，而非代行職權矣；若屬代行職權，則仍以修正之大總統選舉法為根據，不得依據元年頒布之約法。）因為他心理是想適用元年的約法，而他的祕書不曾把那兩種大總統選舉法分別清白，所以恰好對了段派的糊塗含混主意。

但是南方的要人和國會議員們，絕對不容含混。國會議員得到國務院六日的通電，首先宣言，說：「袁世凱民國三年頒布之所謂《中華民國約法》，全由袁氏一人私意妄自竄亂而成，一切增修程序既與《臨時約法》所載相違背……不發生國法上之效力，民國開基之《臨時約法》固至今無恙也，現在黎大總統繼任，實根據民國二年十月國會所制定《大總統選舉法》第五條之規定，應承繼本任總統袁世凱之任期至民國七年十月為止。袁世凱遺命及段祺瑞通告，所稱依約法第二十九條，由副總統代理之說，系依據袁世凱三年私造之約法，萬難承認。」接著岑春煊、陸榮廷等各要人相繼通電，與國會議員的宣言相呼應，岑氏的電文尤明白指出若依代行大總統職權的規定，限於三日而止，以相抵難。原來段氏擁黎的主張，不過想利用他為過渡人物，以為黎氏易與，暫時借他作傀儡，把大權集於一己；若適用元年約法，則諸事皆受國會的裁製，於大權獨攬的計畫上大有妨礙，所以於黎氏的總統地位由代理變為繼任，雖然不反對，而於恢復元年的約法，大不願意。南方在倒袁的進行中，已認定恢復國會為切要，軍務院第一號的布告即有「此次興師，其大義在擁護國法」的話，第二號布告更明白地說：「……夫法也者，國家所恃以相維於不敝也。……中國民所為決志殞身以致討於袁世凱者，凡以一二年來之舉措，皆戕賊國民之法

第十二章　護法運動中北洋軍閥的分裂與西南軍閥的離合

律觀念,而斲喪國家之元氣。故此次之真精神,一言蔽之日,擁護國法而已,國會既為約法上最重要的機關,且為一切法律所從出,若不速圖規復,則庶政將安所麗。為此通告各省國會議員諸君,迅速籌備集會程序及地點,俾一切問題得以解決。……」(此布告為梁啟超所草,見《盾鼻集》)所以現在新舊約法的爭議,實際上還含有一個國會恢復的問題。

但是南方恢復國會的主張,也不過適應當時情勢,若就理論上說,也有很難解釋的疑問:因為被袁氏所解散的國會,從民國二年四月八日開幕造成民國五年四月八日,已滿三年法定期限,眾議院的議員應當解職;縱令恢復舊法統,也只應適用舊國會選舉法,從新改選;以國會代表民意的原則而論,民意不是經久不變動的,也應該以依舊法改選為合理;但改選須要很久的時期,而此時民黨的勢力所及還不過西南數省,改選必為北洋軍閥勢力所操縱,所以堅持恢復舊議員資格之說。概括言之,北方的擁戴黎氏,是為政治上的方便;南方的擁護舊國會,也是為政治上的方便;新舊約法的爭議表面上是護法,實際上還是政治上的勢力問題。

從六月七日到六月廿五日,約二十日間,兩方面因此問題函電紛馳,莫衷一是。獨立各省的首領,對於大局的解決各有單獨的意見發表,大略相同,(唯蔡鍔對國會問題主張照元年參議院之例,每省由舊國會議員中推五人以上十人以下,集合開會,代行國會職權,不堅持完全恢復舊國會。)最後由軍務院岑副撫軍長通電宣告,以唐撫軍長繼堯蒸電所開四條為南軍一致的主張,代表獨立各省最後議決之案。唐氏蒸電所開四條如下:

一、請黎大總統即日宣言國家根本法,當以國會解散以前所公布者為準。

二、請召集以前參眾院兩院議員,速在天津開國會,按法補選副總統,及要求同意任命國務員,組織正式國務院。

三、請撤退抵禦護國軍所派遣之北軍。

四、請下令召集軍事特別會議,由各省都督或將軍、各派代表在滬開會,議決一切善後軍事問題。

又附件:軍務院當俟國會同意組織之國務院成立後始撤銷。

黎總統對於前面的主張,當然沒有不贊成的。段派則持不能以命令變更法律之說,於二十二日通電,大略謂:三年修改之約法行之已久,今一旦以總統命令宣告廢止,復用元年約法,在政府初無成見,恐啟後來政府以命令變更法律之漸。經唐紹儀、梁啟超、伍廷芳等聯名駁復,對於以命令變更法律一點,多方解釋,大約謂三年之約法並不成為法律,徵諸當前事實更無可疑宣告廢止,無變更法律之可言。(其電語中有謂:「如此次我大總統依法繼任,政府對內、對外迭經宣告所依何法?非根據元年約法規定程序所衍生之大總統選舉法耶?使三年約法而為法也,一法不容兩存,則被該法所廢止之大總統選舉法定當非法,云何能依?果爾則何不於六月九日開所謂石室金匱以別求元首?夫我大總統正位,而國內外共仰為合法者,無他焉,以三年約法之不成為法也。又如我公今所長之機關為國務院,國務院者,元年約法上之機關,三年約法所未嘗有也。三年約法若為法,元年約法定非法,公所長之院何由成立,今釋出院令而中外共許為合法者,無他焉,以三年約法之不成為法也。揆諸法理如彼,徵諸事實如此,則三年約法之非法,確成鐵案。……」)但是段氏仍舊託辭抵難,到二十五日便有李鼎新宣布海軍獨立的事情發生。

海軍獨立的運動,本起於雲南首義以前。肇和軍艦舉事失敗以後,中華革命黨人對於海軍的運動並未停止,不過因劉冠雄的嚴密防制,未易得手。袁將死時,運動已就成熟,暗中推戴李鼎新為首領,李與軍務院駐滬代表唐紹儀、鈕永建等已接洽就緒,將發而袁死,便中止發動了。及約法問題爭執不決,李鼎新便以海軍總司令名義與第一艦隊司令林葆懌、練習艦隊司令曾兆麟等,集合各鉅艦於吳淞口外,發表獨立的宣言,謂:「……

第十二章　護法運動中北洋軍閥的分裂與西南軍閥的離合

黎大總統雖已就職，北京政府仍根據袁氏擅改之約法，以遺令宣布，又豈能取信天下饜服人心？今率海軍將士於六月二十五日加入護國軍，以擁保今大總統，保障共和為目的，非俟恪遵元年約法，國會開會，正式內閣成立，北京海軍部之命令概不承受……」馮國璋以淞滬為自己所轄的境地，恐怕海軍於己不利，因電促段氏，速求根本解決。段氏至此，也知道非屈服南方不可了，於是到六月二十九日，便有大總統的申令如下：

共和國體，首重民意；民意所寄，厥唯憲法；憲法之成，專待國會。我中華民國國會，自三年一月十日停止以後，時越兩載，迄未召復，以致開國五年，憲法未定，大本不立，庶政無由進行；亟應召集國會，速定憲法，以協民志而固國本。憲法未定以前，仍遵行中華民國元年三月十一日公布之《臨時約法》，至憲法成立為止；其二年十月五日宣布之《大總統選舉法》，系憲法之一部，應仍有效。

又令：

茲依《臨時約法》第五十三條，續行召集國會，定於本年八月一日起，繼續開會。

於是黎氏的總統地位確為繼任，不是代理了，舊國會也復活了，新舊約法的爭議算已解決，附帶的便只有正式國務院的組織一個問題。同日，又以總統策令重新任命段祺瑞為國務總理。三十日，釋出正式國務員的任命如次：

外交　唐紹儀

內務　許世英

財政　陳錦濤

司法　張耀曾

教育　孫洪伊

農商　　張國淦

　　交通　　汪大燮

　　海軍　　程璧光

　　陸軍　　段祺瑞兼任

　　這種組織，在段氏算是表示容納民黨的人才了，但是南方極不滿意，唐紹儀、孫洪伊、張耀曾都力辭不就，汪大燮、張國淦因為輿論不歡迎，也自己請辭。後來又改許世英長交通，孫洪伊長內務，范源濂長教育，谷鍾秀長農商。唐紹儀則因北洋軍閥暗中反對，始終未就，外交一席初由陳錦濤兼署，後改任伍廷芳。到國會開會後，都經同意通過。

　　軍務院的宣告撤銷在七月十四日。南方各首領的原意本要等到正式國務員由國會同意後，才把軍務院撤銷的；若此則須等到八月一日國會開會以後。因為梁啟超急於要和段祺瑞接近，在滬電促各撫軍不必一定固持原議；他恐怕駐在軍務院中的人士作梗，便運動唐繼堯以撫軍長的資格，由滇通電撤銷，電尾雖由全體撫軍署名，實則撫軍中有事前未備知的。不過各撫軍也知道此時的軍務院已無存在的必要，所以也並不否認，但是心中不滿於梁啟超的，因此奉梁以陰謀家之號；梁派的進步黨系與段派北洋軍閥再行結合，與舊國民黨系再行反目，便於此時見端了。

二　國會恢復後的黨派形勢與政潮

　　軍務院撤銷，國會於八月一日開會於北京，各國務員也一一通過於國會，算是第二次的南北統一完成。但是統一的期間不到一年，國會即被第二次解散。在統一的短時期內，政潮的起伏比前此更來得激烈。先就各黨派的形勢舉其梗概，再就政潮發生的各問題以次遞述：

111

第十二章　護法運動中北洋軍閥的分裂與西南軍閥的離合

一、黨派形勢

在倒袁期內，舊國民、進步兩系的人物都站在一條戰線上；袁氏一死，便到了梁啟超所謂「神奸既伏，人欲橫流，而進於演水簾洞、演惡虎村」的時期了。梁啟超、湯化龍一派的進步黨人，一面力謀與段祺瑞合作，一面卻大倡不黨主義，並且在權位的分配上表示不與人爭，所以在段祺瑞新組織的內閣中，該系人物僅一范源濂（孫洪伊雖為舊進步黨人，現已轉為急進派，與該黨脫離）。但國會一開，倡不黨主義的進步黨人首先分組兩個團體：一個憲法討論會（以湯化龍、劉崇佑等為首領人物）；一個憲法研究會（以梁啟超、林長民等為首領人物）。「討論」與「研究」，不知到底有什麼區別，為什麼原來是一個團體的人現在卻要分組兩個團體，難道這就是不黨主義麼？後來因為他方的舊國民黨人複合，有凌駕一切之勢，湯、梁等自己也覺得分立太無意義，又結合起來，不「討論」，專「研究」了。於是從前的「進步黨」，現在變為「研究系」，這便是「研究系」名詞的由來。

在舊國民黨的一方面，中華革命黨派原來是革命的祕密團體，與普通政黨不同，所以不便將名義標舉出來；所謂歐事研究會的溫和派，有想擁戴岑春煊為首領的，但是不易得多數人的贊同，並且這個名義也不適用，因此連名義也漸就消滅了。但在國會中戰鬥，非有一種結合不可，於是由張繼以舊國民黨領袖的資格，暗中糾合往日同志，初僅標一「張寓」，後因對方揭出「討論」、「研究」等的旗幟來，也便掛出一塊招牌，名曰「憲政商榷會」。舊國民黨的急進、溫和兩派，形式上覆合為一，不過精神上的結合比從前更薄弱了，內中約分三系：甲、「客廬」系，以張繼、王正廷、吳景濂、谷鍾秀、張耀曾、彭允彝、歐陽振聲等為主要人物（內中復有張繼、吳景濂派，王正廷派，張耀曾、谷鍾秀派的小區別）；乙、「丙辰俱樂部」系，以林森、居正、田桐等為主要人物（可代表中華革命黨派）；

二　國會恢復後的黨派形勢與政潮

丙、「韜園」系，以舊進步黨人的孫洪伊、丁世嶧、溫世霖等為主要人物。內容如是複雜，所以它的議員人數雖多，戰鬥的陣容和精神反不及對方的研究系。研究系一經成立，便能長時間保持其形勢，憲法商榷會後來復由三系裂為四派：谷鍾秀、張耀曾等脫離「客廬」系而組織「政學會」為一派；商榷會改為「益友社」為一派；「丙辰俱樂部」與「韜園」合組「民友」為一派；王正廷、褚輔成等又由「益友社」中分出，組織「政餘俱樂部」為一派。

除了上述的黨派以外，還有許多小游離團體，名目繁多，或附於研究系，或附於商榷會系，或為段祺瑞的御用品，游離無定也不十分重要，此處無容列舉。

上面所說的，都是國會內的黨派分野；至於在國會以外，民國元二年間的重要政黨大都在各省設有支部，現在則無論何黨，大都沒有在各省設有支部的（唯中華革命黨尚有支部存在海外），這是與民國初年的政黨一個大差別。但是他們對於各省的地盤並不是不注意了，不過他們現在所注意的全集在督軍、省長身上（在七月六日，已由中央命令將各省管理軍務長官一律改稱督軍，巡按使一律改稱省長，重新任命）。所以，督軍、省長的分配，成為當時最重要的問題。帝制戰爭的結果，除了滇、黔、粵、桂四省以外，只有川、湘兩省脫去了北洋系的宰制。（浙江本已脫去北洋系的勢力，但至六年一月因內部發生變故，呂公望站不穩，段氏乘間任用楊善德督浙，浙省遂入北洋系。）段祺瑞七月初重新任命各省督軍、省長，對於川、湘、粵、桂等省想用一種牽制離間手段，使他們自相猜忌，以便乘間宰制。（命陳宧督湘，陳未到任以前，由陸榮廷署任；命陸榮廷督粵，陸未到任以前，由龍濟光暫署；命陳炳焜督桂，以羅佩金為桂省長。都是他的牽制政策，然皆未能成為事實。對於川省，初以蔡鍔為督軍兼省長，蔡因病辭職後，以羅佩金署川督，戴戡為會辦軍務，已有釀成連

第十二章　護法運動中北洋軍閥的分裂與西南軍閥的離合

雞之勢,加以劉存厚對於客軍的嫉視,段氏一面令羅督裁抑川軍,一方面又挑撥劉存厚以抗羅,於是川亂遂成。對於湘省,因陳宦督湘,以事未能實現,乃命吳光新率兵駐岳州以威脅之。後復乘川亂令吳光新入川。綜計段氏對於西南各省始終不出挑撥、抑制政策。)但除於川省的離間政策發生一種效果外(離間雖發生效果,終未落入北洋之手),餘均未入北洋系的圈套。不過西南六省雖未落入北洋系的圈套,形勢卻很散漫;大概各督各圖自己的好處,對於國會中的黨派分野,也只以利害的同異為左右袒的標準。倒是在北洋系範圍以內的各省,發生了一種團體的結合。這種結合最初發動於張勳,由倪嗣沖助成,段祺瑞的親信人徐樹錚暗中利用之。當南京會議解決後,張勳派人邀請北方各省與會的代表集會於徐州;六月九日,在徐州開會,張勳主席,提出會議綱要十項,其最注意的:

(一) 絕對抵制迭次倡亂之一般暴烈分子參與政權;

(二) 嗣後中央設有弊政足為民害者,務當合力電爭,以盡忠告之義;

(三) 固結團體,遇事籌商,對於國家前途,務取同一態度(其他各項不備記)。

各代表大都贊同,並主張設一固定的聯合機關,公推一資望隆重之人為領袖。這便是所謂徐州會議的發端。國會開會後,段派人士徐樹錚等,暗中與倪嗣沖及張勳代表萬繩栻等祕密往還磋商,願奉張勳為首領,令各省區復派代表集會於徐州。到九月二一日,便有所謂「省區聯合會」出現。加入此會的,初為九省,後增至十三省(安徽、江蘇、江西、湖北、河南、山東、直隸、甘肅、奉天、吉林、黑龍江、福建,並粵省瓊崖的龍濟光,故有稱廣東亦在內者),並制定聯合會章程十二條:子、本團體以聯繫國防,鞏固勢力,擁護中央為宗旨。醜、本團體為防止暴亂分子私攬政權而設,國會開幕後如有藉故擾亂與各省區為難者,本團體得開會集議,為一致之行動,聯合公討之。寅、本團體為維護國家安寧起見,如不

二　國會恢復後的黨派形勢與政潮

得已用兵時，關於聯合區域作戰事宜，得公推領袖一人總指揮之。卯、本團體對於所公推之領袖，認為盟主，凡事經公決後，即由領袖通告遵行。辰、本團體公推張上將軍為領袖，遇有重要事體發生，應行主持爭執。不及往返電商者，徑由張上將軍代為列名，但事後應將原電事由電告。巳、略。午、本團體聯合以後，各方面如為妨害國家統一之行為，及對於政府有非理之要求，為公論所不容者，本團體即以公敵視之。未、本團體以外各省區，如有反抗中央、破壞大局者，本團體即輔助中央制服之。申至亥均略。這種省區聯合會的組織，可算是北洋軍閥圖勢力保存的自覺；因為袁氏死了，他們自己知道失去了統一的頭腦，形勢日趨散漫，非有一種團體的結合，不足以抵抗民黨的新勢力，不過他們的團體也只有一種形式，精神上也是同床異夢的；(倪嗣沖一派是藉此擁護段祺瑞，張勳是藉此作復辟的基礎，馮國璋〔他也有代表在會〕是藉此謀總統的地位。)但是對於國會，卻有一種威嚇的勢力。

上面所說的，是在國會以外，各省武力派的形勢。至於總統府和國務院，也有可注意的幾點：

(一)國務院是混合的，含有研究系(范源濂)和憲政商榷會的左右兩系(左為孫洪伊，右為谷鍾秀、張耀曾)，而徐樹錚以一國務院祕書長的地位，替段氏高張北洋軍閥之焰；

(二)總統府以丁世嶧為祕書長，不滿於段、徐的跋扈，常與段、徐立於對抗的地位，因此總統府傾於國會中的「商榷會」系。這是府院方面的派別形勢。

在上面所述各方的黨派形勢中，產生憲法問題的爭議、府院的爭議、督軍的示威，到對德絕交案發生時，便掀起北洋軍閥威壓國會的大波瀾來。

第十二章　護法運動中北洋軍閥的分裂與西南軍閥的離合

二、政潮的演進

此次大政潮的掀起,當時頗有責備民黨操之過激的;其實首先向民黨挑戰的還是北洋軍閥。段內閣的外交總長唐紹儀,起初並非絕對不肯就職,唐氏由滬北上時,北洋軍人便通電反對(由張勳出名);唐氏抵津,復假直隸紳民的名義,散發詆毀唐氏的傳單。唐因此憤而辭職。這是北洋軍閥向民黨宣戰的第一聲。段閣成立後,內務總長孫洪伊在第一次閣議中,便和國務員祕書長徐樹錚發生牴牾。(祕書長在內閣會議本無發言權,徐樹錚竟在閣議時,對於廣東李烈鈞與龍濟光之戰爭,主張電令閩、粵、湘、贛四省會剿李烈鈞,孫洪伊主張去電和解,閣議皆以和解為宜,亦並未制止徐之發言。徐氏竟將會剿李氏電擅行發出,及四省覆電到院,孫因面斥徐之荒唐,徐猶強執,因此恨孫刺骨,是為孫、徐交惡之始。)段氏的專擅行為和後來所謂府院的惡感,都是由徐樹錚的跋扈驕恣所釀成。孫氏站在內務總長的地位,對於各省長位置的變動當然有權;省長的配置與各黨派勢力的伸張,有密切關係;而徐樹錚往往倚仗段氏總理的地位,專擅無忌,孫氏當然不肯放讓,因此孫、徐之間勢成水火,到十一月二十日,竟以總統命令將孫氏免職。(孫曾免去內務部司長祝書元等之職,祝等控孫違法,孫之免職與「免祝案」有關。)這是北洋軍閥向民黨挑戰的第二炮。

在國會裡面,研究系主張擁段,可算是段氏的羽黨,商榷會的右翼因為谷鍾秀、張耀曾兩總長的關係,也傾向於維持段閣;左翼則以北洋軍閥跋扈太甚,主張倒段;這是兩派對於內閣的態度。關於憲法問題,兩派有幾個重要爭點:甲、研究系主張修改草案上的兩院制而採用一院制(萬一必採兩院制,對於上院的組織須變更);商榷會的大多數則堅決維持草案上的兩院制。乙、研究系主張省制須以普通法律定之,萬不可參入憲法中,並且反對省長民選;商榷會則主張非在憲法上把省制大綱規定不可,並

二　國會恢復後的黨派形勢與政潮

且主張省長民選。(其他關於國會解散、國務員信任等問題,亦有不同的主張,但不如上二事之重要。)國會開會後,從九月十五日起開始審議黨草,因為省制入憲的問題,發生有名的鬥毆案。事後研究系通電各省督軍攻擊敵黨議員,(對方因研究系通電督軍,亦通電全國以相抗。)因此啟督軍團干憲之端。到二一日,北京便發現所謂「憲法促成會」(由北洋軍閥暗中主持而成);這種促成會發現,便是北洋軍閥向國會下警告的。

　　總統府和國務院,也漸漸發生了暗潮;其原因也是段氏過信徐樹錚,以國務總理負責為口實,事事不令總統府與聞其實,但令蓋印畫諾。原來丁世嶧所以入為府祕書長,就是因為黎總統人太忠厚,恐其為北洋派所挾制,想以祕書長的地位輔黎之不足;看到徐樹錚的跋扈行為,委實不能忍耐,因此遇事也就不肯隨便畫諾。(丁世嶧後來辭祕書長職,發表辭職書,有云:「國務會議以前無議事日程,會議以後無報告,發一令總統不知其用意,任一官總統不知其來歷……嚴家熾未經閣議〔財政總長亦宣告未與聞〕,而必以立時蓋印為滿意……國務總理,恆匝旬不一晤總統,唯見有祕書長傳達於其間,有所詢則以事經閣議,內閣負責為對抗。大總統無見無聞,日以坐待用印為盡職。……曹汝霖使日事,一月以前,日外務省早經奏明日皇,而我大總統至時尚未盡知其事。內閣與章公使來往十餘電報未一呈閱……」觀此可見段、徐之專擅。他們所以如此專擅,就是誤解責任內閣,以為責任內閣制之元首本是偶像,不知元首雖不積極負責任,對於重要國務亦有相當的權能也。)到十二月後旬,便有所謂二十二省軍民長官忠告總統、總理、國會的聯電(電由馮國璋領銜),電中大略說:總統宜信任總理,兼持大政,國會宜早定憲法,勿干涉行政。這個聯電,便是督軍團威嚇總統和國會的先聲。

　　上面所述,都是五年秋冬間的情形,已有「山雨欲來風滿樓」之勢。內閣自孫洪伊免職後,政府初提任可澄,繼提張國淦(都是從前附於進步

第十二章　護法運動中北洋軍閥的分裂與西南軍閥的離合

黨的官僚），皆被國會否決；於六年一月一日，乃任命范源濂兼署。（因各派皆欲取得，爭持不相下，故以兼署了事。）一月五日，梁啟超抵京，（梁由滬赴京，歷訪馮國璋、張勳，有所接洽。）外間喧傳梁氏到京後，政局將有大變動，國會或竟解散，其實都是反對黨神經過敏的揣測。平心而論，梁氏此時雖很與段氏接近，還是站有盡力調和的地位，不過他對於憲法主張上院的組織宜變更，省制不入憲；還有一點招忌的地方，就是他常常宣言不入政途，將從事教育事業，卻常常和段氏等以聲氣相呼應，好像要作段政府的後臺老闆一樣，所以反對黨處處以疑忌的眼光對之。（梁氏招反對黨的嫉視由軍務院撤銷問題起，前節已言之。）但是他並不能轉移段派軍閥的行動。一月九日，張勳、倪嗣沖、靳雲鵬、徐樹錚等又在徐州開省區聯合會，謀對付總統、國會了。（馮國璋在南京開壽筵，各省因派代表祝壽，張勳等乘機邀往徐州開聯合會。）到二月初旬，對德潛艇戰策的抗議事件發生，（德國宣布於二月一日起以潛艇封鎖海上，美德絕交，中國接到美國的通牒，亦於二月九日提出抗議。）便促起國內的大風潮來。

對德提出抗議在二月九日，正式宣告絕交在三月十四日；到五月七日，始將對德宣戰案提出於國會；十日，便有公民團包圍眾議院、毆辱議員的事件。由二月初到五月中的長時間，對德外交問題算是政治上最重要的問題。同此時間內，在國會裡面還有一個重要問題，就是憲法會議的二讀會。（憲法二讀會於一月二十六日開始至國會二次解散時尚未終了。）在憲法二讀會中，研究系的主張大部分皆失敗，因此痛恨已極。關於對德宣戰問題，情形極複雜：由抗議到絕交的期間內，第一，黎總統、馮副總統（馮國璋於五年十月當選為副總統）及大部分的督軍皆反對加入協約國（馮於二月十二日、十七日兩次電政府持反對態度，各督軍亦持反對態度），國務員中也有懷疑的；第二，在野名流孫中山、唐紹儀及各商民團體，

也皆反對加入（中山於三月八日電政府反對，唐紹儀於三月十日電政府反對），唯梁啟超則極端鼓吹加入；第三，在國會中，研究系皆從其領袖梁氏之主張，舊國民黨系（即商榷會系）的丙辰俱樂部派極端反對（馬君武在三月八日並提出質問書謂：梁啟超干涉外交，陷中國於危險地位，請政府注意），益友社派（以張繼為中堅）及政學會派則皆贊成。

但在此時，贊成、反對的兩方面都是在國家的利害上打算，並非牽於平時的黨見，所以在三月十日國務員全體出席兩院，報告外交方針，眾議院即日投票表決通過（贊成者三三一票，反對者八二票），參議院亦於次日投票通過（贊成者一五八票，反對者七二票）。十日，德國駐京公使送到德政府的答覆者，十四日，便正式宣布絕交。在未宣布絕交以前，段總理和黎總統發生一次大衝突：三月三日，段總理與各國務員同往總統府，提出一件訓令駐日公使章宗祥的電稿，要求總統簽印拍發，電中的大意是要他轉告日本政府，「中國政府已決定對德絕交，所有中國之希望條件：一、庚子賠款，德奧方面永遠撤銷，協約方面緩還十年；二、現行進口稅，實抽百分之五，改正貨價後，實抽七分五，裁釐後抽十二分五；三、解除《辛丑條約》中國於天津周圍二十里內不得駐兵，並解除各國駐兵使館及京津鐵路之約束：凡此三端，以深信日本政府對於中國友好之誠意，請求援助」云云，黎總統因為問題重大，此時尚未取得國會同意，不宜便向外國發表，所以反對將此電發出。段氏便憤然地說：「總統既以內閣所為為不合，無妨另簡賢能。」午後，即辭職往天津。所謂府院的衝突至此便大爆發。後經馮國璋（馮於前月入京）往津調解，附以總統不干涉對德外交併驅逐府祕書長的條件，段氏方再返京任職（致章公使電於段返京後總統照發）。但是黎、段間的感情上，已留著一條很深的裂痕。

對德外交的大方針既已通過國會，宣布絕交後應當不致發生大問題了。但是一部分持反對態度的人仍舊反對，在野名流贊成和反對的兩派仍

第十二章　護法運動中北洋軍閥的分裂與西南軍閥的離合

舊不一致。參議院議員章士釗因主張增設不管部的國務員，將在野各派的領袖一體羅致，既可調和各派的感情，又可統一對外的意見；但是不為當局所採納，僅在國務院組織一個國際政務評議會，由總理聘請各派人士為評議員，而各派所謂第一流領袖仍不在內。梁啟超於三月二十六日致函評議會，主張速向德奧宣戰，地方各團體對於梁函多加反駁；馮國璋回到南京後於四月八日致電政府，仍舊反對參戰（馮謂前在京贊成絕交，實為調和府院意見，對德奧宣戰則不贊同）。國際政務評議會意見也不一致；在朝在野的要人，始終主張參戰的，可說只有段總理和梁氏二人為最堅決。梁是想學義大利的加富爾加入克里米亞戰役，藉以增高在國際上的地位；段則早與日本軍閥祕密勾結（由張宗祥、陸宗輿等作引線），已落入日本人的圈套裡去了，他一方面未嘗不想倚賴日本的贊助，改善國際地位（這是與虎謀皮），一方面還是想取得日本的金錢和軍械，堅固北洋派的實力，以制服國內的反對黨。

　　梁氏固不明白段氏的真意思，就是段派的督軍也多有不知道段氏的祕密，所以對於參戰也有懷疑的。段因決計召集各省督軍來京開軍事會議，一面統一督軍團體的意見，一面可以威壓國會。到四月二十五日，各督軍在京開會了，到會的督軍七人、督統二人、省長二人、代表十六人（非北洋系的督軍大抵皆只派代表），段自為主席；段氏將參戰的祕密預先告知他的徒黨，結果皆贊成參戰表決簽名。五月三日，督軍團公宴議員，替段氏疏通參戰案；七日，參戰案提出於國會；八日，眾議院開祕密會，國務員全體出席，報告參戰案，表決交全體委員會審查。假使北洋軍閥不用過激手段，參戰案當然可以平安通過，因為國會裡面對於參戰案持反對態度的本只有極左翼的丙辰俱樂部一派，研究系自然贊成，政學會派和益友社派也是贊成的（政學會由谷、張主持，益友社由張繼主持）。但是那些軍閥的要人生恐目的不能達到，要祖述民國二年選舉總統的慣技，用威迫國

二　國會恢復後的黨派形勢與政潮

會的手段；到十日眾議院開會時，忽有所謂公民請願團、五族請願團、北京市民主戰請願團、軍政商界請願團，共約三千餘人，由陸軍部人員指揮（傅良佐、靳雲鵬到場指揮，為當時人所目見），包圍眾議院毆辱議員多人，並聲言必俟參戰案通過才解散。眾議院因此憤激，停止會議。國務員谷鍾秀、張耀曾、程璧光、伍廷芳等相率提出辭職呈文（陳錦濤早受交通系陷害去職，許世英也因事免職了），范源濂後來也提出辭呈；於是內閣只剩了段氏一人。

段氏自己也知道弄巧成拙，不能收拾，於十二日擬具辭職書，將要提出，忽被左右阻止，決計與國會硬抗，再三諉催國會速議宣戰案，對於圍擾國會的責任問題，置諸若有若無之間。國會的極左翼本不滿於段氏，自此風潮發生，除了研究系一派以外，大多數皆主張倒段。到十八日，北洋系與日本軍閥勾結的祕密，又被北京英文《京報》發露；（是日，英文《京報》載，段氏由陸宗輿、曹汝霖議借日款一萬萬元，由日人代行整理三兵工廠，並請日本軍官練兵，日田中參謀來華，與此事有關〔田氏時已到華〕。該報主筆為陳友仁；次日，因此新聞，陳友仁被段政府捕去。）國會大多數更不信任段氏了；十九日，眾議院開會議決：現內閣僅餘段總理一人，不能行責任內閣之實，本院對於此種重大外交案件，應候內閣改組後再議（意思就是參戰案是可以通過的，但段非去職不可）。督軍團知道國會無可挽回，決意破毀國會；但此次事件咎不在國會，無可措辭。研究系因為關於憲法的主張失敗，積憤既深，看此形勢，段氏又難於維持，也決計利用督軍團來改造國會；因煽動督軍團，假憲法草案議決的條文不適國情為口實，呈請政府解散國會。黎總統招孟恩遠、王占元入府，告以約法上總統無解散國會之權，解決時局的辦法唯有請段總理辭職。督軍團知道黎總統已站在國會的方面，相率出京，往天津、徐州等處會議去了。到五月二十三日，黎總統以國務員伍廷芳副署的命令，免去段祺瑞國務總理之

第十二章　護法運動中北洋軍閥的分裂與西南軍閥的離合

職，即以伍氏代理國務總理。隨即督軍團宣告反叛，國會第二次解散，張勳便演出復辟的滑稽劇來。

三　國會第二次解散、張勳復辟與段祺瑞的再起

復辟的滑稽劇，雖然是由對德宣戰案引匯出來的，但是它的伏線甚遠。在袁氏稱帝前，由宋育仁、勞乃宣等發動一次失敗後，到帝制戰爭正烈時，康有為又躍躍欲動了。護國軍在雲南發動後，對於袁氏，全國一致反對，康有為也反對。（康氏曾發表兩通致袁氏的書，備極譏諷。）但康氏一面反對袁氏稱帝，一面卻主張復辟。梁啟超將往廣西時，使人告知康氏，康氏便有所表示。梁啟超《從軍日記》云：「兩月來，南海以吾凡百專擅，蓄怒既久，今此舉（往廣西贊助陸榮廷獨立之舉）而不以告，他日責備，何以堪者？實則吾之專擅，良非得已，事事稟承南海，靡特吾精神上常感不斷之痛苦，抑凡今之與我共事者，將皆舍我去矣。難言之隱莫此為甚。雖然，吾終不欲更開罪於長者……使覺頓往謁將意。南海嘉許，固在意中，然有意外者，則正色大聲疾呼以主張其平昔之復辟論也。且謂吾輩若不相從，後此恐成敵國。其言甚長而厲，覺頓咋舌，唯唯而已。此等不祥之言本無價值，然正恐有利用之者，勞他日一番收拾也。」袁氏撤銷帝制後，康竟公然揭舉復辟的主張，發表一篇論說，題為《為國家籌安定策者》。

梁啟超在廣西得到這種消息，也便發表一篇《闢復辟論》教訓他的老師。（論文中有「吾既驚其顏之厚，而轉不測其居心之何等」，意思是說他於籌安會發生時，不敢出來為故君請命，等到護國軍把帝制打倒了，卻想來收漁人之利。）這是康梁兩師徒以筆鋒相抗的開始。梁氏又恐他的筆鋒不足以制服他的老師，再由滇、黔、粵、桂四督出名，發出一道反對復辟

三　國會第二次解散、張勳復辟與段祺瑞的再起

的通電說:「國體不許變更,乃國民一致之決心,豈有不許袁賊獨許他人之理。……如有再為復辟之說者,繼堯等即視為蔑棄約法之公敵,罪狀與袁賊同,討之與袁賊等。」此電出後,復辟論才銷聲匿跡了。張勳此時想必早與康氏通聲氣,不過因為袁氏疑忌他、防備他,所以他不敢有何舉動。及到馮國璋發起南京會議,他便想利用這個機會以見好袁氏,取得袁氏的信用,暗中布置復辟的基礎。不幸袁氏死了,南京會議消滅了,他便勾誘南京會議的代表往徐州去,作成前節所述的省區聯合會,表面是鞏固北洋團體,實際只是造成復辟的根基。所以張勳復辟的伏線,實在來得很遠,埋伏得很久了,只等機會一到就要爆發的。段祺瑞免職,機會便到了。

　　段祺瑞於免職的那天,發出一道含有教唆意味的通電說:「本日總統府祕書傳出大總統命令,國務總理兼陸軍總長段祺瑞免去本職,外交總長伍廷芳著暫行代理國務總理,此令;又令陸軍次長張士鈺代理部務,此令;又特派王士珍為京津一帶警備司令,江朝宗、陳光遠為副司令,此令等因:查共和各國責任內閣制,非經總理副署,不能發生效力;上各件,未經祺瑞副署,將來地方、國家因此發生何等影響,祺瑞概不負責。特此布告。國務總理段祺瑞漾印。」這個電報,無異於教導督軍團起兵反抗。黎總統於免段後,提出李經羲任國務總理,兩院通過(二十五日提出,二十六日通過),並擬任王士珍任陸軍總長,王並通電允接受。(王在參陸辦公處,勸導各現役軍官,謂「北洋系」三字非美名,宜忘派別,衛國家。)到二十九日,倪嗣沖首先通電宣告脫離中央關係;相繼宣告獨立的有奉督張作霖、魯督張懷芝、閩督李厚基、豫督趙倜、浙督楊善德、陝督陳樹藩、直督曹錕,共計八省。但是張勳(時為皖督,倪嗣沖時為皖省長)卻沒有宣告獨立的通電,而用十三省省區聯合會的名義,電請黎總統退職,這是他舉動不同的處所。還有長江流域的三督馮國璋、李純、王占

第十二章　護法運動中北洋軍閥的分裂與西南軍閥的離合

元,也不曾和他們共同行動。黎總統此次為何勇於下令免段,大概有下面幾種原因:

一、他以為段派的督軍未必敢公然作亂;

二、直、皖兩系的名稱此刻雖然尚未成立,但是直系的軍官已有與段氏不合作的暗示,(孫洪伊為直隸人,孫在京時常與直籍軍官以同鄉感情相款洽,暗中即有聯直制皖的意味,所以直皖分派的根基即伏於此,但尚未顯明耳。)以為段派督軍縱敢作亂,直隸派的軍人必能牽制之;

三、王士珍是北洋派的前輩,與段祺瑞資格相等,縱然直隸派的軍人不能制伏段派,王士珍必能指揮之。誰知王士珍竟沒有一點力量,直派的督軍除了長江三督不曾加入獨立外,曹錕也公然宣告獨立了。倪嗣沖於宣告獨立後,便在蚌埠扣留車輛(倪以省長駐蚌,張勳則駐徐州),與奉、魯、豫有共同進兵北京之勢。

他們稱兵的理由,就是:總統聽信群小,排斥正士,暴民盤據國會,勾通府中,以奪取政權,須以兵力驅逐之。黎總統電請徐世昌從中調和,徐謂國會若不解散,調和無從著手;黎又電請梁啟超來京調處,梁以「退處海濱,與世暫絕」答覆之;湯化龍則辭去眾議院議長之職,研究系的議員都相率不出席,使國會開不成會,並有許多提出辭職書的;李經羲的總理雖經國會通過,被督軍團阻止,不敢就任;黎總統至此,完全沒有辦法。到六月二日,李盛鐸由徐到京,向黎傳達張勳的話,說:「總統若令我入京,願任調停。」黎氏固知道張勳不是段派的真正同志,他又是省區聯合會的領袖,他果肯出來調停必能有效,於是想倚張以自保,即令李盛鐸赴徐往迎。此時段派的軍人群集於天津,想在天津組織政府,舉徐世昌為大元帥,並與研究系的要人聯繫,要他們加入。徐世昌不贊成,並且外國人也有不許他們在天津設立機關的表示,因此他們內部頗有齟齬。值張勳率兵由徐入京經過天津的時候,他們便利用張勳作劊子手,慫恿他入京

三　國會第二次解散、張勳復辟與段祺瑞的再起

開刀。張氏雖然主張解散國會,但還有一個重要的條件,就是要復辟;段派表示允可。(張勳微電有云:「芝老雖面未表示,亦未拒絕,勳到京後,復派代表來商,芝老仍謂解散國會推倒總統後,復辟一事自可商量。」)張氏仍逗留天津不即進京,不過他的軍隊已陸續到了北京了,因電令黎總統從速解散國會,否則不負調停之責。黎氏起初堅不肯從,因為以解散國會向黎氏建議的,四面包圍,黎氏便不能自主了。但是解散命令卻沒有人肯副署,伍廷芳固然未肯,新任的總理李經羲也不肯(李氏一面想作總理,促黎速下解散國會令,一面卻以尚未就總理之職為理由,拒絕副署);張勳在津大發威風,說:「這種命令,要副署何用,只管從速釋出。」到六月十三日,竟用步軍統領江朝宗代理國務總理的名義副署,釋出國會解散令。這是國會第二次解散的經過。次日,張勳偕李經羲到京;到二十八日,康有為也剃去鬍鬚,祕密到了北京,住在張勳的私宅裡,於是復辟的活劇要開幕了。

張勳於六月十四日到北京,七月一日才宣告復辟,因為布置也要些時間,所以有此半個月的猶豫時期。在此半月內,李經羲作了一番總理的好夢,國會解散後,各叛督果然相繼取消獨立,並且有向中央謝兵諫之罪的。李經羲以為可以安然作國務總理了。但是各叛督因為李氏從前不肯副署解散國會的命令,多通電反對李氏組閣;李氏倚靠張勳的勢力,以為有了辮帥保護,反對也不大要緊;到二十四日,正式就國務總理之職,並要求王士珍任陸軍總長。張勳對於李氏組閣的問題也不干涉,一面添招新軍,一面進謁清廢帝,和清室遺老祕密協商。隨派梁鼎芬、王士珍、江朝宗等向黎元洪說明覆闢的必要,請其奉還大政。黎元洪此時才知張辮帥調停的用意,雖然拒絕其請,但已引虎入室,不能抵抗了。到七月一日,張氏便假馮國璋、陸榮廷等的名義,奏請准許黎元洪奉還大政,擁溥儀而出,宣告復辟。同日頒下許多上諭,改七月一日為宣統九年五月十三日,

125

第十二章　護法運動中北洋軍閥的分裂與西南軍閥的離合

封黎元洪為一等公爵，任命馮國璋為兩江總督、南洋大臣，張勳為直隸總督兼北洋大臣，陸榮廷為兩廣總督，各省督軍皆改為巡撫，位置大概仍舊，徐世昌、王士珍也有任用（徐為弼德院院長，王為參謀部大臣），獨有段祺瑞全無位置。

康有為雖想作張勳的後臺老闆，他的意見，張勳竟不能容納，白白他作了許多的古文詔旨，一篇也沒有採用；（康氏所擬的詔旨，有《復辟登極詔》、《開國民大會以議憲法詔》、《召集國會詔》、《保護各教詔》、《免拜跪詔》、《免避諱詔》、《合新舊詔》、《親貴不許干政詔》。其第一篇登極詔首先辯明滿族也是黃帝的後裔，意在融和種族情感，其他各詔都是發揮他維新的意旨，但是一篇皆未採用，直到復辟失敗後逃匿外國公使館，日本公使求他的墨寶，他便用楷書把他所擬的詔稿寫了，送給日本公使，後由時報館記者探知抄出，登在《時報》上。）他要免拜跪禮，張勳是喜歡磕響頭的，就此一點，便不相容，只得叫苦連天；不到幾日，便宣言要剃度出家去了。黎元洪乘間逃入日本公使館，祕派丁槐南下，將大小印信送交副總統馮國璋，謀匡復。各省督軍及各要人得到復辟的消息，一律通電聲罪致討，竟沒有一個人援助張勳。北洋派的軍隊，因為皆在北京附近，所以易於進攻；張紹曾、馮玉祥、曹錕、李長泰等首先發動；段祺瑞自任討逆軍總司令，於七月五日親往馬廠誓師，設總司令部於天津。得馮玉祥、李長泰等的奮戰，於十二日進逼北京，張勳逃往荷蘭公使館，以外的主要人物一律逃匿，段祺瑞於十四日到北京。綜計復辟的時間，還不滿半個月，就宣告閉幕了。

張勳所有的辮子軍隊，大約不過兩萬人內外，還有一大部分留在徐州（復辟戰爭中譁變潰散），為何勇於行此大事？可見他原先與段派軍閥早有默契。誰知是一場大騙局：黎元洪受直籍軍人的騙而免段氏（替馮國璋造成取得總統位置的機會）；張勳受段派軍人的騙而實行復辟（替段氏造成

三　國會第二次解散、張勳復辟與段祺瑞的再起

恢復政權的機會)。張氏的受騙,和黎氏的受騙是一樣的,所以張氏當段派聲罪致討時,通電反駁他們,說:「……勳知國情,只宜君主,即公等卓見,亦早詆共和。茲方擁戴沖人,輒即反對復辟,或實行攻戰,或電文誚罵。……若謂擁護共和,何以必摧殘國會……如以王公之位,未獲寵封……故不甘於為叢驅爵,而為逐鹿中原,則並不為大局綢繆,純為利權起見,徒說伸張大義,豈為好漢英雄。……若必激浪揚沙,翻雲覆雨,深恐九州鼎沸,無以奠寧。……」失敗後又通電說:「……已獲巨罪,人慶大勳,恨當世無直道,怨民國鮮公刑。」其弦外之音,很可表示落入圈套的憤恨情感。

　　復辟的活劇閉了幕,段派和研究系的得意時期到了。段祺瑞在七月五日誓師討逆的時候,曾發出一道通電,說:「本日由國務院參議,齎到本月二日大總統令:『特任段祺瑞為國務總理,此令』等因,時危勢迫,義不敢辭,祺瑞遵即就職。」到七月六日又有一道總統的命令,其文如下:「國務總理李經羲呈請辭職,李經羲准免國務總理本職,特任段祺瑞為國務總理,此令。」下面有教育總長兼內務總長范源濂的副署。反段派因有懷疑段氏的取得總理,是由於段氏和研究系的作偽而來的。不然,何以有兩道重複的命令呢?但當時各報上確曾揭載一道黎總統致馮副總統的冬電:「……元洪不德……既不能執行職權,民國勢將中斷,我公同受國民重託,應請依照約法……代行大總統職權。自前交通梗絕,印綬齎送,深虞艱阻,現已任命段芝泉為國務總理,並令暫行攝護,設法轉呈。……」然則段氏二日發表的任命令並非偽造,不過此令中所謂「交通梗絕,印綬齎送,深虞艱阻……並令暫行攝護,設法轉呈」,彷彿是把總統印信令人送交段氏設法轉呈的,丁槐為何又將印信攜帶南下呢?(後來段氏令盧永祥逮捕丁槐,羈押軍署。)因此反段派對於黎氏致馮的冬電,都疑它是由段派竄改或偽造的。

第十二章　護法運動中北洋軍閥的分裂與西南軍閥的離合

所以段氏雖然在事實上取得了國務總理，這個國務總理的來由實在是一個疑問，至今還不能查出它的內幕。現在對於它的真實內幕也不必深考，不過就段氏自己的立場和他在前次免職時發出的漾電而言，頗有點不好意思，免職時說：「查共和各國責任內閣制，非經總理副署，不能發生效力。」因為那道命令是伍廷芳副署的；現在任職的命令是教育總長兼內務總長范源濂副署的，也不曾經總理副署，為何便發生效力呢？只好說是因為「時危勢迫」，從權接收罷了。北京未收復前，馮國璋於七日在南京宣告就代理大總統職，電請各要人赴寧組織政府；段氏也在這一天商請將政府移設天津，次日，便在天津設國務院臨時辦事處。十四日，段氏到了北京；十五日，便赴國務院視事。研究系的要人還在復辟未宣告時早與段派聯合一氣，段氏在馬廠誓師時，梁啟超已入段氏幕府；湯化龍則和張國淦、葉恭綽、張志潭附隨段氏，同段入京。到十七日，段氏發表閣員如下：

國務總理兼陸軍總長段祺瑞

外交汪大燮　內務湯化龍　財政梁啟超

司法林長民　農商張國淦　教育范源濂

交通曹汝霖　海軍劉冠雄

可算是段派軍閥，與研究系、新交通系的聯合內閣。黎元洪於段氏到京後，因段氏的勸誘，由外國公使館區域回居私宅，通電宣告此後不再與聞政事，推馮副總統繼任大總統，（黎在私宅遇刺，欲避居天津，段氏恐其南下，藉口保護，不許離京，後得湯化龍擔保無他，始允其離京。）馮氏因為不願將南京的地盤授諸他人，想把長江流域作為自己的基本勢力，免得後來孤立受段派的壓迫，蹈黎氏的覆轍；所以一面謙讓，請黎復職，一面暗中與中央接洽蘇督的後繼人選；直到接洽已妥，才於八月一日到京任職。（馮到京後數日，即發表調贛督李純督蘇、陳光遠督贛，與鄂督王

占元聯結為一，成為直系基本勢力。）於是北洋軍閥的兩首領，研究系的諸領袖各得其所，要施展他們的救國大計了。不過還有許多失所的人，不許他們的救國大計安流平行的進展，又將奈何呢？

四　南北分裂——護法戰爭的開始

　　段氏新政府成立後，當前最切要的問題，一個是對外的參戰問題，一個是對內的國會改造問題。國會改造的問題，本是因為急於要參戰才引出來的；但是現在參戰問題的重要卻把它放在第二位去了。因為段氏的私意，本是假對外以制內的，對外則「宣而不戰」，對內則「戰而不宣」，成為當時奇妙的話柄。（段閣成立後，至八月十四日始正式對德奧宣戰，而動員派兵入湘則在七月後旬，時湘中尚無亂事。）段內閣成立的那天，便由研究系要人獻策，召集臨時參議院以改造國會，孫中山因此率領海軍往廣東，組織軍政府，樹立護法的旗幟，從此成為南北對立之局。

　　研究系要人梁啟超、湯化龍等主張改造國會的理由是：「中華民國已為張勳復辟滅亡，今國家新造，應仿照第一次革命先例，召集臨時參議院，重定國會組織法及選舉法後，再行召集新國會。」在北洋軍閥方面，舊國會是他們的眼中釘，既已把它拔去了，斷不容它再行存在，對於上述改造的方法當然贊成。不過在理論上很難說得過去：第一，要問他們國務員的地位是何從取得的？馮國璋的大總統位置又何從取得？若說中華民國已為張勳滅亡，現在的民國是他們新造的，他們應該赤裸裸的宣告現在的政府是新造的臨時政府，國務總理的任命，便不必借重黎總統的命令和範總長的副署；馮氏的取得大總統，也不必借重舊約法上繼任的規定。一方面對於自己地位的取得，既要緣飾法理，借重舊約法；一方面又說民國已

第十二章　護法運動中北洋軍閥的分裂與西南軍閥的離合

亡,現在是新造的國家,是所謂「以己之矛,攻己之盾」。第二,張勳復辟的期間通共不滿半個月,洪憲稱帝的期間超過復辟的期間數倍(國會的毀壞,在袁氏專政的期間內則更長),若說復辟期內民國已經滅亡,則在洪憲期內是不是滅亡的第一次?第一次滅亡恢復之後,為何不照革命先例,召集臨時參議院,偏要恢復已經滿了法定期限的舊國會?若說前此恢復舊國會,是因為袁氏的解散國會不合法,黎氏的解散國會又豈合法麼?這是純就他們所持的理論而言。其實這種理論的站不住腳,他們也並不是不知道;他們認定舊國會分子太壞,非加以改造不可,而改造又無別法,所以借這種似是而非的理論作掩護的工具。

平心而論,當時的國會也很有可以指摘的處所:開會的期間將近一年,專鬧意氣,對於現成的憲法草案,二讀尚不能告竣,並且尚有一部分未經過審議的程序,這是一般國人所不滿的。但這不單是哪一派議員的責任,研究系的議員也應該共同負責。極左派的議員,對於研究系合理的主張不能容納,固未免有過當之處,研究系勾通軍閥以威脅本身所託命的機關,藉以制服敵黨,尤為越出政治常軌的舉動。總之,舊國會分子的不良雖屬事實,而改造的方法實在太不合理。當時頗有采調停主義的人,說舊國會既已兩次試驗失敗,而法統又不宜破毀,最好是依照現行的國會組織法及選舉法重新改選,訴之於選民,若召集臨時參議院則太無根據。但是此說非徒左派的人士不能承認,便是研究系也絕對不肯贊同;他們以為舊國會之壞就是壞於組織法,在憲法會議裡面,兩方所爭持不肯放讓的國會組織問題,為最重要問題之一;現在舊國會既已解散,還不趁此根本改造,則前此煽動督軍團的干涉為無意義。故在研究系召集臨時參議院的主張,是因為要貫徹改造國會的目的,與煽動督軍團幹憲的目的前後是一致的,誰知這個問題是一具不能開的死鎖。後來國會雖然被他們在北方強迫改造了,卻又被安福系所盤踞;安福系的驕橫惡劣,竟超過他們所目為

暴徒的無數倍；而南方又始終不承認他們的改造，遂演成長時期的紛爭慘劇。

南方的領袖及西南各督，對於國會擁護的表示，本來很早。在督軍團幹憲時，孫中山、岑春煊、唐紹儀等，便電請黎總統「維持約法，以固民國基礎」；滇督唐繼堯也有「繼堯庸愚，唯知效忠民國，如有破壞國會，危及元首者，義不共戴」的電文。及倪嗣冲等相率宣告獨立，南方各要人又紛紛聲討。（李烈鈞、張開儒則在粵電請出兵，唯陸榮廷、陳炳焜、譚浩明則電馮副總統領銜通電解紛。）國會解散令下，粵桂兩督便通電暫行自主，說：「國會非法解散，所有私意改造不依法定手續成立之政府，萬不能承認。」復辟亂起，西南各方紛請出師討賊，段祺瑞因為要獨冒再造民國的功勞，又恐西南各省出兵北向，危及自己的地盤，一面委倪嗣冲、段芝貴等許多有名無實的討賊司令，一面又通電西南各省，制止他們出兵，說「大局即可解決，各省軍隊不得擅離原駐地點」，於是更挑起西南各省的憤恨猜忌心。唐繼堯對於段氏此電便不承認，約西南各省合力反抗。復辟亂平，陸榮廷、陳炳焜、譚浩明等再三電問馮代總統，對於國會問題如何解決；陸氏並且密電馮氏說：「若不速定國會問題，則榮廷對於西南各省無法調停。」然則陸氏並不是不想調停的。及召集臨時參議院之說出，西南各省一致反對，南北分立之局便難於避免了。

孫中山在復辟亂平之後，率海軍南下以前，曾有一通忠告段祺瑞的嚴正電文如下：

民國不幸，偽清僭據，足下以馬廠誓師，恢復共和，重奠京邑，此蓋強虜自亡之會，而亦足下興復之機。伏念共和帝制，迭相乘除，已歷三次。所以起滅無常者，實由是非不定，刑賞無章耳。夫洪憲佐命之臣，宣統復辟之輔，其為帝制罪犯一也。去年洪憲禍首，隱誅未伏；佐命者既得從寬，則復辟者當然無忌。徐州、彰德二次會議（張勳發起徐州會議後，

第十二章　護法運動中北洋軍閥的分裂與西南軍閥的離合

與會各省曾在彰德會議一次），正是足下初任首揆之時，拱手處中，不能鋤治，而復獎以勳權，啟其驕悍，是以伏戎僨國以有今日。而民間清議，亦謂民國之禍叛督實為先驅。要求宣戰之不已，以至毆擊議員；毆擊議員之不已，以至解散國會；解散國會之不已，以至復建偽清。本為一人保固權位，以召滔天之災；足下獎成此患，豈得不為追究。文於數月前，曾獻忠告，不蒙採納。至黃陂不得已而下免職令，猶不悛改，悻悻以引起禍亂，不負責任為詞。今日因敗為勝，功過相抵，天日鑑臨，人心共諒。乃總理一職，既無同意，亦無副署，實為非法任命；果出黃陂手諭與否，亦未可知。足下當以義師首領自居，豈得以國務總理為號。以免職興戎，而以復職自貴，狐埋狐搰，皆在一人，豈所謂為國忘身者乎？張勳以慺戾之資，悌然復辟，所統辮兵，素無訓練，其勢本易與耳；張紹曾等倡謀討逆，近畿將領不少靖獻之人，器械完利，士馬精強，撲滅殷頑，易如反掌；徐州餘寇，復何足云；而足下必任段芝貴為東路總司令，倪嗣沖為三省總司令。段本洪憲元凶，倪則叛督首領，一蒙驅使，得冒天功以為己利，沮忠正倡義之氣，開叛人狡詐之端，豈同明之熊文燦耶？乃又抑止諸軍，不容興師致討，欲以易成之績，交與倡亂之人，偏私狹隘，毋乃過甚。丙辰近鑑，貽禍相同，此又足下所宜省者也。文願足下，上畏民巖，下思補過，作良將以伸正氣，討群叛以塞亂源，誅洪憲佐命以示至公，戮偽主溥儀以懲負約，保國贖愆，孰善於此。若以小勝易敗，據為大功，因勢乘便，援引帝黨，擅據鼎鍾，分布爪牙，則西晉八王之相驅除，唐末朱李之相征討，載在史冊，曲直無分。正恐功業易隳，禍敗踵至，凡中國民亦不能為輔助矣。以足下天性強毅，本非狐媚之人，甚願盡忠以告，是非利害，在足下自審之耳。

　　這篇電文，是可算段氏的當頭棒。但是段氏早已橫了心，哪裡把它放在眼裡。中山也知道他不能聽從，及聞召集臨時參議院之說，便率領海軍南下廣東，作護法的倡導。

四　南北分裂—護法戰爭的開始

海軍和革命黨是早有淵源的。前次國會的恢復，由於海軍獨立所促成；此次國會解決後，海軍總長程璧光便辭職南下以待形勢的發展。中山於七月二十日乘「海琛」軍艦抵粵，粵省長朱慶瀾及督軍陳炳焜開會歡迎。中山宣示招集艦隊來粵，以粵為海軍根據地，然後請國會議員來粵集會，並請黎總統南下，在粵組織政府。粵省議員及朱省長皆贊成，陳炳焜頗有點不願意，但前既與桂督宣言兩廣自主，此時也不便反對。程璧光於二十二日與第一艦隊司令林葆懌，由吳淞率領全艦隊赴粵，並發表護法的宣言（與程、林同行者有唐紹儀、汪兆銘、章太炎等要人）。這便是護法軍正式的開幕。

海軍艦隊於八月五日，駛入黃埔。國會議員因粵省政府及省議會皆致電歡迎，也在七月下旬陸續赴粵；至八月中，到粵的人數也有了一百五十餘人。八月十八日，中山招集各議會在黃埔公宴，即於是日開談話會，決定在粵開非常會議，次日發表宣言。至二十五日，國會開非常會議，討論組織政府事；三十日，通過《軍政府組織大綱》十三條。依大綱設大元帥一人，元帥二人（原欲黎總統南下，因黎不願再出，故設大元帥）；九月三日，選舉孫中山任大元帥，陸榮廷、唐繼堯為元帥。中山於九月十日就大元帥職，並於是日依組織大綱選舉各部長（依大綱應設六部），交由大元帥任命。其部長名單如下：

財政唐紹儀

外交伍廷芳

內務孫洪伊

陸軍張開儒

海軍程璧光

交通胡漢民

第十二章　護法運動中北洋軍閥的分裂與西南軍閥的離合

　　　　南方的軍政府，至此便告成立。但是有一點應該注意的，軍政府形式上雖然成立了，實際上諸事皆為陸榮廷、陳炳焜等所把持，全不能有所發展，故各部長也多未實行就職任事。因為陸、陳等的聲言護法，不過是「項莊舞劍」的意思。假使段祺瑞應付得宜，不是懷著那麼狹隘的北洋思想，陸、陳等老早投入他的樊籠裡去了；如此，恐怕形式上的軍政府都不能在廣東立足。陸榮廷在六年三月裡曾往北京，與中央政府有所接洽；接洽的目的，就是要鞏固兩廣的勢力範圍。其注意之點有二：一、以粵督授諸陳炳焜，桂督授諸譚浩明（時陳為桂督，陸為粵督，譚尚無位置），己則別以他項名目，居陳、譚兩人之上；二、湘省由湘人治理，兩廣絕不侵犯，但中央對於湘督不可輕易更動。這就是與北洋軍閥劃定勢力範圍的意思。（因為湘省是兩廣的門戶，湘督譚延闓是陸榮廷所最佩服而又相信的，譚、陸之間早有默契，彼此皆欲聯結以自固。）當時段祺瑞對於陸氏的希望，大約已經表示容納，所以陸氏出京後，在四月十日便發表陸為兩廣巡閱使，陳為粵督，譚為桂督。國會解散後，兩廣宣告暫行自主，一方是因為李烈鈞、張開儒在粵慷慨激昂的要出兵北伐，不能不敷衍民黨的面子；一方便是向北洋派示威，意思就是北洋派若侵入湖南，兩廣絕不容許。假若段祺瑞在復辟亂定後，不派兵入湘，不更換湘督，陸榮廷必不輕易容許軍政府在廣東實現。乃段氏誤認陸、陳等的示威舉動，以為他們真是和民黨一致的，於七月後旬即令駐紮保定的一師動員剋期赴湘；到八月六日，便任命傅良佐為湖南督軍。（段氏更換湘督時，梁啟超初不贊成，就是恐怕惹起陸氏的疑慮。但段派軍人想得湘督位置的人很多，段氏亦欲由湘以征服兩廣，故梁氏的反對無效。起初所擬的湘督並不是傅良佐，因梁氏的進言，才提出傅良佐來，因為傅是湘人，仍與湘人治湘的約束相符，但傅雖為湘人，實為北洋軍閥之徒黨也。）陸氏因為段既違反從前的默契，侵入湖南，兩廣受了威嚇，不能不為自衛之計，於是容許軍政府出現，併為

積極援湘的準備。及湘省零陵鎮守使劉建藩在湘南宣告獨立，桂軍實行援湘，護法的戰爭逐以開始。（故南方的護法軍政府雖由國會問題引出，而實際的護法戰爭則由北洋軍閥奪取湘督而來。）

五　護法戰爭中北方馮、段的暗鬥

　　段祺瑞對西南的大方針，是用湖南作制服兩廣的基礎，用四川作制服滇黔的基礎，而用參戰的名義與日本軍閥勾結，取得鉅額的借款，充實對內作戰的軍備，在他以為是一定可以成統一之功。並且此時西南各省雖以護法相號召，並無確實的結合，唐繼堯、陸榮廷既不是中山的同志，而川與滇黔又正在互相殘殺中，湘中的軍人又有一部分已經投降北洋系，形勢也不足以與北洋系相抗。但是北洋系內部早伏著分裂的種子，馮、段間的暗鬥，比前此黎、段間的暗鬥還要來得深刻。結果不唯不能奏統一西南之功，反把一個北洋系演成兩個北洋系，其演變如次：

一、川湘方面的用兵失敗與段閣傾倒

　　八月六日，傅良佐督湘的命令發表後，湘督譚延闓並不抗命（因為此時湘軍第二師師長陳復初及零陵鎮守使望雲亭等，已為北洋軍人所籠絡），並派望雲亭入京歡迎傅氏。但乘望雲亭入京之時，委劉建藩為零陵鎮守使，令林修梅（第一師第二旅旅長）開赴衡州，這就是在湘南布置軍備，謀與援湘的桂軍取聯繫，為後來獨立張本。傅氏入湘以前，原宣言不帶北兵入湘，對於湘省軍官亦不更動；但一接任後，駐嶽的北軍便陸續南下，並改委陳璙章為零陵鎮守使。劉建藩因於九月十八日通電宣告自主，林修梅與劉一致行動；援湘的桂軍此時也準備開拔入湘了。北方開入湘省的主力軍，為王汝賢所統的第八師及范國璋所統的第二十師，王、范都是

第十二章　護法運動中北洋軍閥的分裂與西南軍閥的離合

聽命於馮國璋的。此時直、皖兩系的界限尚未明白，馮、段間的裂痕也未顯露。但當王、范出征請命時，謁段，段百端激勵；謁馮，則馮的語氣似有不主武力解決的傾向；王、範已預設馮氏意向的所在；又湘督一席，原為王汝賢所垂涎，及為傅氏攫去，王已很不高興。到十月六日，湘南開始發生戰爭；從十月到十一月，初時南軍不得利；及援湘之桂軍開到，南軍氣勢大振，北軍失利，王、范又與傅督不睦，傅氏棄長沙逃走，王、範皆陸續退兵。段氏對於湘省方面的計畫遂失敗。

四川方面，在四月裡，劉存厚受段政府暗中的挑撥，逐去了羅佩金；羅受督川之命，即欲以川省長位置與劉存厚，以結川軍之歡心。段氏因欲拉攏研究系，乃不與劉而與戴戡。劉以羅為詿己，因怨羅。段復促羅裁減川軍。羅恐惹起戰禍，密電段政府，請將劉調離川境。段得電後，反故意以羅電文洩示於劉，以激其怒。四月十九日，遂有川、滇軍衝突之事。段於四月二十日遂免羅督軍之職，並免劉存厚第二師長職，而以戴戡暫行兼署川督；羅於二十五日卸川督職。復辟之變將發動時，川、黔軍又起衝突，戴戡也站不住了；到七月二一日，戴氏在亂戰中被殺。段政府於任命傅良佐督湘之日，即派吳光新為長江上游總司令兼四川查辦使，由岳州率兵兩混成旅入川（吳時駐岳州），而以川督一席與周道剛（後又命劉存厚為會辦軍務）。段氏本想以川軍為驅逐滇黔軍的先鋒，而用北洋軍隊在後面監視，吳光新就是將來的川督候補者。但是吳氏太不中用，在宜昌逗留經月，才輸送一部分軍隊到重慶，吳自己隨即西上；此時周道剛以為北軍是來援助他的，當然對吳很恭順；川軍第五師師長熊克武（此時已與西南祕密連結）和駐在綦江的黔軍，也佯為表示恭順（吳並依黔軍的請求，撥助餉彈若干）；但至傅氏由長沙逃走的時候，熊克武的川軍也乘吳不備，把達到重慶的北軍包圍繳械，吳乘船逃走，輜重皆被川黔軍奪去；周道剛失勢，重慶便為熊克武所占領。於是段氏對於川省方面的計畫也失敗。

五　護法戰爭中北方馮、段的暗鬥

川省的失敗，是由於吳光新的不中用和熊克武的傾於西南；湘省的失敗，則由於王汝賢、范國璋的怠戰。王、範於十一月十四日自由通電停戰（十八日即退至岳州）；十七日，直督曹錕、鄂督王占元、贛督陳光遠、蘇督李純又聯名通電，主張與西南和平解決，並宣告願作調人。（電由曹錕領銜，但曹於二十日用電話向段宣告，此電並未與聞。）段祺瑞於傅氏離湘時，即向總統提出辭呈，馮雖表示慰留，但至四督聯電發出後，段知王、範退走與四督主和的通電皆由仰承馮氏的意旨而來，於二十日再遞辭呈。馮氏也再不客氣，到二十二日，便令准段氏免職，以汪大燮暫代國務總理。梁啟超、湯化龍、范源濂、林長民等幾位研究系的閣員，也隨著段氏去職，段內閣瓦解。這是馮、段爭鬥的第一幕。

段氏去職時，異常憤激，曾向北洋軍發出一道正密電文，略如下：

祺瑞自五月罷職以後，久已厭絕人事，閉門謝客，國變再出，大違初衷。就任以來，賴諸君子群策群力，共濟艱難，私冀發揮我北洋同袍之實力，統一國家，奠寧宇內，庶幾人民得以安堵，法治乃能設施。此次西南之役⋯⋯迭經閣議，詢謀無間，既非私心自用，又非黷武佳兵，耿耿此心，可對同志（指北洋同志）。⋯⋯乃奸人煽惑，軍無鬥志，刪日王汝賢、范國璋等通電傳來，閱之痛惜。不意我同袍中，竟有此不顧大局之人，干紀禍國，至於此極也。⋯⋯今日中國，盜賊盈途，奸人恣肆，綱紀日夷，習俗日敝，所謂法律護國，有名無實，徒供欺詐者譸張為幻之具。⋯⋯環顧國內，唯有我北方軍人實力可以護法護國，果能一心同德，何國不成，何力不就。辛亥癸丑之間，我北方軍人人數不及今日三之一，地利不及今日三之一，所以能統一國家者，心志一而是非明也。近來南方黨徒亦知我北方軍人，宗旨正大，根底盤深，非彼西南勢力所能兼併，乃別出陰謀，一曰利用，二曰離間，三曰誘餌。昌言反對者，固為彼所深仇，即與之周旋者，亦是佯為結好；無非啟我鬩牆之爭，收彼漁人之利，始以北方攻北方，繼以南方攻北方，終至於滅國亡種而後快。

第十二章　護法運動中北洋軍閥的分裂與西南軍閥的離合

　　王汝賢為虎作倀，飲鴆而甘，撫今追昔，能無憤慨。湘省之事，非無收拾之法，我不忍使北方攻北方，以自拆藩籬，落彼陷阱也。王汝賢等不明大義，原不足惜，我不忍以王汝賢之故，致令同室操戈，嫌怨日積，實力一破，團結無方，影響及於國家也。我北方軍人分裂，即中國分裂之先聲，我北方實力消亡，即中國消亡之朕兆。祺瑞愛國家，不計權力，久荷諸君子深知，為國家計，當先為北方實力計，舍祺瑞辭職之外，別無可以保全之法，決計遠引，已於昨日呈中乞休，既非負氣而去，又非畏難苟安，大勢所趨，宜觀久遠。倘能達我愚誠，北方實力得以鞏固，艱難時局得以挽回，則祺瑞今日之辭職，實為萬不可緩之舉。……自茲以往，伏願諸君子……時時以北方實力，即國家實力為念，團結堅固，勿墮彼輩陰謀之中，以維持國家於不敝，此祺瑞鰓鰓愚衷所禱祀以求者也。臨別之贈，幸密存之。段祺瑞鈐印。

　　這道電文，確把段氏褊狹的精神表現出來了：他認定北洋軍閥是中國唯一的勢力、唯一的擁護者，去了北洋軍閥，便無中國；他說「北方軍人，宗旨正大」，忘記了他自己教唆督軍團造反以謀恢復自己的勢力，便是極不正大的行為；他責備馮系軍人不應該「啟鬩牆之爭」，使西南「收漁人之利」，忘記了他自己的假對外以制內便是鬩牆，日本便是漁人；他說西南「始以北方攻北方，繼以南方攻北方，終至於滅國亡種而後快」，忘記了他自己始以西南攻西南，繼以北方攻西南，先自甘為日本的傀儡，唯恐滅國亡種之不速。他詆毀西南，用離間、誘餌的陰謀破壞他的北方團體，其實馮、段分派雖有反對派離間的情事，大部分是由於他所信任的徐樹錚，專橫不羈所致。（《北洋軍閥小史》謂：「馮、段分系，自馮入京為總統後漸見，凡親馮者段派即目為馮派，時徐樹錚專權，所謂馮派者，因集矢於徐。」）他一面責備王汝賢，一面仍想把北洋軍閥團結成一個勢力，作撐持中國的臺柱。但是這根臺柱，已經成了破裂腐朽的廢材，沒有方法可以修補了。

此次段氏的失敗，段氏固然痛心，梁啟超的痛心，比段還要加倍。梁氏相信國家要有一種中堅實力來維持，北洋派的武力有可以成為中堅實力的資格，很想和他們結合，去改良他們；第一次想改良袁世凱，不成功；現在想改良馮、段，不唯不成功，反望著可以成為中堅的實力，自己崩潰起來；從前恨黎元洪受人利用，不明責任內閣制的精神，無故與段為難，現在使段為難的卻發生在他所期望成為中堅實力的內部，這是他痛心的一層。還有一層，他此次與段登臺，滿擬扶助段氏，作一個義大利三傑中的加富爾，在對德宣戰問題上作一番切實的外交工夫，增高國家對外的地位；誰知段派專圖對內，他向協約國公使出支票，段派卻不兌現，他想向西方帝國主義者尋生路，段派從東方帝國主義者尋死路；誠心要糾正段氏，段氏偏不受他的糾正，望著段氏被交通系的曹汝霖輩牽引走入日本人的牢籠裡去，而曹汝霖又是他當時的同僚。這一層痛心，尤其說不出來，好比啞子吃苦瓜，只好心裡叫苦罷了。梁氏自從經過這一次痛苦，他的政治生涯也將要告終了；因為此後北洋軍閥成為交通系的專有物，研究系再不能插足，所以也再不要他，他也再找不著有改良希望的中堅實力了。

二、馮氏謀和失敗與段氏再起

　　段氏去職，馮氏彷彿得了勝利；但是馮氏並未得勝，因為段派的潛勢力方在極盛的時候，而馮氏的敷衍西南政策又完全不生效力。馮於免段後，十二月一日，發表新內閣，以王士珍任國務總理兼長陸軍（內務錢能訓，外交陸徵祥，財政王克敏，農商田文烈，司法江庸，教育傅增湘，交通仍為曹汝霖，海軍仍為劉冠雄）。王為人和平，頗贊成馮派的對南和平政策。但是段派督軍堅決反對；十二月三日，倪嗣沖、張懷芝等段派督軍團在天津開會（張作霖此時附段，亦到會），唱對南武力解決之說。馮初不置意，於十二月七日任命譚延闓為湘督（譚氏並未赴任），就是表示對西南和平的意思（實際此時湖南已在湘桂軍手中，北洋派僅有岳州）。西

第十二章　護法運動中北洋軍閥的分裂與西南軍閥的離合

南要人岑春煊等（此時尚未入軍政府），也與長江三督李純等相呼應，唱言和平。馮於十二月二十五日便正式發表弭戰的布告，和平空氣一時很濃厚。但馮氏一面敷衍西南，一面仍要敷衍段派。段為主張對德宣戰最力的，去職後，仍以參戰的名義與東西帝國主義者相結托，藉外援以自重；馮氏既要敷衍段派的面子，又要敷衍東西帝國主義者，因在布告宣戰之先，特任段祺瑞督辦參戰事務（十二月十八日）。

段氏便假參戰督辦的名義，向日本進行借款，擴充自己的軍實，為制服反對派的準備；王士珍又把陸軍總長一席讓給段芝貴（與段祺瑞任參戰督辦同時發表）；因此北京政府的重權，仍操在段派手裡。西南方面看到這種形勢，知道馮氏沒有主持和平的能力，不受他的敷衍，在七年一月中旬，一面聯合自立各省進行切實的聯合組織，一面實行進攻。石星川、黎天才於六年十二月中，已在湖北荊襄一帶宣告獨立，到七年一月二十七日，桂湘軍又把岳州攻下了，因此鄂督王占元也受了恐慌。段派軍人便乘機鼓吹武力解決之說。馮氏一時進退失據，大受段派的壓迫，（當時馮氏頗想藉出巡之名而赴南京，以避去段派的壓迫，行至蚌埠，為倪嗣沖所阻，始回北京。）因命曹錕、張懷芝、張敬堯等率兵入鄂（任曹錕為兩湖宣撫使，張敬堯為攻嶽前敵總司令）。到二月後旬，張作霖的奉軍進駐直隸（徐樹錚所招致），一方為段派聲援，一方脅逼馮氏。三月十九日，段派督軍又發出一道聯名威嚇的通電。馮氏無可如何，只得屈服於段派之前，於三月二十三日，又特任段祺瑞為國務總理（其他閣員多仍舊）。這是馮、段爭鬥的第二幕。

三、段氏武力政策再失敗與段再去職

段氏就任國務總理前，岳州已被北軍奪回。到四月二日，曹錕的部下吳佩孚又奪回長沙，於是段氏的氣焰大張，武力統一的主張更不可破了。四月十八日，吳佩孚又攻克衡山，幾有所向無前的氣概；段氏為鼓勵士氣

五　護法戰爭中北方馮、段的暗鬥

並聯繫長江三督計，親往湖北犒師，歸途沿江而下，由津浦回京。（段所乘軍船撞沉江寬船，溺斃乘客無數。）但是他所靠的無敵將軍吳佩孚到了衡州，再不能進了；他的武力政策，也到了「登峰造極」的止境了。張懷芝的軍隊由湘東出江西失敗，蘇贛兩督橫亙在當中仍不出力，曹錕在五月三十日也迴天津去了。吳佩孚的不再前進，一是因為自己的兵力已到了「強弩之末」的景況；（據《北洋軍閥小史》言，吳之不能進攻粵桂乃限於事實，蓋兵士甚疲敝，官兵皆不願深入，蕭耀南、王承斌共勸吳勿再盲進，設遇失敗，將全軍覆沒，同時遣人說曹錕，曹錕亦不願再戰，故由漢回津。）二則因為奪回湖南，自己應居首功，而湘督一席反被無功的張敬堯得了去，心中也實有點不高興再戰；曹錕因為部下既無再戰的勇氣，自己又不曾得到什麼利益，所以也迴天津。段氏想用名位引動他們，在六月三日，授吳為孚威將軍；倪嗣沖於六月十一日又到天津與曹錕、張懷芝等會晤，從中加以敦勸；六月二十日，段氏又以川、粵、湘、贛四省經略使的大帽子賞給曹錕，以援粵總司令的名義授張懷芝，援粵副司令的名義授吳佩孚，（段派並祕密以副總統許曹，曹謂副總統非等私有，其意蓋不以為惠也。）希望他們替己出力。但是經略使只坐在天津經略；總司令雖然到過漢口一次，副司令依然安坐衡州，到八月二一日，副司令並且率領部下官佐，公然通電請罷內戰了。段氏的武力政策，至此全成幻夢。

段氏的武力政策雖成幻夢，但他在此次國務總理任內，以徐樹錚、曹汝霖等的專恣橫行，利用賣國借款，造成了兩個惡勢力的大壁壘：一個是所謂參戰軍，一個是由安福系包辦的所謂新國會。計段氏自三月二十三日後任總理，到十月中旬免職，約半年間，取得日本的借款公表額數，達一萬萬二千萬元：

（一）有線電信借款二千萬元（四月三十日簽約）。

（二）吉會鐵道借款一千萬元（六月十八日簽約）。

第十二章　護法運動中北洋軍閥的分裂與西南軍閥的離合

（三）吉黑金礦森林借款三千萬元（八月二日簽約）。

（四）滿蒙四鐵道借款二千萬元（九月二十八日簽約）。

（五）山東高徐順濟鐵道預備借款二千萬元（九月二十八日簽約）。

（六）參戰借款二千萬元（九月二十八日簽約）。

以外尚有不曾公表的。（按自復辟亂後，段氏當國，與日本寺內內閣勾結，在民國六七兩年間，中國所借日款由兩政府公表者，共約二萬萬元左右，即所謂西原借款是也。其中有一部分，為六年八月到七年一月所借，梁啟超亦曾參與。尚有兩次軍械借款，一次在六年十一月，梁氏雖未參與，然亦聞知；一次在七年七月，皆未公表者。所謂「西原借款」的真實詳細數目，至今無從查確，日人勝田主計所著《菊之分根》，龔德柏譯為《西原借款真相》，其中所發表之借款名目及借款額，與劉彥《帝國主義壓迫中國史》所載小有不符，勝田氏自言關於軍事借款，非其所主，不欲深述，則其所述者尚有未盡之處，不待言矣。）這些借款的用途，除一部分用在對西南作戰外，其最大部分就是用在編練參戰軍，還有一部分用在製造安福系的國會。新編的參戰軍計三師四混成旅，（以共同防敵的名義，與日本訂立共同防敵條約，參戰軍用日本軍官訓練。）其目的在用以掃除一切反對勢力，直係軍閥也是參戰軍敵對目的之一。安福俱樂部以王揖唐、劉恩格、曾毓雋等為領袖，實際的後臺老闆則為徐樹錚。研究系當獻議改造國會時，滿擬造成一個研究系的國會，但到國會組織法及選舉法修正公布時（七年二月十七日），研究系的閣員已經下野失勢；新國會議員的選舉（實皆指派），完全為安福系所操縱；到八月初旬，新國會開幕，研究系所得議員不過二十餘人，安福系達三百三十餘人，交通系約百數十人；（內分新、舊交通系兩派，新交通系由曹汝霖統率，為安福系之與黨，舊交通系則頗與曹氏立異。）所以安福系成了所謂新國會的唯一支配者。

段氏有了這兩個壁壘，武力政策雖不成功，還是不容易傾倒。但是他

在造此兩壁壘時所用的賣國借款政策，促起了國民的危懼之念，首由留日學生髮動，於五月十二日罷課回國，組織救國團，其目的就是在阻止中日共同防敵條約，即構成參戰借款的條約。到五月二一日，北京大學及各專校學生全體至總統府請願廢止中日共同出兵的協定。自此全國商民，大都皆知道段氏方在進行賣國，以殘同種，紛紛開會，通電，或攻擊段氏，或請求停止內戰，給段氏一打擊。還有一個打擊段氏的，就是舊交通系。原來交通系以梁士詒為首領，並無新舊之分；洪憲帝制失敗，梁士詒被通緝，曹汝霖變為交通系的新首領；及到梁氏通緝令取消，再來活動，梁派的勢力已為曹派奪去；徐樹錚向與梁氏不對，現在曹、徐結托，段氏任內關於賣國借款所有不正當的利益，全為曹派獨占，梁派因此也站在倒段的一方面，與馮系軍閥通聲氣，也倡言和平。這是段氏所受的第二個小打擊。到九月裡，新國會選舉徐世昌為總統，（袁世凱於二年十月就任正式總統，法定期限五年。袁死黎繼，黎去馮繼，到七年十月，適滿法定期限，故於九月改選。）十月十日，徐氏就任，馮氏退職，段氏自知不為國人所容，也於同時辭去國務總理之職（仍繼續任參戰督辦）。馮、段的爭鬥至此閉幕。不過馮、段的爭鬥雖然閉了幕，直皖的爭鬥尚在「方興未艾」地進展。因為徐樹錚所創造的爭鬥壁壘的參戰軍，正在進行擴充，而對方去了馮氏，與徐樹錚旗鼓相當的，尚大有人在。但是激烈爭鬥的開演，還須等待時機（要到九年夏秋去了）。此處暫不敘述。

六　護法戰爭中西南黨派的暗鬥與軍政府改組

　　護法戰爭中北方有馮、段的暗鬥，西南也有黨派的暗鬥。陸榮廷容許軍政府在廣東成立的內幕，前已說過；就是唐繼堯的聲言護法，也是因為大雲南主義受了打擊的原故；假使段政府給他一個川滇巡閱使的名義，援

第十二章　護法運動中北洋軍閥的分裂與西南軍閥的離合

助他抑制川軍,容許他以四川為雲南的外府,他或者也不護法了。陸、唐既不是孫中山的真正同志,中山的軍政府就一時不能發生力量,這是當然的事。六年九月一日,中山當選為大元帥,陸、唐當選為元帥;中山於十日宣言就職,陸、唐則並未宣言就職;中山不承認北方政府為合法政府,陸、唐則但不承認段之國務總理,對於馮之繼任大總統則仍表示承認。因為陸、唐早有聯馮制段的意思,想假承認馮氏以為轉圜的地步。陸、唐與中山精神上既有如此的差異,而當時南下的非常國會議員,也有緩進、急進的派別不同。研究系是主張改造國會的,屬於它的國會議員大都不曾南下,南下的大都皆屬舊國民黨。舊國民黨,自以憲政商榷會名義為一時的結合後,早有政學會、益友社、政餘俱樂部、民友社四派的區分。政學會的性質和研究繫有很相接近的處所;當國會解散復辟亂定後,研究系主張改造國會,政學會派的人士也多不堅持恢復舊國會;不過反對召集臨時參議院為根本改造之說,而主張適用原來的國會組織法和選舉法重新改造。但是這種主張沒有人贊成;段氏有了研究系替他打邊鼓,也不再要政學會的人了,因此政學會的國會議員也加入非常國會的活動。政學會的領袖李根源,早想擁戴岑春煊作偶像,而岑氏與陸榮廷既有部屬的關係,岑、陸與李氏有肇慶軍務院的舊歷史關係,唐繼堯與他們也有軍務院的舊關係,李又為滇人,廣東又駐有前此李烈鈞所統率的滇軍,因此政學會有運用滇、桂兩軍閥和他們結為一氣的天然基礎。

　　政學會的領袖中還有一個谷鍾秀,與孫洪伊同屬直隸人;從前孫氏常採以馮制段的政策,和直系軍人相結托,現在谷氏也採以馮制段的政策,常往來於李純、陳光遠等直系軍人中;適逢陸、唐也有與馮系謀妥協約趨勢,因此政學會的對北方精神,與陸、唐又恰恰一致;所以滇、桂兩軍閥,自然要傾向於政學會。不過,政學會的國會議員在南方非常國會中人數不多;當時南方國會議員的黨派大概分為三大系:一、政學系,二、益

友系（政餘俱樂部系附之），三、民友系；政學系可稱為極右黨，民友系可稱為極左黨（中山的中華革命黨黨員為此派中堅），益友系則為立於兩系之中間黨；三黨人數，無一黨占絕對多數，唯中間黨據有兩院正、副議長四席中之三席（吳景濂為眾議院長，褚輔成為眾議院副議長，王正廷為參議院副議長），頗有舉足輕重之勢。政學會雖與滇桂軍閥有結合一致的優勢，但在非常國會中，若不取得中間黨的援助，絕不足以制服左黨，實現它的主張；中間黨若與左黨一致，左黨在非常國會中雖然可以致勝，但得不到國會以外的援助實力，也不能實現它的主張。這是護法戰爭中西南黨派大概形勢。

從六年九月初旬到七年春初，軍政府大概在前面所述兩方相持的形勢中。中山雖擁有非常國會，但是在國會以外，除了海軍，得不到軍閥的實力援助。用兩句話表示：軍政府有「政府」而無「軍」，軍閥有「軍」而無「政府」。中山很想於海軍之外建立一種政府軍，因此和桂系軍閥發生許多爭鬥。粵省長初為朱慶瀾，朱是歡迎中山的；朱有軍隊二十營，擬委陳炯明為司令，改編為護法軍，直隸於軍政府；未幾，朱氏被排去粵，又令改為海軍陸戰隊，使隸屬海軍；但是粵督陳炳焜堅決把持，不肯交給陳炯明。潮梅鎮守使莫擎宇受了段祺瑞的運動，宣告脫離廣東政府，由東江進兵；中山委鄒魯為潮梅總司令以討莫；鄒所部第一支隊司令金國治在鐵橋藍關頗得勝利，桂系將領沈鴻英恐金收編莫部，勢力擴大，乘間誘金殺之，而奪其兵。這兩件事，都是桂系軍閥不願意中山的軍政府有軍的表證。中山對此非常憤激，後由胡漢民、程璧光從中調和，與陸榮廷再三磋商，陸氏才把陳炳焜調開，以莫榮新繼任粵督；朱慶瀾的二十營軍隊也交給了陳炯明，叫他帶去援閩，名曰援閩粵軍，陳為總司令。（這就是後來粵軍回粵驅逐桂系的基礎。所以要他去援閩的原故，一是避衝突，二是使他就食他省，三是使軍政府無親近軍隊。）軍政府雖然有此些須軍隊，仍

第十二章　護法運動中北洋軍閥的分裂與西南軍閥的離合

舊等於無有，莫氏繼任粵督後，中山和桂系的爭鬥仍舊不息。中山曾招募軍政府衛隊若干人，有衛隊排連長及新募衛兵數十名，被莫督部下所捕；莫之部下以捕獲土匪向莫報告，有被槍斃的；軍政府派人往保無效，中山憤極；後來用海軍軍艦向督軍署開炮轟擊（七年一月三日），莫氏卻不還炮。到二月二十六日，海軍部長程璧光在海珠對岸被人刺斃。程氏被刺的內幕，據人說，與粵省長問題很有關係。朱慶瀾去粵後，繼任粵省長的為李耀漢；李雖粵人，卻是聽命於桂系的；桂系想借「粵人長粵」來塞住粵人的口（因為此時除了中山與桂系軍閥爭鬥外，還有粵桂爭鬥的意味），粵人卻不歡迎。中山和粵籍人士頗希望以程璧光為粵省長，陸榮廷及桂系軍人也表示願以粵督兼省長一席讓程，但是他們的表示是用以窺探程氏意旨的，程知其偽，故表示不就；後程對於省長一席有動意，忽有二月二十六日被刺之事。程死，中山又去了一隻臂膀。上面所述，都是桂系軍閥和中山暗鬥的事實。

六年十一月中旬，王汝賢、范國璋由湖南退出，與長江三督等通電主和時，岑春煊在上海也通電勸和；此時岑氏雖然在軍政府尚無地位，但這種勸和的通電，當然與政學系和陸榮廷是有關係的；中山對於勸和之說雖不反對，但堅決地以恢復約法、國會為唯一的條件，中山的通電中說：「此次西南舉義，既由於蹂躪約法、解散國會，則舍恢復約法及國會外，斷無磋商之餘地。文雖不敏，至於擁護約法、維持國會，實具犧牲之精神。依照《軍政府組織大綱》，非至約法完全恢復、國會職權完全行使時，斷不廢止……」這是表示不與北方軍閥妥協的意思。此時政學會一面和西南各省的實力派聯繫，一面在非常國會中活動。到七年一月二十日，便有所謂西南自主各省護法聯合會的名目出現。四川自熊克武戰勝周道剛後，又戰勝劉存厚；（劉存厚繼周道剛為四川督軍，於二月二十日退去成都，川省遂為熊氏所宰制。）因為熊氏與滇黔軍結合的原故，川、滇、黔三省內

六　護法戰爭中西南黨派的暗鬥與軍政府改組

部暫歸於調和，同處於護法之旗下；湘省原來是和粵桂兩省同利害的。西南六省既趨於實際的結合，於是所謂實力派的聯繫已告成功，就只要想方法，把他們和非常國會生出新關係來。政學會在非常國會內人數既少，非設法拉攏中間派的益友系不可；益友系的要人吳景濂、褚輔成時為眾議院正、副議長，鑒於軍政府與陸、唐關係疏遠，不能發生實際的力量，漸向右傾，政學系極力拉攏。到七年四月後旬，軍政府改組之議漸就成熟。所謂軍政府改組，便是把大元帥的首領製取消，而改為實力派的首領合議制；（但是實際仍歸於一系軍閥的獨裁製。後來所謂主席總裁，便是一系的獨裁。）換句話說，就是要排除中山。中山知道他們的內幕，便於五月四日向非常國會辭去大元帥職。中山辭職的通電，很有可以令人注意的處所，附錄如下：

慨自國會非法解散、中更復辟之變，民國已無依法成立之政府。使馮、段兩氏果有悔禍之心，雖爭個人權利，苟能撤銷非法解散國會之命令，使國會繼續開會，則與一言興邦何異。……乃必思以北洋兵力，征服全國，遂致釁啟川湘，而全國之統一以破。其時滇桂之師，皆由地方問題而起，而宣告自主者，其態度猶屬闇昧，似尚置根本大法於不問。……文不忍坐視正義之弗伸，爰於滬上與民國諸老，創議護法；海軍將士，亦有宣言，相率南來；粵省議會乃有請國會議員來粵開會之議決；由是發生國會非常會議於廣州，於中華民國六年八月三十一日，公布《軍政府組織大綱》。文不才，被舉為大元帥……不能視大法之淪亡而不救，是用不避險艱，不辭勞瘁，以為護法討逆倡。自是以後，粵桂滇黔川湘，又莫不宣言護法，始以恢復非法解散之國會為共同目的，於地方之爭一變而為護法之爭。軍政府雖無尺地之憑藉，而此志已範乎六省。其他表同情而來附義者，尚復所在多有。（陝西於七年春有胡景翼等在三原獨立。）不得不謂為護法之已告一成功。顧吾國大患，莫大於武人之爭雄，南與北如一丘之貉。雖號稱護法之省，亦莫肯俯首於法律及民意之下。故軍政府雖成立，

第十二章　護法運動中北洋軍閥的分裂與西南軍閥的離合

而被舉之人多不就職。即對於非常會議，亦莫肯明示其尊重之意。內既不能謀各省之統一，外何以得友邦之承認。文於是瘏口嘵音，以期各省之覺悟，蓋已力竭聲嘶，而莫由取信。……然個人之去就其義小，國家之存亡其義大。文所以忍辱負重以迄於今者，良以任責無人，非得已也。……今自嶽、長累敗以來，各省始悟分則俱傷，合則攸美，然後知有組織統一機關之必要，且知有以非常會議為護法中心之必要。及今圖之，猶為未晚。然文之力，固已盡於是矣。計自提取鹽餘存款以充國會正式會議經費，（鹽餘存款，由外人管理，初概歸北方中央政府。由中山力爭，始得由軍政府提取，作為國會及海軍經費。蓋粵省財權全由桂系把持，非得此，則國會海軍無以自存也。）預定六月十二日為開會之期，文之效忠於國會，本已將盡，乃者非常會議議決改組軍政府，以應各省之要求，今而後庶可資群策群力以昭護法之大業，而告厥成功，豈非民國之幸。文字匹夫，無拳無勇，所以用其全力以擁護非常會議者，其效果既已如是，庶乎廑告無罪於國人。茲仍願以匹夫有責之心，立於個人地位，以盡其扶助之職。謹略述顛末向非常議會辭大元帥之職，幸公鑒焉。

　　這篇電文，頗含有警告國會議員的意味，叫他們不要受軍閥的騙，要他們知道軍閥的護法是非出於誠意的。但是軍政府改組已到了成為事實的時期，非常國會隨將大元帥制改為七總裁的合議制，由七總裁中公推一人為主席總裁。五月二十日，由非常國會選舉孫中山、唐紹儀、伍廷芳、岑春煊、陸榮廷、唐繼堯、林葆懌七人為軍政府總裁；五月七日，始由陸、唐等通告成立；八月二一日，推定岑春煊為主席總裁。於是政學系大告成功。

　　這個改組的軍政府，若就七總裁的名單看來，中山並未排除，並且唐紹儀、伍廷芳都是粵籍的領袖人物，林葆懌是繼程璧光之後而為海軍的領袖。表面上很昭示一種大公的形式，但是實際上的重心全在桂系；（唐繼堯因為遠處雲南，不能親自列席。）而隱於桂系幕下，假岑春煊為偶像，

持之而舞者便是政學系,所以說是政學系的大成功。因此中山雖未立即宣言不就,實際並未參加,唐紹儀也在滬,未曾親往列席,不過皆有代表列席罷了。不久中山由粵往滬,一面準備整理自己所創造的革命黨,一面發憤著書,謀改革國民的心理,作革命的根本工夫;《孫文學說》便是在此時著手寫出來的。所以中山在護法軍政府的活動雖然一時暫告失敗,而中國國民黨的新生命,實於此時胚胎,這是我們應該注意的。

七　無結果的南北和會

所謂南北和平會議,雖然到八年春初才實現,但是它的醞釀時間,已經很久了。南方的改組軍政府,北方的選舉徐世昌為總統,可以說都是預備講和的。不過北方的選徐為總統,雖然含有預備講和的意味,卻為和平的前途增加了一層小小障礙;因為北方的選舉總統,在西南是認為不合法的,將來徐氏本身的地位,便是和平會議席上的一個問題。

當吳佩孚占領衡州後,曾依部下王承斌等的建議,私與南軍趙恆惕等訂立休戰條約;到八月二一日(即岑春煊被推為主席總裁之日),吳佩孚便與部下官佐等通電請罷內戰;岑春煊於八月三十日復吳氏通電,贊成促進和平:這便是南北表示接近的先聲。此時北方新國會已預備改選總統(因為馮國璋繼任總統期限將於十月十日屆滿),故岑氏於答覆吳電之次日(八月二一日)復以軍政府名義通電,否認北方國會有選舉總統之權。但是南方雖然否認,北方的新國會還是在九月一日開了總統選舉會,把徐世昌選了出來。九月二十六日,駐在湖南前敵兩方的軍官,更為進一步的接近表示,由兩方軍官聯名通電主張從速恢復和平。這種舉動在軍政府當局,不生問題,在北方的段派,直視之為反叛;但也無可如何,不過進行

第十二章　護法運動中北洋軍閥的分裂與西南軍閥的離合

他們參戰軍的組織，謀將來的對付罷了。（參戰借款於九月二十八日始正式簽約。）此處有一點應注意的：北方的國會，既是安福系所宰制的國會，為何竟選舉徐世昌為總統呢？徐樹錚在民國五年秋間，便想抬出段祺瑞做副總統，預備倒黎後以段繼任而自為國務總理，因為段氏本人反對，作罷（馮國璋所以當選）；現在新國會既是他的囊中物，何不選出段氏，以貫徹他的素志呢？原因就是此時的段氏，太與國內的輿情不相容，新國會中的交通系一派都不贊成，許多人唱馮、段同時下野之議；而徐世昌為北洋派的老前輩，對於馮、段爭鬥，頗表示持平的態度，為人又極溫和，把他舉出來，既可以解決馮、段之爭，又有改決南北戰爭的希望。交通系的主義既如此，段派只要能夠把馮氏去了，自己有參戰軍的武器拿在手裡，舉出徐氏出來，也不怕他不為己用，所以也贊成了交通系的主張。故安福系的舉徐，是藉以去馮；交通系的舉徐，是含有謀南北統一的意味。總統既已舉定，還有一個副總統，也應該同時選舉，到了十月九日，又擬開副總統選舉會，因為主張調和南北的一派人，想留此副總統一席給與南方的要人，作為將來議和的一種條件，所以副總統的選舉未成功而罷。但是南方的希望並不在此，軍政府於十月九日（徐世昌就任總統的前一日）通告代行國務院職權，攝行大總統職務。意思是，以前馮氏的繼任總統尚有法律上的根據，現在徐氏的被選既不合法，而馮氏又既滿任，已到了總統缺位的時期，軍政府只得以代行國務院職權的資格，攝行大總統職務。故北方的以徐代馮，雖意在謀和，實已造成和議前途的一個小障礙物。（不過還不是和議的最大障礙物。）

徐世昌就任總統後，國內外的和平空氣驟增濃厚。美總統威爾遜對於徐氏的就任來一祝電，電文中並勸徐氏與國中各派領袖犧牲意見，速謀統一；又命駐華美公使特謁徐氏當面勸導，廣州美領事也奉了美公使之命向軍政府勸導：這是美國的首先盡力。英法協約各國政府皆以中國名雖參

戰，實不盡力，於十月三十日命駐京各使向北政府提出一道嚴重的覺書，責備北政府對於緩交庚子賠款，徒供黨派的私爭，所編參戰軍又不以之參戰，而專以供內爭，這是對段氏主戰派一個大打擊。日本的寺內內閣也在此時瓦解了，由原敬氏組閣；軍政府曾派章士釗往日，要求原敬氏改變寺內的援段政策；此時西方的各帝國主義者，對於日本趁火打劫的政策也多表示不滿，日政府在這種情況之下，把以前積極援段的方針也稍稍改變了一點，這又是段氏主戰派所受的一個打擊。歐洲的大戰，也在十一月中旬宣告終止了（協約各國與德國在十一月十一日簽訂休戰條約）。上舉各項，都是外交上足以促成國內和平的情勢。國內由錢能訓繼段氏為國務總理（初以內務總長兼代總理，後正式任命），錢於十一月二十三日直接電請岑春煊設法解紛。同日，國中在野各派名流熊希齡、張謇、蔡元培、王寵惠、周自齊、王家襄、張一麐、谷鍾秀、丁世嶧等二十餘人，聯名通電發起組織和平期成會；於是各種團體彼此呼應，和平的聲浪一時布滿全國。徐世昌因於十一月十五日召集北方各督軍在京會議，十六日釋出停戰命令。西南軍政府也在二十三日下令停戰。於是和議的機會成熟，兩方準備選派代表往上海開會。到八年一月後旬，兩方的代表陸續到了上海。北方的總代表為朱啟鈐（尚有分代表九人），南方的總代表為唐紹儀（尚有分代表十人）；二月二十日，始在上海開正式和平會議。

　　南北和會，所以遲至二月二十日始正式開會的原故，就是因為有兩個和議的先決問題不易解決：一、陝西方面的停戰問題：原來陝西自七年春初，胡景翼等在三原宣告獨立，後推於右任主持，曾占領該省地域的一部，加入護法軍；而北方政府因為段派的挾制，尚竭力攻陝，想把該省放在停戰的範圍以外，南方則不承認。二、參戰軍的取消與禁支參戰借款問題：原來參戰借款，在段氏將要辭國務總理時才正式簽約，段氏預備去職後仍據參戰督辦的名義，利用此借款擴充兵力，作他日消滅異己的武器；

第十二章　護法運動中北洋軍閥的分裂與西南軍閥的離合

所以歐戰已經告終了，還是陸續向日本支領借款，進行參戰軍的編練，並且依據中日軍事協約，用了許多日本軍官；南方以參戰軍參戰借款及軍事協約，皆以參與歐戰為目的，現在目的既已消滅，故嚴電北政府要求廢止軍事協定，撤銷參戰軍，停止參戰借款；北政府則不允諾。因此二問題橫在面前，所以兩方代表到了上海許久，不能正式開議，後經蘇督李純提出劃防清匪的調和辦法，對陝西也下令停戰，第一個問題有了解決的端緒，南代表委曲讓步，始於二月二十八日正式開議；同日，北代表朱啟鈐在和會宣言，自十三日後負陝西停戰的完全責任。開會後，南代表唐紹儀仍提議廢止軍事協定，解散參戰軍，取消參戰借款，並求北政府將關於軍事協定附屬外交文書，一概交和會查閱；朱啟鈐也承認，因聯名電請北政府照辦。不料北政府除將軍事協定文書四種交付和會外，對於解散參戰軍、取消借款及軍事協定的幾點置諸不理，並且發表了一種與日本訂結延長軍事協定的協約；這種延長的協約，是八年二月五日（南北和會已在預備開會中）由參戰督辦處命徐樹錚和日本陸軍代表乙東彥所訂定的，文如下：

經中日兩國最高統率部協定，本《中日陸軍共同防敵軍事協定》第九條，關於第十一條第二項戰爭狀態終了之時期，照左之協定：

對於德奧戰爭狀態終了之時期云者，系以歐洲戰爭之平和會締結之平和條約，經中日兩國批准中日兩國及協約各國之軍隊，均由中國境外撤退時而言。

這種協約，是日本人所設一個最奸險的陷阱，迫使中國將來對於《巴黎和約》不得不簽字（因為關於山東問題，日本早與協約國有祕約，承認日本繼承德國權利），而段氏只顧延長協定期限，保持參戰軍的實力，不知道已墮入日本的陷阱中。北政府所以把這種協定在此時釋出，就是表示絕對不能容納南方解散參戰軍和撤銷借款及協定的要求。恐南方以無戰可參為責難的口實，又將參戰軍改為國防軍，利用國防的名義愈益擴充，以

七　無結果的南北和會

表示永不消滅此種軍隊。南代表對此異常憤恨。適二月二六、二七等日，南代表迭接陝西護法軍來電，說北軍仍連日大舉進攻，三原本部很危險。唐紹儀因於二十八日在和會席上質問北代表，限四十八小時答覆，屆時若不答覆，則認北政府無講和誠意。北代表當即電詰北政府；但是北政府到期竟無答覆，唐紹儀因於認定北代表沒有代表北政府的能力，於三月二日通電停止和議；北代表則以不能負責的原故，向北政府電請總辭職。這是南北和議第一次的停頓。

和議停頓後，各方面運動調停，約經過一個月的時期。後以長江三督李純、王占元、陳光遠及駐衡北軍師長吳佩孚，聯名電達南北和會代表，請以陝西實行停戰為繼續議和的條件，對於參戰借款及參戰軍，則不說及。適接陝西方面來電報告，已實行停戰，雙方代表始再開談話會；唐紹儀質問參戰軍及參戰借款事，朱啟鈐答說俟正式會議議處；因決定於四月九日續開和議。雙方代表將所有議題提出：南代表提出的，為取消軍事協定，裁撤國防機關（即參戰督辦處）及所屬軍隊，停支參戰借款，國會自由行使職權，善後借款南北共同分用，廣東軍政府法令有效，及陝西湖南善後諸問題；北代表提出的，為裁減全國軍隊辦法，軍民分治，地方自治，發展國民經濟，善後借款諸問題。這些議題當中，北代表方面所提出的，全屬籠統不著邊際；南代表所提出的前三項，為段系軍閥的生死問題，北代表為段系軍閥所把持，絕對無承認取消之權，故談判無從進行；國會問題，也是一個最大的障礙物，因為南北分裂，表面上既以國會非法解散為因，則南代表不能不主張恢復舊國會，而實際上無論段系軍閥不能承認，即徐世昌也有難於承認之勢（徐若承認，則自己的地位便不能不隨之動搖），當時一般輿論對於舊國會也都淡然視之。（七年十二月十六日「和會未開以前」，國內名流蔡元培、王寵惠等曾發起組織國民製憲倡導會。）故南代表的提案，前三項是一般人所讚許的，而為北方的段系所

153

第十二章　護法運動中北洋軍閥的分裂與西南軍閥的離合

持，第四項為一般人所不熱心擁護的，而為南方的極左派所持，和議的進行竟無希望。但此尚不過是現於表面的難問題，內幕裡面還有南北各黨派勢力分配的爭鬥，不在會議席上表現的問題，為局外人所無從捉摸的。到五月初旬，得歐洲和會的消息，關於山東問題，因段政府與日本所訂之密約曾有「欣然同意」字樣，中國完全失敗，因此全國輿論沸然；五月四日，北京便發生有名的「五四運動」。五四運動的目標雖然是在打倒曹、陸、章三個賣國賊，而段派軍閥實與此三人是相依為命的。唐紹儀因趁著反段的濃厚空氣，於五月十三日在南北和會席上，突然提出下列八條：

一、上海和會對於歐洲和會決定山東問題之條件，即日本繼承德國在山東之權利，絕對不承認。

二、取消中日間一切密約，宣言無效，並處罰締結此等密約之關係人，以謝國民。三、取消參戰軍、國防軍，及其他一切類似之軍隊。

四、各省督軍省長之罪情顯著不洽民情者，一律更迭。

五、由和平會議宣告民國六年六月十三日黎元洪解散國會之命令無效。

六、由和平會議選出全國聲望顯著之人物組織政務會議。和平會議決議各案件由其監督履行，至國會得完全行使職權為止。

七、和平會議已議定或審查未決之各案，分別整理決定之。

八、執行以上七條，則承認徐世昌為臨時大總統。

此八條的提出，南方各分代表許多在事前並未得知。因為各分代表間意見多不一致，在和會期內，南代表與北代表固有許多不能接近的處所，便是北與北、南與南兩方的內部，也俱自分派系，其糾紛全出想像之外。唐紹儀對於和會，認為已無進行的可能，故提出這種全無妥協精神的條款來。他提出此種條款，便是預備破裂。那天的議程正值討論國會問題，唐紹儀要求照第五款辦理，朱啟鈐反對，唐即退席，和議便告破裂，雙方代

表各向政府辭職。北政府對於唐氏所提的八條，除認第一條有討論餘地外，對於其他七條則痛斥其非，不但電准北代表辭職，並令他們離開和會地點即行進京，以示決絕。南方軍政府雖未准代表辭職，並通電宣告不變更和平宗旨，但是和會實際已無再開的希望，故此次破裂便算是最後的破裂了。

和會經此破裂後，南北覆成僵局，駐京美公使又邀英、法、日、意四公使於六月五日，共向南北兩政府提出勸告。徐世昌雖未嘗不想和，但終無如段派之跋扈何。朱啟鈐也因事事須仰承段派意旨，有全權代表之名，無全權代表之實，自知無解決當前難題的力量，也決計不再幹了。北政府錢能訓的內閣，也隨即瓦解。龔心湛代任總理，仍為安福系所把持。六月二十四日，特任徐樹錚為西北籌邊使兼西北邊防總司令，所有參戰軍、國防軍都改稱邊防軍；七月二十四日，又改參戰事務處為邊防事務處，特任段祺瑞為邊防督辦。這是所謂「朝三暮四」，把國民和西南當局當作眾狙一般的玩弄。到八月十二日，又任命王揖唐為總代表，王氏是北方所謂新國會眾議院的議長、安福俱樂部的首領徐樹錚的走狗；無論軍政府不能承認他，便是北方的直系軍閥也不願承認。吳佩孚電責北政府，說他們用此等人為議和總代表實無和平誠意。九月五日，軍政府因逕電北政府，宣告「王氏地位與護法不相容；王氏所恃之後援，與廢約不相容；請另選適當代表」。北政府拒絕不納，王氏公然南下，南代表多不與會，但也有暗中與他接洽的；不過形式上，南北和會總算是完全消滅了。從八年秋到九年秋間，所謂南北議和問題在一種很奇特的狀況之下：北政府乘西南各派內部的不一致，或謀與軍政府直接妥協，或謀與西南某省單獨妥協；西南也乘北方各派的不一致，有謀與北方的甲派妥協的，也有謀與北方的乙派妥協的。但都不能成為事實。醞釀到最後，北方便產出所謂直皖戰爭，南方則產出所謂粵軍回粵的戰爭，於是南北兩方又別開一新局面（下節再詳

第十二章　護法運動中北洋軍閥的分裂與西南軍閥的離合

述）；不唯南北的統一絕望，連北也不能統北，南也不能統南了。

　　辛亥革命時的上海和會雖然形式上也破裂了，但終由雙方的祕密往來，把幾千年傳來的君主問題和平解決；為什麼此次南北和議經過一年多的時間，竟不能解決一個護法爭議的問題？其原因究竟何在？對於這個疑問的答解，首先要歸罪於段派軍閥的作梗，因為段派的軍閥吃了日本的迷魂湯，始終抱持以本系武力制服一切反對派的主義，徐世昌沒有方法制服他，這是南北不能接近一個最大的原因。此外，徐世昌不願犧牲正式總統的位置，（因為徐氏不願犧牲自己的地位，所以不便犧牲北方的新國會，北方的新國會既不能犧牲，南方的舊國會當然更不肯犧牲了。）也是兩方不能接近的原因。但還有一個總原因：就是南北兩方，都沒有真正為國家謀利益的中心主義和思想。辛亥革命時，袁世凱雖然志在取得總統，純粹以私心對待南方，但全國大多數人的心理皆急欲推倒清廷，南方的領袖能順應這種心理，只要能夠達到這個目的，就是把總統送給袁氏也都願意，沒有人為了一個總統位置的問題犧牲推倒清廷的目的；所以辛亥和議成功，實成功於這種一個中心的主義和思想。此次南北和議實在找不出一個中心思想來。北方的段派，為當時最失人望的。南方也有人肯和他結托，所以王揖唐南下，也有人暗中和他接洽，程潛在郴州被逐，陸詠霓被槍斃，便是為了與段派私通的原故。北方的新國會固然為一般輿論所不滿，南方的舊國會也未見得為一般輿論所擁護；北方的毀法固然不是，南方的護法也未見得盡出於真心：總括一句話，就是此時南北兩方都為軍閥政客的地盤欲、權力欲弄得四分五裂，把國家的公共利益問題都丟在九霄雲外去了。所以此次的和議，得不到一點結果。

八　北方段派勢力的傾覆與南方軍政府的瓦解

　　南北和會破裂後，南北兩方的內部，都已各自分裂，成為兩組，謀為縱的結合：南方的桂系，與北方的直系，暗中成一聯合戰線；北方的段系，也有聯合滇、粵兩系夾攻桂系的計畫，但未易實現。到九年夏秋間，北有直皖戰爭，而段派勢力傾覆；南有粵軍回粵，而軍政府瓦解。分別記述如下：

一、段派勢力的傾覆

　　段派勢力最後的壁壘，一個是安福國會，一個是參戰軍。前已說過，自參戰軍改為國防軍，又改為邊防軍，徐樹錚以西北籌邊使兼邊防軍總司令，不唯固有的壁壘未曾損壞絲毫，並且還增加了一層名譽上的屏障：因為外蒙的庫倫政府一時受了俄國革命的影響，公然把自治取消了，聽受徐樹錚的宰制（外蒙取消自治在八年十一月七日），徐樹錚的得意固不待言，便是安福俱樂部也因此更加橫肆，不把攻擊它的輿論放在眼中了。龔心湛代錢閣不久，不堪安福系的壓迫去職，即由靳雲鵬繼任國務總理（八年九月二十四日）；靳氏仍為安福系所挾持，以李思浩任財政，曾毓雋任交通，朱深任司法，三人都是安福系的健將；靳氏雖自兼陸軍總長，但是對於邊防軍不能過問。從八年九月後旬到九年五月中旬，靳氏任總理期內，曾四次提出辭呈，其為徐樹錚的安福系壓迫困苦的情形可知。但是徐樹錚在外蒙的得意，卻就是他失意的伏線；原來徐氏前此的強悍，所恃者不僅在參戰軍，還有一個奉天軍閥張作霖，在後面助桀為虐；（張作霖的勢力，本是徐氏扶植起來的，徐氏前此利用張作霖以挾制馮國璋，引誘奉軍劫械於秦皇島，率奉軍入關，奉軍始大。）自徐氏宰制蒙疆，張作霖對於徐氏忽起反感，因為張氏視蒙疆為奉軍的勢力範圍，現在忽受徐氏的宰制，所以心中很不高興。徐氏越得意、越橫行，張氏就越吃醋、越離

第十二章　護法運動中北洋軍閥的分裂與西南軍閥的離合

心；張氏越離心，徐氏的勢力就越動搖；所以徐氏的得意，便是他失意的伏線。

直係軍閥，本是倡導和議的原動力，現在和議既不成功，而段派的勢力又日趨驕縱，因一面與南方的桂系謀妥協，一面與奉系的張作霖謀接近，以為倒段的大聯合。對於南方的妥協，由軍政府供給吳佩孚軍餉若干萬（一說為百萬，一說為六十萬），令吳氏撤兵北上，將湘南防禦線放棄，以為南軍驅逐張敬堯的根本；因此吳佩孚於九年三月中旬，便開始由衡撤兵。此時還有一個豫督的地位問題發生。段氏的戚屬吳光新，多久想取得一個督軍的地位；前此謀湘、謀川皆失敗，現在又想謀河南；因為河南督軍趙倜態度頗屬曖昧，段派想用吳光新代趙，以脅制直督曹錕。曹錕為鞏固己派的勢力計，假追悼在湘陣亡將士為名，於九年四月九日在保定召集各省代表大會，暗中組織所謂八省聯盟：參與八省聯盟的便是直督曹錕、蘇督李純、贛督陳光遠、鄂督王占元、豫督趙倜（這是直系的五省）、奉督張作霖、吉督鮑貴卿、黑督孫烈臣（這是奉軍的三督），於是直奉兩系的聯合漸就成熟。靳雲鵬既久為安福系所苦，見此形勢，知道不久將有重大的變化發生，於五月十四日辭去國務總理之職（由海軍總長薩鎮冰暫代）。到五月後旬，吳佩孚率領所部由湘水順流而下，三十一日抵武昌，又得鄂督王占元的資助便由京漢線北上，將軍隊駐紮直豫各要地。吳由衡退兵時，早與南軍祕約，吳兵退一步，湘軍進一步；張敬堯所部駐湘的軍隊雖多，軍紀腐敗不堪，無絲毫抵抗能力；到六月中旬，張敬堯由長沙逃往岳州，二十六日又由岳州逃往漢口，所部軍隊大都潰散，湘省遂全為湘軍所占領。（唯馮玉祥所部尚在常德，但馮已與吳佩孚一致倒段，吳命馮軍監視駐紮新堤一帶之吳光新軍。）

張作霖於六月中旬由奉入京，十九日往總統府晤徐世昌，有所接洽，二一日訪段祺瑞於團河，二十二日又往保定和曹錕相會，說是調停兩方，

其實是加入倒段的運動。七月四日，徐世昌以命令免去徐樹錚的西北籌邊使及邊防軍總司令之職，命邊防軍此後由陸軍部直轄。張作霖於七月七日返奉，準備出兵。段祺瑞對於四日削奪徐樹錚兵權的命令大發雷霆，於八日由團入京，一面召集軍事會議於將軍府，決定即用邊防軍組織定國軍，自為總司令，以討曹（錕）、吳（佩孚）；一面入總統府，迫脅徐世昌免去曹、吳之職，說：「大總統任免黜陟，不能為一黨一派所挾制；關於徐樹錚、張敬堯免職（張敬堯因失守長沙免去湘督之職），余不過問；唯湖南問題，四省經略使曹錕，任吳佩孚自由撤防之罪，不可不問；余為維持國家紀綱計，必興問罪之師。」徐世昌無可如何，因於七月八日將曹錕四省經略使兼直督，革職留任，又將吳佩孚第三師師長之職及所有勳位革去。於是所謂直皖戰爭即以開始。

當兩軍將要開戰時，全國的輿論皆傾向於吳佩孚，但又替他感危險；因為段氏的所謂定國軍原為參戰軍的變相，有日本人暗中援助他，兵力實在曹錕之上。南方軍政府與全國各界，多致電外交團，要求主持公道。曹錕於七月十日致北京公使團一函，臚舉日本有助段嫌疑的各項事實，促公使團注意。英美各國，對於日本的行動久懷不滿；現在歐戰久已告終，日本也有所忌憚，雖然暗中援段，也不能不表示中立，日本公使因於七月十四日宣言否認助段。曹錕、張作霖於七月十二日聯名通電討段，奉軍已陸續入關。十四日，直、皖兩軍閥開始接觸；由十四至十八約四五日間，兩軍激戰於京漢線的涿州、高碑店、琉璃河等處；奉軍也在東路加入前線，結果段派的定國軍一敗塗地，第二路司令曲同豐全軍覆沒，身為俘虜，其他重要的主將皆喪師逃走。段祺瑞因於二十日呈請褫奪本身一切勳位、勳章，罷免現任邊防督辦及管理將軍府各官職以自劾。（當直皖兩軍在北方激戰時，馮玉祥也由常德退入鄂境，壓迫吳光新所部，吳光新於十六日在鄂被捕。）計自七年段氏利用參戰借款組織參戰軍以來，擴充訓

第十二章　護法運動中北洋軍閥的分裂與西南軍閥的離合

練,不遺餘力,至此約近二年;國內各方百計反對,不能動其毫末;現在四五天工夫,竟為直係軍閥所撲滅,非但吳佩孚喜不可當,便是國內一般人士也沒有不稱快的。二十二日,特派王懷慶督辦近畿軍隊收束事宜;二十六日,撤銷曹錕的處分令;二十八日,准段祺瑞免去一切職務,廢止邊防事務處的機關,邊防軍的名義一律撤銷。安福系的三總長李思浩、曾毓雋、朱深聞皖軍大敗,逃匿無蹤;二十九日,明令通緝徐樹錚、李思浩、段芝貴、曾毓雋等十人。八月三日,解散安福俱樂部,議和代表王揖唐也以參與內亂罪被通緝。於是段派的壁壘完全傾倒。靳雲鵬於八月九日再起組閣。所謂直皖的爭鬥,至此告一大結束。

二、南方軍政府的瓦解

在北方直皖爭鬥的進行中,南方軍政府內部的爭鬥也繼續演進。桂系軍閥與政學系,志在求與北方妥協,對於舊國會本無擁護到底的意思;中山一派則以舊國會為「護法」旗幟的基本立場,深恨桂系軍閥之無誠意,因並致恨於屈服軍閥勢力下的政學系;這是兩方根本精神的不相容。又自軍政府改組以來,政學系占取西南政治的重心,他派獵官的政客因為不遂所欲,從中構煽,除了政派之爭以外,還有所謂粵桂地域之爭,「粵人治粵」也是當時向桂系進攻的一種武器(桂系雖然也用粵人,但必須聽桂系驅使的粵人才用他)。在八年六月裡(時南北和會已破裂),因為廣東代理省長翟汪去職的問題,已惹起一個小風潮:左派想擁伍廷芳為粵省長,莫榮新絕對不許,結果為楊永泰所得;楊雖粵人,但是政學系的健將。中山對於改組後的軍政府,以前雖未參加,尚有代表列席;到八年八月七日,便正式電辭軍政府總裁之職(軍政府於九月五日電請中山仍任總裁職);唐紹儀於十月四日,也向軍政府電辭議和總代表之職:這都是預備拆軍政府的臺的。到十月二十七日,廣東的舊國會忽通過一種改組軍政府會議案,交付委員會審查;並有人提出不信任政務總裁主席岑春煊的議案來。雖經

他派運動反對，不信任案與改組軍政府案皆未能見諸事實，但是軍政府將就瓦解的形勢，已於此見端了。

軍政府的重心在政學系，政學系所以能夠把持這個重心，原來有兩種最要緊的：一、在國會裡面，拉攏中間派的議員；二、李根源握有駐粵滇軍的指揮權與桂軍相犄角，這都是政學系在西南活動的生命所託。自經南北和會的醞釀變化以來，中間派的國會議員漸漸窺破政學系將犧牲舊國會以與北方謀妥協的主旨，復與左派結合，政學系因此失去宰制國會的能力。由八年冬間到九年春間，於國會中的黨派爭鬥以外，又發生李烈鈞與李根源爭奪滇軍之事，結果把滇軍也破壞了。由此滇桂反目，國會遷滇，鬧出許多風潮來。政學系與桂系漸成孤立之勢。

舊國會在廣東始終未能湊足法定人數，所以起初名為「非常會議」。七年六月，決定繼續第二屆常會的會期，開正式國會；想用「開會一月不到，即將不到者除名，以候補議員遞補」的方法，湊足法定人數；但除名亦須得過半數議員的議決，今既不能得過半數的議員到會，除名遞補的方法終歸是不合法；因為想不出別的方法來，終於用這種方法蠻幹下去，到七年九月，法定人數用這種方法湊足，開起正式國會來了；於是繼續開憲法會議，審議未完成的憲法草案。八年南北和議期間，議員又多離粵，憲法會議停頓；及和會無結果，大家又返粵；八年十一月十八日，又在廣東開憲法會議。平心而論，此種國會既失去國人多數之信仰，法律上的立足地又不穩當，雖然認定一種什麼憲法，也沒有施行的權威。政學系的議員，恐怕憲法在此種國會下面議定，既得不到多數國人的承認，徒然增加南北妥協的障礙，而又不便明白反對，因此用種種方法妨礙憲法會議的進行。從十一月十八日開議，到九年一月中旬，開會若干次，因國會解散權問題與地方制度章的省長職權問題，發生最烈的爭執；後來政學系的議員，仿照從前研究系的辦法，相率不出席，使憲法會議開不成會；到一月

第十二章　護法運動中北洋軍閥的分裂與西南軍閥的離合

二十四日，遂宣告停止議憲。此時桂系軍閥更視廣東國會為南北妥協的障礙物，希望國會消滅，假財政困難的口實，不發國會維持費，因此國會對於桂系軍閥的感情更惡劣。到九年三月，兩李爭奪滇軍的問題發生，滇桂反目，國會議員的左派想轉向滇系軍閥討生活，因此到九年夏間，有國會遷滇之事（但只去得一部分）。

兩李爭奪滇軍的問題，種因甚遠。駐粵的滇軍，本是帝制戰爭時由李烈鈞帶出來的。護法之議初起時，李烈鈞在海軍未南下以前已到了廣東，想運用駐粵的滇軍北伐。後龍濟光為段祺瑞所用，由瓊崖進攻粵南，聲勢很凶猛，桂軍對付龍氏不了，乃用滇軍去剿龍。此時李根源也到了廣東；龍氏為滇人，李根源也是滇人，滇軍的將校有許多是李根源的學生（李根源曾為滇講武堂教練官），故用李根源直接指揮滇軍，所謂「以滇人制滇寇」的政策。龍氏剿滅後，滇軍遂完全落入李根源的手中，李烈鈞僅留下一個軍政府參謀部長的空名，因此很不高興，兩李之間感情漸不融洽。滇督唐繼堯以前對於駐粵滇軍的統率和生死問題，久不過問；自南北和議情形變化以來，也有些不滿於桂系和政學系（唐繼堯雖為軍府總裁，因遠處滇省，不能親自出席）；李根源有了岑春煊作偶像，對於唐繼堯的敷衍也未免疏忽了一點，左派想制服桂系，因極力拉攏唐氏；唐氏想伸張他的勢力，乃命駐粵滇軍仍由李烈鈞統率，把滇軍的主將位置由李根源手中奪取，交與李烈鈞；李根源不肯放棄，因此遂有兩李爭兵之事，滇軍的將校雖有一部分是李根源的學生，但多不滿於根源，結果滇軍的大部分趨向於李烈鈞的旗下；但是李根源有桂系相助，李烈鈞雖取得一部分滇軍，在粵不能立足，結果李率滇軍北走湘西，可以說是兩李都歸失敗。尤失敗的，還是政學系，因為李根源失去滇軍，便失了一種與桂系相犄角的武力了。

自兩李爭兵的問題發生後，伍廷芳也離去廣東，軍政府的七總裁在粵的只剩了岑春煊、陸榮廷（由莫榮新代任）、林葆懌三人。中山和唐紹

八　北方段派勢力的傾覆與南方軍政府的瓦解

儀、伍廷芳、唐繼堯,與多數的國會議員,形勢上聯成一線,聲言將軍政府和國會一律移滇。(唐繼堯雖與桂系反目,但不贊成在滇省組織軍政府,因不願有臨於其上之機關也,即國會議員亦僅一部分往滇。)政學系和桂系軍閥想挽救殘局,於九年五月四日,以留粵的少數國會議員開會,補選熊克武、劉顯世、溫宗堯為政務總裁(後又任命溫宗堯為南北和議總代表),以維持軍政府的門面。六月二日,中山和唐紹儀、伍廷芳、唐繼堯聯合宣言:在粵政務總裁不足法定人數,廣東軍政府的政令行動無效。此時吳佩孚已撤兵,湘軍已將占領長沙,北方的皖直戰爭已將破裂,段派軍閥因乘勢極力勾結滇唐,並密向中山輸誠;中山因為急於要打倒桂系軍閥,取得廣東的革命根據地,也和段氏的密使虛與委蛇。段派對於滇方的勾結雖未發生何種實效,在閩南方面,李厚基與粵軍卻成立了一種妥協(李厚基為段派的福建督軍),政學系用軍餉援助吳佩孚,收回湘省的地盤;李厚基也以軍餉接濟陳炯明駐閩的粵軍,收回閩南的地盤;吳佩孚撤兵而直皖戰爭起,陳炯明率領粵軍回粵,而粵桂戰爭即以發端;政學系對於直皖戰爭的製造雖然成了功,但是對於他們所倚靠的桂系那座冰山,終沒有方法救護了。粵軍於九年八月由閩南開始進兵粵境;駐粵的桂軍,因為兩三年來在粵搜刮,囊中裝得太滿,軍紀腐敗到極點了,所以無絲毫抵抗能力;到十月後旬,粵中要地全為粵軍所占領。莫榮新於十月二十六日退出廣州,通電取消自主,岑春煊在二十二日已宣言引退,二十四日並與陸榮廷、林葆懌、溫宗堯等聯合宣言解除軍政府職務。於是政學系的勢力和形式也一併消滅。

　　北方的直皖戰爭在七月,西南的粵桂戰爭在九十月,相差不很遠;滇、川、黔方面也在五月以後起了變化,再由三省妥協的局面轉為爭鬥,熊克武與唐繼堯反目(熊為政學系的與黨)。五月後旬,已有川、滇軍的衝突;後來川軍內部又自起爭鬥;滇軍由顧品珍率領回滇,與唐繼堯爭鬥(唐繼

第十二章　護法運動中北洋軍閥的分裂與西南軍閥的離合

堯旋為顧品珍所逐）；貴州的劉顯世，也為黔軍總司令盧濤所逐（在九年十一月）。要之，到了九年下期，不但軍政府瓦解，所謂西南護法的各省都完全分崩離析，再不能有統一的形式了。北方打倒一個皖系，又變成奉直對立的形勢；奉直爭鬥的激烈，且更甚於直皖。從此成為南北各軍閥混戰之局，與統一的希望相去更遠了；於是所謂「聯省自治」的運動，代護法運動而興。

第十三章
聯省自治運動與南北各軍閥的混戰

　　北方自皖直戰爭，南方自粵軍回粵後，兩方都失去了統一的中樞勢力，從此入於南北各軍閥的混戰時期。此時期之內，護法的旗幟雖然尚未消滅，但「護法」二字已不為一般人所注意；所謂「聯省自治」的運動，應時而興。因為一般人士看到南北兩方都沒有一種可以統一全國的力量，不如採用聯邦制（聯省自治，以後簡稱聯治，意思便是仿效歐美的聯邦制），或者可以脫去軍閥割據的混沌狀態，達到統一的希望。但這個希望終未能達到，一面運動聯治，一面依舊混戰；因為對於聯治制度，贊否的兩方都沒有真確的認識，沒有為國家謀統一的誠心。反對聯治的，挾著一種單純的武力統一思想，固然不解聯治的精神所在；便是附和聯治的，也不過是假它為割據地盤的掩護工具。所以「聯治」二字的聲浪，雖然震動得很遠，終究遮蓋不了南北軍閥混戰的砲彈轟擊聲。從十年到十一年，除了各地方的小戰事不計外，於全域性較有關係的，中部有援鄂的戰爭（十年夏秋間），北方有第一次奉直戰爭（十一年夏間），南方有孫陳戰爭（十一年夏間）。到十一年秋間，法統恢復，與聯治運動合流並進，似有趨於統一的傾向，但至十二年南方重建大元帥府，北方復有曹錕篡竊大位的事件發生，去統一的期望又更遠了。此時期內，還有一點與前此不同的：前此的政變，大都以各派具有政黨形式的團體為動力，各政團雖然以運用軍閥為能事，已入於退化的途徑，尚具有政團的形式；自九年以後，除了從前的國民黨左翼方在進化改組的醞釀中，餘則悉行退化，變為獵官附權的個人小徒黨，所有政變大都以軍閥的野心為主動力，而以各派小徒黨的

第十三章　聯省自治運動與南北各軍閥的混戰

政客逢迎軍閥挑撥軍閥的野心為助動力，這是極退化的現象。直到十三年春初，中國國民黨改組完成，始復見新時期的曙光。本章述至十二年止，中國國民黨改組留待後章再述。

一　聯治思想的由來及其運動的進展

聯治運動，雖然到民國九年以後才風行一時，但這種思想並不是偶然產生的。因為中國疆域的遼闊，各省情勢的複雜，本有適用聯邦制的基礎，所以在晚清維新運動時代，無論立憲、革命兩派的志士，都有將來須仿效聯邦制度的觀念。（梁啟超在光緒辛丑年著《盧梭學案》，其結尾一段說：「盧氏以為瑞士聯邦誠太弱小，或不免為鄰邦所侵轢。雖然，使有一大邦效瑞士之例，自分為數小邦，據聯邦之制以實行民主之政，則其國勢之強盛，人民之自由，必有可以震古爍今而永為後世萬國法者。盧氏之旨其在斯乎，其在斯乎！」又為案語說：「……我中國……民間自治之風最盛，誠能博採文明各國地方之制，省省府府，州州縣縣……各為團體，因其地宜以立法律，從其民欲以施政令，則成就一盧梭心目中所想望之國家，其路為最近，而其事為最易。果爾，則吾中國之政體，行將為萬國師矣。」這是立憲派仿效聯邦制的觀念。革命黨的機關報《民報》第四號載有《民生主義與中國革命之前途》一文，其中也說：「共和政治也，聯邦政體也，非吾黨日以為建設新中國無上之宗旨乎？使吾黨之目的而達，則中國之政體將變為法國之共和，美國之聯邦……」可見兩黨人士，都有採用聯邦制的觀念，而聯邦制又並不是與三民主義不相容的。）到辛亥革命時，這種仿效聯邦制的思想尤為顯著：山東宣布獨立時，諮議局向清廷提出八條，其最後四條說：「憲法須註明中國為聯邦政體（五）；外官制地方稅皆由本省自定，政府不得干涉（六）；諮議局章程即為本省憲法，得自由改定

一　聯治思想的由來及其運動的進展

之（七）；本省有練兵保衛之自由（八）。」革命臨時政府組織的發起，明明白白地說：「美利堅合眾國之制，當為吾國他日之模範」；代表的選派，以省區為單位；臨時政府組織大綱，由省區代表制定通過；臨時總統的選舉投票，每省且以一票為限；可見聯邦思想在革命時的勢力。

但自臨時政府成立後，為求統一鞏固的原故，中央集權的思想漸漸把聯邦思想壓倒了。直到袁世凱大權獨攬，各省大概皆為北洋系的將軍、巡按所宰制，國民黨被摧毀，進步黨也失去了活動的機會，從前反對聯邦制主張中央集權的進步黨人，忽然又主張擴大各省的自治權：張東蓀在《中華雜誌》第七號發表《地方制度之終極觀》一文，主張採聯邦自治的精神，而不取聯邦的名義；丁世嶧接著又在《中華雜誌》第九號發表一篇《民國國是論》，說中國的國基在於各省，猶美國的國基在於各州，主張在憲法上將中央與各省的許可權劃清。章士釗因張、丁兩人之論，在《甲寅》雜誌上作了一篇《聯邦論的評論》，接著又發表一篇《學理上的聯邦論》，於是引起潘力山的反駁，一時聯邦論頗有「甚囂塵上」之勢。但此時鼓吹聯邦論、鼓吹擴大省自治權的人，大概是感於袁氏專制淫威的濫用，使得各派新人士全無活動插足的處所；想假聯邦自治之說，一方面挑動各省反抗袁氏獨裁的情感，一方面為新派人士謀活動的機會。所以一到洪憲帝制推翻後，甚囂塵上的聯邦論，又反於消沉的狀態了。民國五六年間，進步黨人和國民黨人在國會裡面，為了一個地方制度插入憲法的問題，發生有名的鬥毆案；其實當時的國民黨人並不曾主張採用聯邦制，不過想在憲法上確定省長民選罷了；進步黨人非徒反對省長民選，並且反對以任何省制列入憲法，因為省制入憲，有類似聯邦制的原故；後來督軍團受進步黨人的教唆，通電干憲，以「造成聯邦，破壞統一」為國會罪案之一；可見當時一般人對於聯邦制的反感。

國會第二次解散後，護法戰爭繼起，又加以馮、段的暗鬥，武力中

第十三章　聯省自治運動與南北各軍閥的混戰

主義失卻信仰,因之對於中央集權的可能性,也漸漸懷疑。熊希齡向來是和進步黨人表同情、主張中央集權的,在護法戰爭的紛亂中,忽然通電主張採用聯邦制,他的電文中有幾句話說:「雙方既以武力爭法律,苟有一方,可以戰勝攻取,屈服群雄,統一全國,未始不可以慰人民雲霓之望;無如彼此均衡,各無把握,一波未平,一波又起。」可見他的忽然主張聯邦制,是因為武力中心主義失了信仰的原故。熊電發出後,很惹起各方面的注意,或贊成,或反對,報上時有各派要人商榷的文電發見;李劍農因在《太平洋》雜誌第八、九兩期中,發表《民國統一問題》二篇,第一篇指陳中國已非統一的國家,統一的破壞並非由於聯邦分權說,實由於中央集權之誤⋯⋯採用聯邦制,並且是謀統一的最好方法;第二篇指陳軍民分治所以不能辦到,也由於中央集權之誤。對於中國採用聯邦制的利害有所陳說;從此一般人對於「聯邦」兩字,不若從前那麼嫌惡了。但此還在南北和會以前;南北和會的當中,少有人注意及此;及至和會無結果,皖直戰爭爆裂,南方軍政府瓦解後,聯治運動才積極地進展。

前面所說,是聯治思想的由來;以下再述聯治運動的進行。

所謂聯治運動,含有兩方面的意義:

第一,是容許各省自治,由各省自己制定一種省憲(或各省自治根本法),依照省憲自組省政府,統治本省;在省憲範圍以內,非但可以免去中央的干涉,便是省與省之間也可免去侵略的糾紛,什麼大雲南主義、大廣西主義都應該收拾起來。

第二,是由各省選派代表組織聯省會議,制定一種聯省憲法,以完成國家的統一——就是確定中國全部的組織為聯邦制的組織;如此既可以解決南北護法的爭議,又可以將國家事權劃清界限,藉此把軍事權收歸中央,免去軍閥割據之弊。

這是聯治運動兩方面的意義。倘若全國朝野人士都抱著這兩種意義進

行，未嘗不可成功。但是當時鼓吹聯治和贊成聯治的人雖多，真正認識此兩種意義的人卻不很多。

就當時朝野人士的心理剖解

一、進步黨一派的人因為武力失了中心，中央集權無望，已完全認識此兩方面的意義，極力贊助此種運動。

二、舊國民黨派的一大部分也極力贊助。

三、西南各省握有實權的要人，以湖南人的主張為最力，川、滇、黔、桂也很贊助，粵省則唯陳炯明一派表示贊助，中山一派極反對；不過這些握有實權的人的贊助，大抵只認識自治一方面的意義（因為便於割據之故），沒有認識聯治一方面的意義，所以中山極反對。

四、北洋軍閥勢力下的各省，浙江的盧永祥因為皖派失勢，想假自治之名以抵抗直系，所以也表示贊助，這種贊助當然也是圖割據的、虛偽的贊助。

五、奉系軍閥，在第一次奉直戰爭以前，對於此種運動絕對不理，直到被吳佩孚打敗後，才和盧永祥一樣的宣言自治。

六、吳佩孚對於「聯治」兩字，可以說是完全不懂（並且對於一切新式政治都不懂），他在由衡州撤兵以前，以倡導和平博得一般人的同情，自戰勝皖派後，武力統一的野心還超過段祺瑞無數倍，以為他自己真是一個無敵將軍；而此時為直系所宰制的省區又最多，凡直系所轄各省，當然和吳氏一致反對聯治。在這種複雜心理的支配下面，所以聯治運動的進展很不容易。從九年下期到十二三年間，「聯治」兩字的聲浪雖然播散及於全國，結果只有省憲運動的一方面，在湖南算是實現了一下，統一的聯治，徒託夢想。（國會第三次恢復後，賄選曹錕之外，也通過一種同於聯邦制的憲法，但不為國人所承認。）現在就省憲運動的一面，約略敘述如次：

第十三章　聯省自治運動與南北各軍閥的混戰

湖南是聯治運動的急先鋒，所以省憲運動首先起於湖南。因為護法戰爭，湖南當軍事之衝，受禍最烈；張敬堯的貪婪及其部下軍隊的殘暴，都足以促起湖南人民自治的要求，所以吳佩孚一撤兵，湖南人群起驅張；張去後，即樹起自治的旗幟，主張將湖南超出於南北政爭之外，南北兩方均不許加兵於湘境。此時湖南由譚延闓以湘軍總司令名義，主持一切，譚於九年七月二十二日發出所謂「禡電」，宣布湖南自治的宗旨；旅居京滬各處的湖南名流，對於譚氏的禡電群起響應，熊希齡等在北京並且請梁啟超代行擬就一種「湖南省自治法大綱」，寄回湖南，督促譚氏實行。到十一月，譚氏因內部軍心不附去職，趙恆惕繼任湘軍總司令，省議會選舉第十二區司令林支宇為省長，正式宣告自治，由軍民兩署協定一種「制定湖南省自治根本法（即省憲法）籌備章程」，交省議會議決施行。

依此章程所定的制憲程序：

一、起草，由省政府聘請具有專門學識及經驗者十三人組織起草委員會擔任，對於草案內容如何，政府當局概不過問；

二、審查，由湖南各縣人民選舉代表一百五十餘人組織審查委員會，審查已定之草案，並有修正權；

三、複決，經審查委員會審查修正後，交由全省公民總投票複決，複決後公布施行。

這種制憲程序的形式算是很嚴重，並且很有民主的精神；但是因為一般人民的知識太幼稚，複決不過是一種形式；審查委員會對於草案既有修正權，所以憲草的適宜與否，全視審查委員會的組織適宜與否以為斷。籌備章程公布後，依章程所定的程序進行，於十年三月二十日，起草委員會在嶽麓書院正式開會；四月中，草案完成。四月二十二日，審查委員會開談話會，制定審查規則，自此繼續開預備審查會，開了三個多月，茫無頭緒；（因為審查委員中有一大部分政客專為將來自己的活動打算，提出許

多不合理的修正案來,把原草案零刀細割,弄得意見紛歧,莫衷一是;而湖南自前清時代熊希齡倡議分辦三路師範學校以來,有所謂中、西、南三路路界之分,審查委員中的野心政客利用各委員的路界情感,謀取政權,因是關於省議員的分配問題鬧到開不成會。)及至援鄂戰爭(後節再述),湘軍的敗耗傳來,恐怕湖南再受北軍的宰割,經自治籌備處主任向審查會百計疏通,始於八月後旬將草案糊塗修正,草草通過審查委員會。十一月,經過公民總投票的程序,於十一年一月一日公布施行。這是湖南制憲的經過。

湖南省憲的內容有兩點可以注意的:

一、省權的列舉。因為湖南的自治不單是謀一省的自治,還是希望聯邦制的實現;聯邦制的根本精神,在於將中央與各省的事權在憲法上劃分;現在國憲尚未成立,只好在本省的省憲上將省之事權列舉,一為省機關定一個活動的範圍,一為將來制定國憲時設一分權的標準。

二、民權的擴張。選舉權普及於男女兩性,省長的產出須經過全省公民決選的程序,公民或法團並享有創制權、複決權與直接罷免權;不過這些權,都不是現在的中國人民所能舉其實的。

至關於省機關的組織,省議會權力極大,省長以下設七司,由七司司長組織省務院,並互選一人為省務院長,輔助省長執行省政務;七司司長需由省議會對於各司選出二人,由省長擇一任之,對於省議會負責任。這是湖南省憲內容的大概。湖南省憲法公布後,於十一年十二月後旬,依省憲成立新政府。約半年後,便發生所謂護憲的戰爭,到十三年下期又將省憲修改一次。但湖南在施行省憲的兩三年內,所謂省憲也僅僅具一種形式,於湖南政治的實際未曾發生若何良果。到十五年,北伐軍進入湖南,省憲完全消滅。

在湖南省憲運動的進行中,其他各省感受湖南的影響,也多以制定省

第十三章　聯省自治運動與南北各軍閥的混戰

憲相號召；所採的制憲程序和憲草內容，並且有許多與湖南相近似的；但都未能見諸實行。其中，浙江一省的制憲經過花樣，出得最多：十年六月四日，盧永祥通電主張自行制憲，組織省憲法起草委員會，於同月十六日著手起草，旋由省憲法會議（由省議會選出五十五人及各縣縣議會選出一人組織之）議決，於九月九日公布，名曰「九九憲法」；同日又公布一種施行法，彷彿是要實行的樣子；但二法公布後，盧氏終不願實行。到十一年，浙江省議會因「九九憲法」未經全民投票複決，便議決再由省民自行提出憲法草案，將「九九憲法」作為草案之一；草案的審查，即由各草案提案人選舉審查員，組織審查委員會行之。旋收受省民提出的草案一百種，選出審查員一百一十人，於十一月四日開審查會，歸併審查的結果，議定草案三種，以紅、黃、白三色辨識，名曰「三色憲法草案」，預定於十二年八月一日將「三色草案」交由公民總投票，採決一種。但是此項總投票的程序，屆時未能舉行；所謂「三色憲法草案」與「九九憲法」同樣地成為空文。十五年，又制定一種「浙江省自治法」，也未能見諸施行。浙江所以鬧了許多制憲的花樣，終於不曾實行的原故，並不是浙江人民不熱心，只是盧永祥始終沒有誠意，恐怕實行起來要受憲法的拘束，不能專擅自由；原來他的意思，不過借制憲自治，抵抗直系的壓迫罷了。除了浙江以外，四川、廣東也曾組織省憲起草委員會，成立了省憲草案；雲南、廣西、貴州、陝西、江蘇、江西、湖北、福建等省，或由當局宣言制憲自治，或由人民積極運動制憲；北方的順直省議會也曾電請各省議會選派代表赴滬共同制定省自治法綱要：省憲運動的潮流，可謂激盪全國。但在軍閥勢力宰制的下面，所有的運動皆未發生實效；湖南的實行省憲兩三年，算是例外。但這種例外的實行也只有形式，與其他各省不過是五十步百步之差罷了。

二　聯治運動中的援鄂戰爭

　　湖南既是聯治運動的先驅，最初倡導自治的動機，並且是要使湖南超出於南北政爭之外，以免戰禍。為何方在制憲的進行中，便惹起所謂援鄂的戰爭呢？其原因頗覆雜，未能以簡單的話句說明；並且它的影響不但及於湘鄂兩省，於直係軍閥吳佩孚的勢力伸張也很有關係，因於本節特別提出來敘述一下。

　　湖北是長江上游的要區，自癸丑贛寧之役落入北洋軍閥之手，湖北人不能抬頭。王占元於贛寧之役奉命率第二師駐紮該省；洪憲時代升為湖北督軍，一直到民國十年未嘗搖動；皖直戰爭後，長江巡閱使裁撤，王占元又升任兩湖巡閱使（實際並不能巡閱湖南）。但是王占元實是一個庸人，據武漢繁富之區既久，專事聚斂，除了用威力抑制反抗、維持表面的秩序外，一無所能；漸至對於所部軍隊的紀律和給養都不注意，只圖自己的囊橐封盈，不想自己威力所憑的軍隊漸趨於腐敗無用了。援鄂戰爭發動以前的幾個月中，宜昌、鍾祥、沙市、武昌等處發生兵變的事件無數次，幾於連表面的秩序都不能維持了。因是湖北人對於王氏積怨極深。自省憲運動的潮流鼓煽以來，湖北人士想乘機把王氏去了，造成湖北人自治的湖北；但湖北的軍隊，大都是北洋系的國防軍隊，要想去了王氏，非藉助鄰省不可；而鄰省比較有力量又可以藉助的就只有湖南，因是有乞援於湖南的運動。這是援鄂戰爭發生於湖北內部的原因。

　　上面所述，還是表面很淺露的原因。再就湖南內部說：自張敬堯被逐後，制憲自治的招牌雖然掛出來了，但有一個最難解決的問題就是軍隊過多，各將領又彼此不相上下；省庫的收入既不足以供軍隊的需求，要裁減又不能得各將領的同意；裁甲留乙甲不肯，裁乙留甲乙也不肯；彼此分據防地，把持稅收，省庫不名一錢；防區有肥瘠，瘠區的駐軍還要向省庫索

第十三章　聯省自治運動與南北各軍閥的混戰

軍餉。在這種情形之下，所謂制憲自治只是粉飾外觀之具，內部實有不能終日之勢；因是那些穿短衣、佩指揮刀的倡言自治者，漸漸忘了自己所掛的招牌，想進一步地向外發展。不過「向外發展」四字，與「自治」兩字實在不相容；假使湖北人不向湖南求援，向外發展的思想，萬難實現；恰好湖北人也說要自治，求湖南援助他們自治，於是兩湖成了自治的同志，「向外發展」四字，可以隱在援助鄰省自治的旗幟下面進行。這是援鄂戰爭發生於湖南內部的原因。

除此以外，還有一個出人意外的原因。湖北是直係軍閥所轄的要區，王占元是直系的要人，吳佩孚由衡撤兵，與皖直戰爭，都得了王占元莫大的助力（吳光新在湖北被捕，張敬堯的軍隊被解散，都由王占元主持）；故皖系軍閥對於王占元很懷恨，只要有機會，就要推倒他。陝督陳樹藩，是皖系的羽翼；皖系失勢後，陳為郭堅所逐，陝督地位為閻相文所得（閻旋自殺，以馮玉祥繼任陝督）；因是陳樹藩也積恨於直系。皖系的軍閥政客，在漢口設立了一個銀行（名曰中原銀行），預備作政治活動的資金儲藏所；陳樹藩在陝西種植鴉片所蒐括的錢，有一大部分放在此銀行內；此銀行適有湘人在內主持事務；湘政府財政窮乏，軍餉不給；那些師長、旅長們雖有向外發展的野心，湘政府絕對沒有供給軍資的力量；因為這個皖系的銀行中的湘人想向湘省投資，恰好遇著援鄂的運動正在醞釀中，與皖系摧毀直系的要求湊合在一處；於是這個銀行就成了援鄂的軍資供給者。軍資有著，援鄂的運動就成熟了。這是發生於兩湖以外的皖系促成援鄂戰爭的重要原因。

還有一處，與援鄂戰爭有關係的便是四川。四川本是一個財賦豐裕的省分；自帝制戰爭以來，常為滇黔軍閥侵略的目的物；護法戰爭中，與滇黔一時妥協；南方軍政府瓦解，滇黔兩省內部皆起變化，四川已為四川軍閥的四川了；省憲運動中，也宣言自治。但是四川的軍閥，也是「群龍無

首」的集合體；不受滇黔的侵略，內部又有多頭相爭的變亂。其中有野心較大的，因此也抱著向外發展的思想。湖南的援鄂運動家與此派四川軍人有關係的，因於事前入川聯繫，相約共向武漢進兵；想於攻下武漢後，在武漢造成一種中樞勢力，這又是援鄂戰爭一種助動的小原因。但是湖南的軍人，因為得了皖系銀行所供給的軍資，又知道王占元的軍隊不中用，以為武漢可以一攻而下，有些抑制不住了，不待四川發動，便首先舉兵；誰知徒為吳佩孚造成一個兩湖巡閱使的機會呢！

援鄂戰爭的開始，在民國十年七月中旬。湖北主持人物為李書城、蔣作賓、孔庚、夏鬥寅等；他們在湘宣布一種「湖北省自治臨時約法」，舉蔣作賓為省總監，孔庚領自治軍，夏鬥寅為自治軍的先驅。湖南以湘軍第一師師長宋鶴庚任援鄂總指揮，統一、二兩師，由岳州進攻湖北。湘軍連戰皆捷，於八月初旬占領羊樓司、通山諸要隘，進拔嘉魚、蒲圻至咸寧，已將迫近武昌了。王占元於八月七日電請辭職，旋即由武昌逃走。北政府於八月九日任命吳佩孚為兩湖巡閱使，蕭耀南為湖北督軍，孫傳芳為長江上游總司令。吳佩孚自洛陽南下，以蕭耀南領軍為前驅，陰調軍艦溯江而上，繞出湘軍之後，於八月二十七日攻占岳州，湘軍首尾不相應，遂以大敗。九月一日，湘鄂停戰議和。四川方面，不知道湘軍已不能再起反攻了，於九月六日始進攻宜昌；吳佩孚於制服湘軍之後，移兵西向，川軍自然不能抵抗，於十月十一日退出鄂境。後由孫傳芳與川軍總司令劉湘訂立和約，湖南方面也成立了一種和約，援鄂戰爭便如是閉幕。

援鄂戰爭的結果在哪裡呢？就湖北方面說：去了一個貪婪庸懦的王占元，得到一個強悍專制的蕭耀南；蕭氏雖然是湖北人，但是吳佩孚的部將；去一直係軍閥，得一直係軍閥，所謂「鄂人治鄂」的夢想結果如是。四川無所得，亦無大損；供給軍資的皖系得到一個中原銀行倒閉的報酬。湖南的將領「向外發展」的夢想，歸於水泡後，依舊迴向本省，割據防地以自

第十三章　聯省自治運動與南北各軍閥的混戰

肥；不過，省憲審查委員會因此倉猝之間把憲草糊塗通過了，算是援鄂戰爭的收穫。(當時湖南的笑談中，造成四句新詩經：「經始憲法，經之營之，北兵攻之，不日成之。」)但是湖南因此得到一種說不出的痛苦：驅逐張敬堯以後，湖南已無北洋軍隊的蹤跡；因援鄂失敗，與吳佩孚成立了一種屈辱的和約，岳州又變為直系軍的駐防地；蕭耀南常以閃灼的眼光監視湖南，後來湖南想和廣東方面合作，又恐遠水難救近火，因此只好抱定省憲自治的招牌，圖免外來的兵禍。這是湖南說不出的痛苦。

吳佩孚本是打倒皖系的首功人物，因為資格太淺，所以在皖直戰爭後，僅得到一個直魯豫巡閱副使的空銜，為張作霖所藐視；想取得一種較高的地位和實際的地盤，四面環顧，只有湖北最好；但王占元是以前援助吳氏的人，吳氏縱然對於湖北垂涎萬丈，也沒有取而代之的機會。恰好有這次的援鄂戰爭，替他造出兩湖巡閱使的地位來，從此京漢線的勢力是曹、吳的勢力了。俗語所謂「貓兒攀倒甑，狗子吃個飽」，恰好用作援鄂戰爭結果絕妙的比喻。張作霖從此不得藐視吳佩孚了。

三　聯治運動中北方的奉直爭鬥

北方第一次的奉直戰爭，雖然到民國十一年夏間才爆發，但它的醞釀，實始於九年皖直戰爭時。皖直戰爭中，張作霖雖然助直，曾派大軍入關，但實際上加入前線作戰的，僅少數中的少數。吳佩孚是直軍主腦人物；對於張氏，只要他不助段就夠了，也並不希望他積極作戰。但當段軍顛覆時，所遺軍械重炮輜重物品，盡被奉軍囊括滿載而出關外，直軍將士以奉軍坐享其成，憤懣不平，幾欲動兵截擊奉軍，吳佩孚說：「這是強盜行為，吾輩不可效尤。」(張本出身鬍匪，故以此語勸將士。)及戰爭了

結，曹錕、張作霖、吳佩孚入京會議所謂善後問題，吳以戰勝首功，且為一時輿論所讚賞，未免有不可一世之概。張則目中只認有曹，以吳僅曹之部將，論名位，一師長而已，安得與己抗顏而行；因是在會議席上甚藐視吳，幾有使吳下不去的情景。（相傳在會議之先，張不許吳列席，謂師長無列席之資格，經曹氏婉解，張始未堅持。）這是張、吳暗鬥最遠的伏線。所謂奉直爭鬥，實際只有張、吳的爭鬥。曹錕因為段氏剛才打倒，不欲和奉方立時決裂，故與張氏聯姻，想彌縫兩方的裂痕。但是張、吳兩人的雄心和惡感，絕不是張、曹兩姓的姻親關係所能消滅的。

　　皖直戰事既了，北方的問題，無過於奉、直兩方勢力分配的問題：第一是北方那個形式上中央政府的支配，第二是各區地盤的支配。關於中央政府的支配，靳雲鵬的再起組閣，是由直、奉兩方的抬舉而來，因是對於兩方，總以保持均衡為務，不敢偏於一方。關於各區地盤的支配，起初以維持現狀為原則，張作霖在段祺瑞未打倒時已得了東三省巡閱使的位置，曹錕已得了直魯豫巡閱使的位置，依然無所變更；吳佩孚只得了一個直魯豫巡閱副使的空名，並無實際的地盤。但這種平衡的局面，是不能長久維持的，並且兩方都想打破這種平衡。在中央方面，靳雲鵬所最感苦痛的，就是財政的困難。此時東西帝國主義者已成立了一個新銀行團，預備向中國作共同的財政侵略，但他們宣言，須中國有了南北統一的政府，方肯借款。靳雲鵬未嘗不想到南北形式上的統一，以便向新銀行團進行借款；因商承徐世昌將安福國會廢了，宣告仍據元年所公布的國會組織法及選舉法，召集新國會，表示尊重南方所爭的法統。但是南方不理，中山領導非常國會，仍守護法的旗幟，棄去護法旗幟的人便倡導聯治，靳氏謀統一的計畫完全無效，向新銀行團借款的計畫也不能進行。既不能取得外國借款，便只得向國內的銀行謀小借款；而國內盤剝政府的銀行，大都為交通系所操縱；此時的財政總長周自齊、交通總長葉恭綽都是交通系的要人，

第十三章　聯省自治運動與南北各軍閥的混戰

卻與靳雲鵬不相能,隨時與靳氏為難,因此對於國內借款也很困難。

靳氏無法,想把周、葉二人排去;形式上的中央政府便有問題發生了。在地盤支配的方面,張作霖的助直倒段,原來是因為徐樹錚的宰制蒙疆,於他的大東三省主義有礙,皖系既倒,依然不曾得到蒙疆的地盤,心中總不能忘情;並且對於長江方面,也想乘機有所圖謀,不過圖謀的機會更不易得,因與王占元極力結托,謀以王制吳。曹、吳謀伸張地盤的心理,和張氏一樣,但對於長江方面,本屬同系(除了皖系尚有小問題),可著眼的就只有一個陝西。到十年四月二十五日,有所謂天津會議,與會者為曹錕、張作霖、王占元三巡閱使,和國務總理靳雲鵬。會議的目的,表面上說是磋商南北的大局問題,因於二十七日發出一道反對廣州非常國會另組政府選舉孫文為總統的通電(列名通電者除三巡閱使外,尚有北方督軍多人),但實際的目的還不在此。天津會議畢後,曹、張、王等於五月二日又同行入京;到五月十四日,靳雲鵬內閣改組了,改組的方法,以全體閣員總辭職的形式出之,總辭職後,再由靳氏組閣,將周自齊、葉恭綽兩人排去,改任李士偉長財政(李因為親日派,被人反對未到任,由次長潘復代,後改任高凌蔚),張志潭長交通,這是靳氏求助於曹、張等所得的結果。

五月二十五日,特任閻相文(直系)署陝督;三十日,又特任張作霖以東三省巡閱使兼蒙疆經略使,熱、察、綏三特區都統皆歸經略使節制:這是中央對於奉直兩方平衡的酬報。(王占元除了與曹、張成為三角並重的形勢外,卻別無所得。)於是這次的天津會議目的已達,各方面依舊保持平衡,尚能滿足而去。但是天津會議閉幕後,王占元回到武昌,所部軍隊發生幾處的兵變;七月後,援鄂戰爭爆發,王氏站不住腳,兩湖巡閱使的地位讓給吳佩孚去了。於是曹、張、王的三角形勢打破,不唯張氏聯王制吳的計畫受了打擊,吳氏聲勢反越加擴大了。地盤勢力的支配從此失了

三　聯治運動中北方的奉直爭鬥

平衡。中央方面，靳氏於改組內閣後，財政依然無辦法；周自齊、葉恭綽因被靳氏排擠去職，交通系當然懷恨靳氏，想乘機報復他；因群集於張氏的門下，謀倚張氏的勢力，擁梁士詒組閣以代靳氏。十年十二月十四日，張作霖入京，十四日靳雲鵬辭職，十九日曹錕因府院邀請入京，二十四日梁士詒的內閣成立了。（葉恭綽的交通總長恢復，蓋此次改組，葉為內幕中運動最力的人。）此次內閣的改組，表面上說是得了曹錕的同意，實際上完全是由張作霖主持，而內幕中的活動人物則為交通系的大廠。中央勢力的支配，也從此失了平衡。於是吳、張的戰爭要開幕了。

　　吳佩孚的取得兩湖巡閱使，為張作霖所最憤妒，故交通系的聯張政策易於成功；還有一個皖派的安福系也附在裡面活動。當時相傳交通系、安福系與奉系暗中聯結，擬在軍餉上抑制吳氏，使吳部軍隊無餉維持，因以制他的死命。梁閣於十二月二十四日成立後，十一年元旦，即下令特赦段芝貴、張樹元、曲同豐、陳文運、劉洵、魏宗瀚等（此輩皆於皖直戰爭失敗後被通緝者），都是吳佩孚的敵人；梁組閣時，曾允為吳籌足軍餉三百萬元，上臺後也翻棄前議，不肯交足；於是吳知所傳三系聯合與己為敵之說不虛。恰好華盛頓會議關於山東問題的爭執，正在吃緊的當中，梁士詒想取得日本的金錢，電令中國代表退讓，為國人所憤怒，於是吳氏捉住這個大題目，於一月五日通電反對梁氏。（電文如下：害莫大於賣國，奸莫甚於媚外，一錯鑄成，萬劫不復。自魯案問題發生，輾轉數年，經過數閣，幸賴我人民呼籲匡救，卒未斷送於外人。膠濟鐵路，為魯案最要關鍵，華會開幕經月，我代表壇坫力爭，不獲已而順人民請求，籌款贖路，訂發行債票，分十二年贖回，但三年後得一次償清之辦法。外部訓條，債票盡華人購買，避去借款形式，免受種種束縛。果能由是贖回該路，即與外人斷絕關係，亦未始非救急之策。

　　乃行將定議，梁士詒投機而起，突竊閣揆，日代表忽變態度，頓翻前

179

第十三章　聯省自治運動與南北各軍閥的混戰

議，一面由東京訓令駐華日使向外交部要求借日本款，用人由日推薦。外部電知華會代表，覆電稱請俟與英美接洽後再答。當此一髮千鈞之際，梁士詒不問利害，不顧輿情，不經外部，逕自面復，竟允日使要求，借日款贖路，並訓令駐美各代表遵照，是該路仍歸日人經營，更益之以數千萬債權，舉歷任內閣所不忍為不敢為者，今梁士詒乃悍然為之，舉曩者經年累月人民之所呼籲，與代表之所爭持者咸視為兒戲。犧牲國脈，斷送路權，何厚於外人，何仇於祖國，縱梁士詒勾援結黨，賣國媚外，甘為李完用張邦昌而弗恤，我全國父老昆弟亦斷不忍坐視宗邦淪入異族。袪害除奸，義無反顧，唯有群策群力，亟起直追，迅電華會代表，堅持原案，凡我同胞同澤，借作後援。披瀝直陳，貯候明教。吳佩孚歌。此即所謂「歌」電也。）梁氏知道惹起問題來了，想掩飾彌縫，於七日發出一通倒填日期之「微」電，吳氏於八日再電痛斥其奸。（電文如下：梁士詒賣國媚外，斷送膠濟鐵路，曾於歌日通電揭其罪狀。乃梁氏作賊心虛，恐怕全國聲討，竟有「虞」日發出倒填日期之微電，故作未接歌電以前發出，預為立腳地步，以冀掩人耳目而免攻擊，設計良狡。殊不知欲蓋彌彰，無異自供其作偽。電首既標明七日一點五十分發電，而電末則注微日，以堂堂國務院而作此鬼蜮伎倆，思以一手掩盡天下人耳目，稍有閱電常識者，當早如見其肺肝。

　　彼開宗明義，首日內閣成立，一秉前次方針，是欲以賣國之罪，加之前內閣也。如前內閣有借日款贖路、用日人之舉動，何以未聞前閣磋商，何以未見今閣宣告。既曰籌款辦法或債票，或庫券，何以又曰不論國內外籌借。既曰收回自辦，何以必須用日人為車務長會計長。既曰政府無成見，何以祕允日使要求，且何以不經外部而由梁氏面允。各國銀行團既有不能單獨借款之表示，何以獨借日款。顯系以華會閉幕在即，欲以迅雷不及掩耳之手段，為施其盜賣伎倆也。吾中國何不幸而有梁士詒，梁士詒何

三　聯治運動中北方的奉直爭鬥

心而甘為外人作倀。傳曰與其有聚斂之臣,寧有盜臣,梁士詒而兼有之。全國不乏明眼之人,當必群起義憤,共討奸慝。……此即所謂「庚」電也。)於是附和吳氏攻擊梁閣的,有陝督馮玉祥(閻相文自殺後,繼任陝督)、贛督陳光遠的「陽」電,蘇督齊燮元的「庚」電,鄂督蕭耀南、魯督田中玉的「佳」電,晉督閻錫山的「蒸」電,豫之趙倜、皖之馬聯甲也有電贊同吳氏。張作霖不能望著他所手造的內閣被吳氏攻倒,乃致電中央,替梁氏辯護。(電文如下:某上次到京,隨曹使之後,促成內閣,誠以華會關頭,內閣一日不成,國本一日不固,故勉為贊襄,乃以膠濟問題,梁內閣甫經宣布進行,微日通電,亦不過陳述進行實況,而吳使竟不加諒解,肆意譏彈。

歌日通電,其措詞是否失當,姑不具論,毋亦因愛國熱忱迫而出此,亦未可知。唯若不問是非輒加攻擊,試問當局者將何所措手。國是何望?應請主持正論,宣布國人,俾當事者得以從容展布,俾竟全功。……)但梁氏電令華會專使讓步,確為事實,吳氏已捉得證據,故他又有十日的通電,把證據揭舉出來;(電文說:庚日通電,諒邀鑑察,據華會國民代表余日章、蔣夢麟電稱:「政府代表對於魯案及二十一條,堅持甚力。同時北京一方面隱瞞專員,開始直接交涉。今晨梁士詒電告專使,接受日本借款贖路與中日共管之要求,北京政府更可藉此多得日本之借款。北京交涉之耗,已皇皇登載各國報紙,日本公言北京已接受其要求。吾人之苦心努力,徒歸泡影。北京似此行為,吾人將來無力爭主權之餘地」云云。查梁士詒賣國行為,鐵案確鑿,適余、蔣自華府來電,更證明梁致專使之電,公然承認借日款與鐵路共管兩事,則梁氏倒填日期之微電,又焉有置喙之餘地。觀其登臺甫旬日,即援引賣國有成績之曹汝霖為市政督辦,拔茅連茹,載鬼一車,以輔助其賣國媚外之所不及。

吾中國神明華冑……而容此獠長此盜賣,寧謂有人。人心不死,即國

第十三章　聯省自治運動與南北各軍閥的混戰

土不亡……凡屬食毛踐土者，皆應與祖國誓同生死，與元惡不共戴天。如有敢以梁士詒借日款及共管鐵路為是者，即其人既甘為梁士詒之謀主，即為全國之公敵。凡中國人，當共棄之。為民請命，敢效前驅。）電尾的幾句話並且影射張作霖，表示不惜與他作戰的意思。（吳氏還有一通致梁士詒的私電，肆口痛罵，電尾仿韓愈《祭鱷魚文》的聲口，說：「今與公約，其率醜類，迅速下野，以避全國之攻擊，三日不能至五日，五日不能至七日，七日不能是終不肯去位也。吾國不乏愛國健兒，竊恐趙家樓之惡劇，復演於今日，公將有折足滅頂之凶矣，其勿悔。」）十九日，蘇、贛、鄂、魯、豫、陝六督及省長由吳領銜聯電請罷梁氏，並謂萬不得已時，唯有與內閣斷絕關係。二十日，北京有所謂外交聯合會、各界聯合會、各省區自治聯合會等四十餘團體，聯合通電宣布梁士詒十大罪狀，這是替吳氏打邊鼓助興的。梁士治因於二十五日託病請假出京。張作霖則宣言「為維持體面計，亦萬不能使己所擁護之人被斥去位」。兩方爭持，梁氏再三續假，戰機漸漸地迫切了。

上面所述吳、張兩方面關於梁閣的電報戰，都在十一年一月；到四五月之交，始以炮火相見，中間經過兩三個月的醞釀。起初奉方最強硬，直方較為鎮靜；吳佩孚在三月十日且通電闢謠，說奉直無以兵戎相見之事，己之反對梁氏，乃反對其媚外，非反對其組閣。及戰端將開之前，直方始轉強硬；此中原因，有關係奉直兩方以外的情勢，不可不一敘述。原來張氏是採用遠交近攻的政策。

第一，對於廣東方面，聯繫中山。他在二月內曾派遣李夢庚及溫某為代表赴粵，向中山表示好意，並請中山派重要人往奉一行，為實際上的接洽；中山於三月初也曾派遣伍朝樞往奉；當時各報上並且揭載兩方所訂種種的條款，（各報所傳條款不同，無論其多屬傳聞之詞，真相難明，即屬盡真，亦不過彼此互相利用之條件，無關要旨。）無論內幕真相何如，關

於兩方聯合推倒直系勢力的一點，確實是一致的。

第二，對於長江方面，張氏想把復辟派的張勳重新抬舉出來，作蘇皖贛巡閱使，令他沿津浦線南下，糾合皖省的舊部，由皖窺豫。（原來起用張勳為梁士詒登臺條件之一，因各方反對，又被直系看破機謀，僅與以林墾督辦的閒職。）

第三，對於浙魯，張氏認定是皖系的勢力。既與皖系聯繫，可以用浙制蘇，用魯控津浦、隴海兩線之衝。

第四，對於豫省方面，豫督趙倜及其弟趙傑，因為吳佩孚逼處洛陽，頤指氣使，十分的難受，早與張作霖暗中聯繫，假若吳氏一動，趙氏兄弟乘機而起，洛陽的根本地便生動搖。

因此，張氏以為吳佩孚及其關係各省有全被包圍的形勢；加以曹錕的兄弟們很不願意和親家打仗，對於吳、張之爭竟表示中立調和的態度，所以奉方最強硬。吳佩孚因馮玉祥督陝、蕭耀南督鄂、張福來駐防岳州，兵力分散；曹氏兄弟又有別樹一幟之勢，原駐直境各軍能否為己所用也不能定；廣東方面雖和陳炯明有聯繫，對於中山的北伐不必深憂，但非把近處的糾葛弄清，把兵力集中起來，作戰是很危險的：所以起初很鎮靜。但是張氏遠交近攻，對於吳氏四處包圍的計畫不成功，不久就明白現出來了：

一、廣東方面，因陳炯明與中山暗鬥，北伐的進展很難；

二、張勳抬不出來，皖督張文生表示保境安民；

三、皖派首領段祺瑞態度消極，因之浙魯亦無動意；

四、豫省方面，趙傑想發難，為吳佩孚的優勢直軍所壓服，已將趙傑解決，內部心腹之患已除；

廣東北伐既難成事實，吳因得抽調湘鄂軍隊集中豫省要地，又令馮玉祥放棄陝西，率所部東出潼關以鞏固鄭、洛方面的後防：自此吳氏態度漸

第十三章　聯省自治運動與南北各軍閥的混戰

趨強硬。唯曹錕因為兩位兄弟曹銳、曹鍈恐怕戰端一啟，曹家的私產將受損害，很想和張親家妥協了事。奉軍入關，節節進逼，曹令所部節節退讓；曹銳兩次出關商洽和平，將於張氏所要求的條件幾於全行承諾。張氏以為可以用曹氏壓服吳氏，因於四月十日電曹，大意說：解決時局，端賴爾我二人提倡，茲擬就電稿二通，請會銜懇元首頒令施行：

一、軍人不得干涉中央政治；

二、請責令吳佩孚回兩湖巡閱使本任；

三、聽梁士詒、葉恭綽、張弧（梁閣的財政部長）銷假。

並說，以上各節，曹省長（即曹銳）來奉時已大致商妥，請即斷行。曹錕得電，立召在保軍官會議，軍官皆憤慨異常，便是主張和平的王承斌也責問曹銳，說他不應該接受這種喪失顏面的條款；因大眾一致決計抗奉，將所有軍隊聽吳指揮，曹錕也決計不認親家了。（相傳曹錕自寫一電稿促吳佩孚來保，電語說：「你即是我，我即是你，親戚雖親，不如你親，你說怎麼辦就怎麼辦⋯⋯」祕書請改為文言，曹說：「不必，速電發。」）從四月中旬起，兩方調兵遣將。張氏於十九日通電，奉軍入關，期以武力為統一後盾；馮玉祥也在這一天通電反對奉軍入關（並宣告陝事由劉鎮華代理，親率十一師及胡景翼、張錫元軍入洛陽）；曹錕於二十二日通電反對張氏武力統一之說；二十五日，吳佩孚又率領直系各督通電宣布張作霖十大罪狀。此時徐世昌還央請那班元老、名流王士珍、趙爾巽等向兩方調解，但至二十九日，兩軍在京畿附近以炮火相見了。結果奉軍大敗，徐世昌於五月五日明令奉軍撤出關外，梁士詒、葉恭綽、張弧為挑撥釀亂之人，褫奪勳位，交法庭訊辦。十日，又明令張作霖免職查辦，東三省巡閱使及蒙疆經略使一併裁撤。奉直爭鬥，至此告一段落。張作霖失了巡閱使、經略使的頭銜，和支配中央政權的勢力，但是山海關以外還是在他的實力宰制之下，從此要在東三省講聯省自治了。（五月十一日，張氏用東三省省議

會及商教農工聯合會的名義,通電否認中央的免職令;旋又用省議會的名義,通電推舉張作霖為東三省保全總司令,並宣言自治。)

奉直戰爭,以梁士詒的組閣為導火線,張作霖敗而梁閣斃命是當然的事;於徐世昌的總統地位,好像不至於有問題。況且徐世昌是善於用操縱之術的,以前操縱直皖,皖敗而己之地位無恙,又操縱奉直,奉敗似亦可以無恙。不料奉直戰爭剛剛結局,孫傳芳忽於五月十五日通電主張恢復法統,請黎元洪覆位,召集六年解散的舊國會,以謀南北的統一。統一的目的雖未能達到,而法統的恢復公然於六月內成為事實。徐世昌於六月二日通電去職,他的操縱之術也不能再使用了。關於法統恢復的經過,待至再下節敘述。

四　聯治運動中南方的陳烱明的叛孫

南方陳烱明的叛孫,約與北方第一次奉直戰爭同時;但它的醞釀,也是很久了的,我們應該從粵軍回粵時說起。

九月十日,桂系軍閥退出廣東時,那個七總裁的軍政府已經瓦解,莫榮新並且通電取消廣東自主;不久,廣西也取消自主。但自陳烱明的粵軍占領廣州後,孫中山、伍廷芳、唐紹儀相繼回到廣州,重新掛起軍政府的招牌,於十二月一日通電宣告重開政務會議,並宣言北方如能以誠相見,仍可繼續和會,謀正當之解決。那個流離轉徙的非常國會也仍舊集會於廣東,此時的議員合計尚有二百二十餘人。(其中堅分子為舊國民黨系的最左派,所謂照霞樓派是也,合計不過數十人。餘則以民國八年用候補當選人補足法定人數之新補議員為多。政學系及吳景濂系之中間派議員大都皆已散去。)不過,此時軍政府勢力所及的地方僅有廣東一省,(廣西尚在桂

第十三章 聯省自治運動與南北各軍閥的混戰

繫手中,已投降直系。湖南已別樹自治的旗幟。四川熊克武失位,劉湘當政,也宣告自治。貴州盧濤逐去劉顯世,雖宣言與西南各省一致,但所謂一致者,一致不服從北政府而已,對於廣東軍政府也無關係。雲南的唐繼堯表示與中山合作,但在十年二月七日即被顧品珍所逐。)實際只能算是廣東的軍政府;前此的七總裁,此時本只有四人了,唐繼堯被逐後,又只剩了三人(唐紹儀與中山意見不合,未常任職,實際只有二人)。外交團從前對於關稅餘款,本已劃出一部分交南方軍政府支用,現在看見軍政府這種情形,允交南方的關餘也不肯交付了。中山因此提議,慨然將總裁合議制的軍政府取消,選舉總統,設立正式政府,以謀對外的活動。非常國會對於中山的提議,多數贊成。他們的理論是:北方的政府本不合法,現在徐世昌已經自己承認,因為去年十月彼曾通令重新選舉國會,不依新選舉法而依舊選舉法;新選舉法,是徐氏地位的根據所在,舊選舉法實與徐氏地位不相容;徐既棄新從舊,便是承認自己的名分不正了;但法統不可中斷,所以有由舊國會選舉總統、組織正式政府的必要。這種理論,仍是護法的理論。但此時陳炯明的意見已傾向聯治,與中山的意見不一致了;陳的部下葉舉、洪兆麟等及議員中的褚輔成派,與陳意見相同,不以選舉總統組織正式政府為然。他們以為,西南各省現多樹立自治的旗幟,「護法」二字已不足以號召,並且舊國會議員在粵者不過二百餘人,距通常開會法定人數尚且甚遠,何況選舉總統的法定人數呢?(依總統選舉法,須有兩院議員總數三分之二出席,計五百八十人,方能開總統選舉會。)假若勉強行下去,仍不能算是合法的政府;不若贊成聯治的主張,首先鞏固廣東的省自治,進而再圖聯治;如此,至少可以得西南各省的同情,或者可以仍舊將西南各省團結起來,與直系軍閥對抗;若直系也贊成聯治,則大局便可解決了。中山不以陳派的意見為然,以為他們的主張僅屬空想。(中山蒙難後報告國民黨同志的書中,敘述自己與陳氏發生異同的經過,

四　聯治運動中南方的陳炯明的叛孫

前面一段說：「溯自民國九年之前，我海內外同志所以不惜出其死力以達到粵軍回粵之目的者，良以頻年禍亂，不但民國建設尚未完成，即護法責任亦未終了。故欲得粵為根據地，群策群力，以成戡亂之功，完護法之願。乃陳炯明自回粵後，對國事則有餒氣，對粵軍則懷私心。其所主張，以為今之所務，唯在保境息民，並窺測四鄰軍閥意旨，聯防互保，以免受兵，如此退可據粵，進可合諸利害相同之軍閥，把持國事，可不煩用兵而國內自定。文再三切戒，譬之人身，未有心腹潰爛而四肢能得完好者。國既不保，吾粵一隅何能獨保。且既欲保境，必須養兵，養兵以保境，無異掃境內以養兵，民疲負擔，如何能息，民疲其筋力以負擔軍費，猶尚不給，則一切建設，無從開始，所謂模範省者，徒託空言。〔當時陳炯明有將廣東造成模範省之志。〕一省如此，已為一省之害，各省如此，更為各省之害，所謂聯省自治，徒託空言。謀國不以誠意，未有不亂者。況各省軍閥利害安能相同，而偽中央政府操縱挑撥於其間，禍在俄頃何可不顧。保境息民，亦為幻想。凡此所言，陳炯明未能相難，而終未肯信。……」觀此可見孫、陳意見分歧的由來。）陳派的人拗不過中山，卒於十年四月七日，由那二百二十幾個非常國會議員開會，議決一種《中華民國政府組織大綱》，依大綱第二條選舉大總統，中山以二百一十三票當選。十日，由非常國會通告全國，中山於五月五日在廣州就大總統任，發出對內對外的兩道宣言。對內的宣言中間一段說：

　　……國會代表民意，復責文以戡亂圖治，大義所在，其何敢辭，竊維破壞建設，其事非有後先。政制不良，則政治無術。集權專制，為自滿清以來之秕政，今欲解決中央與地方永久之糾紛，唯有使各省人民完成自治，自定省憲，自選省長，中央分權於各省，各省分權於各縣，庶幾既分之民國，復以自治主義相結合，以歸於統一，不必窮兵黷武，徒苦人民。……

第十三章　聯省自治運動與南北各軍閥的混戰

　　觀此宣言，可見中山對於當時的聯治運動，也未嘗不想敷衍，表示容納。不過中山平素對於自治的理論，是要以縣為施行自治的單位，不贊成以省為軍閥割據的範圍，故於「中央分權於各省」之下又加以「各省分權於各縣」的一句，在敷衍聯治運動之中仍不肯放棄平素的理論。中山就任總統後，即行組織政府，任命伍廷芳為外交部長兼財政部長，陳炯明為陸軍部長兼內務部長，徐謙為司法部長，湯廷光為海軍部長，馬君武為祕書長（唐紹儀因不贊成中山的主張，此時已未參與）。陳炯明雖然接受了中山的任命，心中卻不贊成中山的行動；若要公然立異，除非辭不受職，但又捨不得現在的地位和政權；因此只有陽奉陰違的一個辦法。此時桂系軍閥仍想乘機恢復廣東的地盤，北政府也想利用桂系消滅中山的政府，因此互相勾結，謀向廣東進攻。孫、陳意見雖不一致，因為尚有廣西的外寇逼處，也不能不共同努力對外。十年六月，粵桂戰端復啟，桂軍劉震寰通款於粵，六月二一日襲取梧州；桂省門戶既失，粵軍節節進逼，直達南寧，到七月後旬，陸榮廷、陳炳焜相繼逃走。於是廣西的外寇消滅，陳的自由行動，將要發端了。

　　中山於平定廣西後，便決計由桂林取道湘省進兵北伐。陳炯明此時率領所部粵軍，尚在南寧。中山知道他是不願意北伐的，因於出發桂林之前，先往南寧和他接洽，中山說：「吾北伐而勝，固勢不能回兩廣；北伐而敗，且尤無顏再回兩廣；兩廣請兄主持，但毋阻吾北伐，並請切實接濟餉械。」陳炯明不贊成中山的主張，但沒有方法挽回他的意思。於是中山往桂林組織大本營，委朱培德為滇軍總司令，彭程萬為贛軍總司令，谷正倫為黔軍總司令；此外尚有許崇智及李福林所部的粵軍，李烈鈞為參謀長，胡漢民為文官長，準備於十一年春間入湘。陳炯明由南寧返粵後，則進行他整理兩廣的計畫；時陳以陸軍總長兼為粵軍總司令及廣東省長，省政府的財政支配權全在其掌握；省議會也站在陳氏的一方面，進行起草

四 聯治運動中南方的陳炯明的叛孫

省憲法,對於北伐都很冷淡。中山所恃北伐的經費,僅於臨行時,令廖仲愷在廣東省銀行提取紙幣二百萬元,以後所需,則令粵軍參謀長鄧鏗在粵籌措。到十一年春間,北伐的聲浪傳播全國,北伐軍且有到了全州進入湖南邊境的,於是湘人大恐。但入湘計劃,終不成功。(不成功的原因,據中山後來向同黨的報告,全由於陳炯明的阻礙,報告書上說:「其一,文自桂林出師,必經湖南,而陳炯明誘惑湖南當局,多方阻礙,使不得前,其函電多為文所得;其二,諸軍出發以來,以十三旅之眾,而行軍費及軍械子彈從未接濟,滇黔諸軍受中央直轄者,併火食亦靳而不與,屢次電促,曾不一諾:綜此二者,一為阻我前進,一為絕我歸路。」這種情形,當然是事實。不過湖南方面的阻遏,絕不是湖南當局幾個人的意思:湖南當局固然也不願意,曾與陳炯明通聲氣,但湖南人民的不願意比當局尤切;因為湖南連年被兵,人民苦不堪言,並且此時北軍尚駐在岳州,眈眈虎視,北伐軍一北進,北軍便蜂擁南下,湖南將復為戰場;所以在那年三月內,湖南許多公團曾組織哀籲團,一面派代表赴桂,哀請北伐軍勿入湘境,一面電請吳佩孚、蕭耀南,撤退駐守岳州的北軍。故阻遏北伐軍的前進,尚不能歸咎於湖南當局接受陳氏的誘惑;而所以真正不能前進的重要原因,還是在後方沒有接濟的一事。)中山所恃籌畫後方接濟的鄧鏗,於三月二一日由香港回省,在廣州車站被刺死,後方的接濟更無希望;中山因於三月二十六日在桂林大本營會議,決意變更計劃,令在桂各軍,一律返粵,潛師而行,到了梧州,陳炯明才知道。此時陳部主要的軍隊,尚多在南寧,知不能與中山抗,便電請辭職。四月十六日,中山到梧州電召陳氏往梧面商,陳不敢往,中山因於十九日下令准陳辭去粵軍總司令及廣東省長職,著其專任陸軍總長;另任伍廷芳為廣東省長,粵軍總司令一職即行裁撤,粵軍悉歸大本營直轄。二十日,中山率軍至三水,陳於是晚離廣州,赴石龍,轉往惠州,所部親信軍隊盡行退去廣州,布防於石龍、虎門

第十三章　聯省自治運動與南北各軍閥的混戰

等處。蔣中正此時為粵軍第二軍參謀長，主張即時進攻石龍、惠州，消滅陳炯明，再行回師消滅在桂的葉舉等各部陳軍，然後北伐。中山因為陳氏尚未彰明昭著地反抗，又以在桂的粵軍為年來共同行動的軍隊，想保存他們；並且奉直戰爭已經開始，前已與奉方協定南北共同進兵，假使要等到消滅陳部後再行北伐，恐怕失了時機；只要陳氏放棄廣東政權，不為北伐軍後方的阻礙，就讓他去罷了；所以不用蔣言。這是中山削奪陳炯明職權的經過，便是孫、陳破裂的發端。

中山於處分陳炯明後，以為陳氏不過是不與己合作而已，絕不敢別有何種舉動，故仍決計繼續北伐，改道入贛，命諸軍集中韶州，在韶設定大本營。但因此遷延，北方的奉直戰爭已經要完事了；奉軍於五月五日敗退軍糧城，中山於五月六日才到韶州誓師，北伐致勝的機會已經失去了，何況更有人在後面牽制呢！中山當進行北伐時，仍與陳炯明電報信使往來不絕；中山反覆向陳說明：只要對於北伐大計不生異同，必當倚任如前；陳氏在惠州也表明仍願留陸軍部長之職，稍事休息後當再效力行間；兩方並且商定委任葉舉為粵桂邊防督辦，令率所部分駐肇、陽、羅、高、雷、廉、欽，梧州、郁林一帶。但至北伐軍已入江西發生戰事後，葉舉等忽率所部五十餘營回到廣州，廣州衛戍司令魏邦平無力制止。中山在韶聞耗，因令葉等加入北伐軍；葉等要求恢復陳炯明粵軍總司令及廣東省長之任，並免胡漢民職。中山以粵軍總司令已經撤銷，不能恢復，但因前方戰事正在吃緊的時候，對於葉等仍想敷衍，於五月二十七日，命陳炯明以陸軍總長辦理兩廣軍務，所有兩廣軍隊悉歸節制調遣。陳氏覆電，也說「願竭能力以副委任」，並謂「已催葉舉等部迅速回防」，又說「葉等必無不軌行動，願以生命人格擔保」。但葉等所部以索餉為名仍留廣州，人心恐慌異常。中山因於六月一日，令胡漢民留守韶州大本營，自率衛士回駐廣州總統府，一則鎮攝廣州，一則示前敵將士以後方並無變故，可以安心前進。

四　聯治運動中南方的陳炯明的叛孫

北伐軍於六月十三日占領贛州，北政府所派援贛的大軍未能即到，陳光遠已經很恐慌。但北伐軍占領贛州城時，在北軍遺棄的文電中查出一道密電，發見陳炯明有與陳光遠密通聲氣妨害北伐軍的痕跡；當時以為北伐軍若打敗仗，陳炯明必落井下石，既打勝仗，陳必不敢輕舉；因於十五日仍決計前進。誰知葉舉、洪兆麟等也在此日，決計圍攻廣州總統府，中山因於十六日蒙難，由總統府避居軍艦。從六月十六日起，中山僅僅據有幾艘軍艦，在珠江與陳部相持，共歷五十餘日；初欲待北伐軍回師，共同戡定陳部，直至八月初旬，得悉北伐軍被陳部所阻，不能回到廣州，才於八月九日離粵。這是中山蒙難的經過，便是陳炯明叛孫的結果。

南方的陳的叛孫，與北方的奉直爭鬥，表面上本是兩件事，但是骨子裡面卻是相聯的。陳炯明與直系有聯繫，孫中山與奉系有聯繫；奉系既被直系打倒，中山北伐成功的希望，已經是很少了。因為此時一般國人的心理都深惡奉系，左袒直系；中山聯奉倒直，實與一般國人的心理相反。在中山以為直系是當時各軍閥中最強橫的一個，「擒賊先擒王」，要打倒軍閥，便應該先從打倒直系下手，奉系既能俯就，不妨暫時與他合作。但是一般國人不能了解此種意思，覺得吳秀才總比張鬍子好，聯繫張鬍子去打吳秀才，未免近於倒行逆施；況且當時北伐軍的兵力由雜湊而成，很難打倒直系，既無打倒直系的把握，不如與直繫妥協，和平解決的為好；所以直系一提出恢復法統的計畫，大家便欣然贊成，希望中山從此可把護法的旗子捲起來，將廣州的總統府取消，免去南北的戰爭。這種心理，是一般人急切求和平統一的心理。陳炯明一派的武夫，便揣摩一般人的此種心理行事。當中山削奪陳炯明的職權時，便有人替陳表同情，以為陳氏不贊成北伐，是志在保境息民，整理兩廣內部，無可厚非。中山削奪他的職權，未免操之過激；及至徐世昌退位，法統恢復，見諸事實，葉舉等圍攻廣州總統府，也便藉口護法的任務已了，通電請孫文實踐與徐世昌同時下野之

第十三章　聯省自治運動與南北各軍閥的混戰

宣言；國內各方面也紛紛通電，贊成統一，勸中山下野；就是學者名流如蔡元培等，都表示同樣的意見；可見一般人急切求和平統一的心理。中山離粵到滬後，報告國民黨同志書，結尾的一段說：

……文率同志為民國而奮鬥，垂三十年，出生入死，勝敗之數不可屈指，顧失敗之慘，未有甚於此役者。蓋歷次失敗雖原因不一，而其究竟，則為失敗於敵人。此役則敵人已為吾屈，所代敵人而興者乃為十餘年卵翼之陳炯明，且其陰毒凶狠，凡敵人所不忍為者皆為之而不惜。此不但民國之不幸，抑亦人心世道之憂也。……

其實陳炯明是利用一般人渴望和平的心理而行，雖說是失敗於陳炯明，還是失敗於一般人不能了解中山的意思。不過就陳炯明和中山的關係上說，陳氏的行動實在是不應該：原來陳氏是向中山宣過誓、捺過指印的同黨黨員，有服從黨魁之義務；他所部粵軍的基本，完全是中山從桂繫手中搶出來給他的；若說時勢上絕對不宜於北伐，不妨向中山力爭，爭而不得，則飄然引去亦可，否則正正堂堂地宣言脫黨後，再與中山為對抗的行動亦無不可；既捨不得目前的地位和政權，又不敢宣言脫黨，一面使部下向中山開戰，一面還寫信向中山稱總統，求調和；（孫中山在蒙難中，尚接陳炯明一函如下：「大總統鈞鑑，國事至此，痛心何極，炯雖下野，萬難辭咎。自十六日奉到鈞諭，而省變已作，挽救無及也。連日焦思苦慮，不得其道而行。唯念十年患難相從，此心未敢絲毫有負鈞座，不圖兵柄現已解除，而事變之來，仍集一身，處境至此，亦云苦矣，現唯懇請開示一途，俾得遵行，庶北征部隊，免至相戕，保全人道，以召和平。國難方殷，此後圖報，為日正長也。」）手段未免太惡辣，人格未免太卑劣；中山罵他「陰毒凶狠」，說是「人心世道之憂」，實在不是過當的話。

五　所謂「法統」的恢復與聯治運動的合流

　　所謂「法統」，本來與舊史學上所謂正統、理學家的所謂道統，同一無意識；從光明的方面說，是革命派的人士藉此作反抗北洋軍閥的招牌的；從黑暗的方面說，竟是百十個議員藉此維持他們的鐵飯碗的招牌。民國二年選出的國會議員，法定的任期分明只有三年（參議員任期六年），到了民國十一年還要恢復集會，又不是全國的選民死盡了，無可再行選舉；袁世凱的總統任期，黎元洪補充未了，已經馮國璋的補充，馮氏滿任去職又經過了三年，還要黎氏再來複任；這種「法統」的理論，若把它所蒙政治上的外衣剝去，真不知從何說起。然當時一般舞文弄法的政客，和一般舞槍玩法的武夫竟說得「像煞有介事」。一般急求和平的國民也以為南北的紛爭真是為法統，法統一恢復，統一便無問題，天下便太平了。哪裡曉得招牌只是招牌，紛爭的問題還是問題呢？

　　法統恢復的提議，表面上是出於孫傳芳，但內幕的醞釀已經很久。吳佩孚向來不喜歡徐世昌；當他駐在衡州時，屢次通電稱徐為菊人先生而不稱總統，便是與南方表同情；但他對於舊國會又實在沒有好感，所以在九年秋間打倒段祺瑞以後，他提倡開國民會議以解決南北的紛爭，不曾主張恢復法統。各方面的實力派，對於他所提倡的國民會議都不理會，他也就偃旗息鼓了。十年援鄂戰爭終了後，又令張紹曾出名通電主張在廬山開國是會議（十月十日），除了與吳通聲氣的幾個直系督軍聯電贊成外，各方面的實力派也少有人理會；僅有「國是會議」的名稱一時被人民團體採用了。（十月中旬，上海商教聯合會通電主張在滬組織國是會議，後改為八團體聯合會，議定一種憲法草案。）十年十二月二十三日，旅居北京的舊國會議員忽然發表一道宣言，主張仍由舊國會完成憲法，促進自治。這道宣言的由來，內幕中的情形如何，雖不能詳，其為法統恢復運動的見端，

第十三章　聯省自治運動與南北各軍閥的混戰

並以應付聯治運動的潮流，則甚顯然；不過各方的實力派，對此也尚未十分動念。恰好此時梁士詒內閣成立，奉直的戰爭將要逼緊了。在奉直戰爭的醞釀期中，有兩種關於時局進展的傳聞：

一、奉系方面，與孫中山及皖系聯合倒吳，約定於倒吳之後，將廣東的非常國會遷回北京，舉中山或段祺瑞為總統，而收實權於本系勢力宰制之下，這是奉系想利用舊法統的計畫；

二、直系方面則以其同系地盤的廣闊，更與陳炯明通聲氣，已有統一宇內之勢，所恨者東北有一張鬍子逼處，西南有一中山死守護法的旗幟，陳炯明不便彰明昭著地與己一致行動，因此也想恢復舊國會，並且抬出黎元洪來，以便打倒中山護法的旗幟，用舊國會制憲，又可以遏制聯治的潮流，這是直系想利用舊法統的計畫。

四月初旬，北京舊國會議員連日集議，繼續行使職權，發表宣言。張紹曾附和通電，主張：

（一）由國會自由行使職權；

（二）由各省共謀根本改造。並謂吳佩孚推重曹（錕）、張（作霖），對於時局亦無成見，但奉直兩系當面的爭執問題是梁士詒是否賣國的問題，未便將法統問題插入，並且兩方非先拚個你死我活，前面的計畫也未易實現，因此對於張紹曾的通電尚無人響應。

奉直戰敗後，吳佩孚即於五月十四日通電各省，徵求恢復舊國會的意見；十五日，孫傳芳即率領部下聯名通電說：「……南北統一之破裂，既以法律問題為厲階，統一之歸束，即當以恢復法統為捷徑，應請黎黃陂復位，召集六年舊國會，速制憲法，共選副座。非常政府原由護法而興，法統既復，異幟可銷。倘有擾亂之徒，即在共棄之列。……」此時孫氏不過是一個長江上游總司令，駐軍鄂西，地位、人望都不為人所重視，用他發出這種通電，正是曹錕、吳佩孚掩飾國人耳目的策略；所以曹、吳在十九

五　所謂「法統」的恢復與聯治運動的合流

日還與直系各督聯電向各方徵求意見，大意說：「近來國內人士有倡恢復六年國會者，有倡召集新國會者，有倡國民會議、協同制憲、聯省自治者，究以何者為宜？」彷彿他們自己尚無成見。但至二十四日，民六舊國會議員已在天津開籌備成立會，議定進行方法，通電依法自行集會了；二十八日，孫傳芳又發出勸告南北兩總統同日退位的通電；曹、吳亦於是日通電贊成恢復舊國會；六月一日，舊國會議員一百五十餘人在天津開會，發表宣言，即日行使職權，取消南北兩政府，另組合法政府；次日，徐世昌退位，曹、吳即領銜聯合十省區督軍、省長，電請黎元洪覆職。從孫傳芳第一次建議之日到徐氏退位之日，僅僅半個月工夫，便發生如此的效力，倘非曹、吳早有成算，安能如此神速？原來曹錕早想作總統，（徐世昌當選總統時，曹錕即運動副總統的地位，因為徐世昌想以副座一席留給南方要人作為調和南北的條件，授意新國會參議院議長梁士詒從中作梗，副座的選舉未成，曹錕不能達到目的，因此已積怨於徐世昌及梁士詒。）吳佩孚早想拔去中山護法的旗幟，吳景濂、王家襄等一派懷抱鐵飯碗目的的議員，窺得曹、吳的意旨，曾與熱河都統張紹曾等祕密商洽，以恢復法統的計畫，向曹、吳建議，早已得曹、吳的同意，孫傳芳的發動，不過是機械的發動罷了。這便是法統恢復的由來。

當時各方對於法統恢復的反響，約可分為下列各派。

一、被抬舉的黎元洪

黎氏本人，是一個忠厚長者，當然不能窺破曹、吳的陰謀。章太炎在上海祕密緻函黎氏，叫他「杜門高枕，優仰三月，以待時之變」，意思就是叫他不要受曹、吳的玩弄。但是黎氏禁不得左右一班攀龍附鳳的政客們的慫恿，他自己也未免有幾分久蟄思起的熱情，不過不便一口應承，因於六月六日發出一道幾千字的所謂「魚」電，提出「廢督裁兵」的條件來。「廢督裁兵」是當時內外輿情所渴望的，黎氏提出這種條件，自然博得一

第十三章　聯省自治運動與南北各軍閥的混戰

般人的同情，那種捧場喝采的聲浪真是直上雲霄。曹、吳一派的督軍此時只怕黎氏不肯出來，既肯出來，無論什麼條件，口頭上都是承認的，「廢督裁兵」的一句空話，為什麼不能立刻答應呢？他們既答應，黎氏就很高興出來了；六月十一日便通電：「先行入都，暫行大總統職權，維持秩序，候國會開會，聽候解決。」於是黎氏重行墮入火坑。

二、被暗算的孫中山

中山不是黎元洪那種傻子，對於直系的陰謀，自然立即窺破。黎元洪發出「廢督裁兵」的「魚」電那天，中山也在廣州發出一道宣言，其中重要的文詞如下：

　　……六年以來，戰爭延長，是非莫定，直至今日，法之不可毀，始大白於天下，用兵數載，得此效果，國內問題，似可和平解決。唯現在北方擁有重兵，能操縱北京政權者，厥唯直軍。若直軍誠能護法，則從此兵不血刃，而國是可定。否則徐世昌雖已潛逃，而直軍猶無悔禍誠意，則禍變之來不知伊於胡底。……夫約法之效力不墜，在使國會自由行使其職權，國會之能自由行使職權，在掃除一切不法之武力；否則國會之自由行使職權，不但徒託空言，抑且供人利用，苟求已亂，實以釀亂。故欲使今日以後，國會自由行使職權，不再受非法之蹂躪，第一當懲辦禍國渠魁，第二當保障國會安全。……軍興以來，兵隊較前增至倍蓰。此等兵士，來自民間，為不法所驅使，非其本意，一旦裁汰，使之驟失所業，亦所未安，宜悉改為工兵，統率編制，一切如舊，收其武器，與以工具。……直軍諸將，為表示誠意服從護法起見，應將所部軍隊半數，由政府改為工兵，作為停戰條件；其餘半數，留待與全國軍隊，同時以次改編。直軍諸將，如能履行此條件，本大總統當立飭全國罷兵，恢復和平，共謀建設。若進退失據，唯知假借名義，以塗飾耳目，則豈唯無悔禍之誠，且益長譸張為幻之習；本大總統念民國以前禍亂之由，在姑息養奸，決為國民一掃凶殘，

務使護法戡亂之主張，完全貫徹，責任始盡。唯我公忠體國之人民，深喻斯旨。

這便是中山「工兵計劃」的宣言，意思是要直系武人先解除他們自己的武裝一半，才承認他們的尊重法統就是出於誠意，否則僅屬「譸張為幻」的陰謀，絕不為他們所欺。這種條件，直系自然不能履行。無奈陳炯明已入直系的彀中，演出六月十六日的惡劇，不唯不要直系解除武裝，反先將中山的武裝解除，使曹、吳暗中稱快。但是中山直到放棄廣州來到上海後，仍舊不變他的主張，八月十五日在上海發出的宣言，仍舊堅持他的「工兵計劃」，不過此時已經失去廣州的根據地，直系不把他放在意中了。

三、所謂護法的「民八」議員

舊國會本身，對於法統恢復，彷彿不至有反對的，但自民國六年以來，國會已經不是整個的了。在廣州自由集會的舊國會，所以稱為「非常國會」，就是因為只有舊國會的半邊；民國八年，用非常手段補完，到九年軍政府瓦解後，又只剩得小半邊了；並且所剩的小半邊的成分，以民國八年新補的成分為多，所以稱作「民八」的國會。此次恢復舊國會的發動，是由於未赴廣州的王家襄一派，及由廣州退出的吳景濂一派，與直係軍閥弄的勾當，以恢復六年國會解散時的原狀為目的，所以稱作「民六」國會。「民六」國會的恢復，就是要拆「民八」國會的臺。「民八」的議員望著鐵飯碗要打破了，因此大起恐慌，六月三日，在廣州通電主張繼續「民八」國會，否認王家襄等在天津籌備的「民六」國會。但是他們的否認不生效力，「民六」國會漸漸地湊足了法定人數，到八月一日在北京開會了。「民八」的議員因在上海組織一個「法統維持會」，北京也有一部分的「民八」議員組織一個「法統學會」，互相呼應，高唱「民八」為正統之說，於是法統中更有令人肉麻的正統論。

他們的理由是：「民六」國會的解散法律上本來無效；廣州的自由集會

第十三章　聯省自治運動與南北各軍閥的混戰

本為法律所許；一部分議員放棄職權，不往廣州集會，除名另補，乃當然的程序；既經除名之議員，豈尚有職權可復；且有曾充安福國會議員者，有曾任偽政府官吏者，安得顏再言法統；要說法統，只有繼續「民八」國會，斷無恢復「民六」國會之可言。「民六」的議員認定這種鐵飯碗原來是他們的，於是反唇相譏，說：廣東的除名乃非常會議所為，不合院法，補缺手續亦不完備；此次開會乃由總統明頒撤銷「民六」解放之令，在法律上毫無遺恨。於是「民六」、「民八」之爭，成為政治舞臺上的「雙包案」。「民八」議員，得中山的鼓勵和孫洪伊的慫慂，紛紛北上，於八月三十日闖入眾議院議場，索打議長，竟演出「雙包案」的活劇來了。彼此相持約兩旬之久，弄得開不成會，「民六」的國會乃於九月十八日舉行第二屆常會閉會式，以為無抗抵之抵抗。後來政府設定一個什麼政府討論會以謀安插「民八」的失業可憐者，「民八」分子的大部分漸漸軟化了，始得到一個不解決的解決。

四、奉系與皖系

張作霖此時是一個戰敗者，對於所謂法統恢復的問題，自然無過問的餘地。但東三省還是在他的宰割之下，無論誰作總統，國會或新或舊，他都不理，他在六月三日通電宣布東三省自治。六月二十日，雖有東三省議會聯合會的通電贊成統一，但一面卻舉張作霖為三省保全總司令；張氏於七月三日召集吳俊陞、孫烈臣開三省軍事會議，對於中央，決計持中立態度，不受調和，一面積極訓練軍隊，預備二次的戰爭。皖系自九年段祺瑞顛覆以後，殘餘的地盤只剩有浙江一省和上海一隔的淞滬護軍使了。浙督盧永祥於徐世昌宣布退位的次日，即通電反對恢復法統之說，謂徐之去職，以政權付諸現內閣攝行，內閣復以還諸國會，（徐去職時，曾命令國務院暫時攝行大總統職務，國務院則電致天津國會兩院議長，聲稱謹舉此權奉還國會，暫以國民資格維持一切。）無法律根據；黎元洪的任期，曾

由馮國璋補滿,黎則已無職可復。五日,淞滬護軍使何豐林即響應盧氏的通電,也表示反對。及黎元洪入京,盧、何二人電黎,都只承認他為「事實上之總統而非法律上之總統」。因為黎元洪主張「廢督裁兵」,盧氏便於六月十六日自動的廢去浙江督軍,由所部在浙軍官推舉盧氏為浙江軍務善後督辦,其實就是變相的宣告浙江獨立;盧氏發出的「號」電說:「自廢督之日起,浙江省境內不受任何方面非法侵犯,以防督軍制之恢復,並變相督軍制之發生。」自此浙江制憲自治的空氣越發濃厚了。

五、西南自治的各省

西南各省最重要的本要算兩廣,陳炯明正在和中山搗亂,已為事實上的表示。其他如湘,如川,如滇、黔,都已樹立自治的旗幟,忽聞恢復法統之說,立刻不便作何表示;要承認,恐於割據的自治有礙;要反對,又不知要如何措詞才好,所以起初都守靜默的態度,不加贊否,及法統恢復,漸次成為事實,始相率表示,一面尊重法統,一面促成聯治。唐繼堯(唐氏自十年二月被顧品珍逐出雲南後,於十一年三月復乘機回滇,戰勝顧品珍,恢復原有的地位)於六月二十九日電黎表示擁戴,後又連發兩電:其一,說「恢復國會及總統復職,固為護法各省所主張,唯根本解決之方,則在速集南北各省代表,開一聯席會議,解決以前糾紛」;其二,說「以經驗所得及國民心理所向,集權主義既不適於國情,民治潮流復運輸於宇內,此時仍唯實行聯省自治,為救國不二法門」。湖南的趙恆惕於七月一日通電,也不否認國會的恢復和黎元洪的復職,但主張「建設聯邦化的單一國」,說:「國會自由集會,應時勢之要求,樹百年之大計,首在完成國憲,並予各省以自由制憲之權,或納省憲大綱於國憲之中。」四川的劉湘,表示大概相同。曹錕、吳佩孚對於唐、趙的主張不予贊成,說統一事件應由國會解決,反對另開聯席會議,並說各省軍人不宜取軌外行動。趙恆惕後又發表一篇《與曹吳論國是書》,洋洋數千言,反覆解釋聯

邦制的精神和作用，主張於國會制憲之外，有另開各省聯合會議的必要。無奈曹、吳以為自己有了舊國會的工具在手裡，已經占了上風，不肯容納他人合理的建議。趙恆惕的洋洋大文終歸空費紙墨；不過國內聯治的空氣，已經很濃厚了。

六、其他的國民團體

除了上面所述五個方面以外，其他的國民團體，對於所謂法統本無所容心；自九年秋間以來，大都趨向於聯治運動；不過因為連年的兵亂，所爭者表面上都是為一個「法」字，要替護法的人求得一個偃旗息鼓的下場，用恢復法統來敷衍一下也未嘗不可，若要真正解決國內的爭端，還是非用聯治的方法不可：這是其他國民團體一般心理。當時可以代表此種心理的團體，在上海有一個八團體聯合會的國是會議，（所謂「八團體聯合會」，是起於十年十月五日在上海開會的商會聯合會，繼於十七日加入教育會聯合會，稱為「商教聯合會」，主張在滬開國是會議，至十一年三月，又加入農、工、銀行、律師、報界、省議會的六種團體，擴大為八團體，於三月十五日在滬舉行開會式，定名為「中華民國八團體國是會議」，這要算是人民自由集合討論國事的團體。）主張由各省自制省憲，再由各省聯合制定中華民國的國憲；他們並且組織了一個「八團體國是會議國憲草擬委員會」。在法統恢復進行的當中，曾用國憲草擬委員會的名義通電，表示他們的主張，並且在七月中旬釋出他們所擬定的國憲大綱，內容完全採用聯邦分權的辦法。

在北京方面，還出現了一個學者所組織的言論團體——《努力週報》。他們雖主張恢復舊國會制憲，卻不附和什麼法統之說；他們認定由舊國會制憲，不過是一種方便的辦法；他們勸告黎元洪，叫他自認為事實上的總統；勸告舊國會，叫他們自認為事實上的國會，努力制憲，不要再鬧什麼無意識的糾紛，作政治的買賣；他們主張採用聯邦制，以免軍閥割

五　所謂「法統」的恢復與聯治運動的合流

據之禍,很恭維八團體的國憲草案;他們屢次勸告當局,主張召集一個各省聯合會議,公開地討論一切重要問題,解決一切糾紛,若要避免聯省之名,不拘叫什麼會議都可以。(他們因為孫中山、吳佩孚反對聯治,在該報第十八期的短評裡面忠告孫、吳,說:「只有省自治可以作收回各省軍權的代價,只有省自治可以執行『分權於民』和『發展縣自治』的政策;只有聯邦式的統一,可以打破現在的割據局面;只有公開的各省代表會議,可以解決現今的局面;只有公開的會議,可以代替那終久必失敗的武力統一。」)這一些主張,很可以代表當時一般國民最純正的心理。到國會開會後,北京又出現了一個「修正憲法草案請願團」,主張將《天壇憲法草案》重加修正,將中央與各省的事權劃分成為一種聯邦制的憲法。故就一般的國民心理說,法統恢復的時候,便是聯治運動達於最高潮的時候,所以此時可稱為護法運動與聯治運動的合流。

在此兩種運動合流並進時,那個被恢復的黎總統和舊國會,彷彿也覺悟到此點。黎氏於七月一日發表一道命令,說:

> 地方自治,原為立憲國家根本要圖。……現在國會業已定期開議,將來制定憲法,所有中央與各省許可權必定審中外之情形,救偏畸之弊害。一俟憲典告成,政府定能遵守,切實施行,俾得至中至當之歸,允符相維相系之義,國家統一前途,實嘉賴之。

這道命令,便是應付聯治的要求的。國會開會後,於八月十九日的憲法審議會,以大多數通過「省之事權應取概括主義,中央取列舉主義」。於八月二十六日的憲法審議會,又通過了兩案:一、各省於不牴觸國憲範圍內,得自制省憲;二、「地方制度」章內應規定關於省憲各原則;這也是應付聯治的要求的。如此,對於民國統一的前途,彷彿多少有一點點希望;但是曹錕只夢想作總統,吳佩孚只夢想單純的武力統一,黎元洪和舊國會,都不過是他倆暫時所玩弄的工具,因此各方的實力派也依舊勾心鬥

第十三章　聯省自治運動與南北各軍閥的混戰

角,和曹、吳對演他們袖子裡面的祕戲;一般國民最純正的心理所要求的,都成空想。不久,廣州重建大元帥府,曹錕實行竊位,國會最後的自殺,又轉入別一幕的怪劇。

六　中山重回廣州建立大元帥府

法統恢復後,曹錕、吳佩孚十分滿意;尤其是曹錕,以為護法的旗幟打倒了,現在唯我獨尊了,大總統的椅子,立刻就可以坐上去了。誰知他的大總統椅子還不曾坐上去,廣州的大元帥府又已建設起來了。

孫中山於十一年八月十四日到上海。陳炯明於八月十五日回廣州,不久便自任粵軍總司令,準備重作廣東王。但是他的廣東王也作不得幾時,不久又要去作惠州王。原來中山的北伐軍從贛南迴師,被陳炯明部擊敗時並未消滅,分兩方面退卻:許崇智、李福林、黃大偉等部退閩邊,朱培德等部的滇軍由湘邊退桂林。許崇智與閩有歷史上的關係,與當時駐軍延平的王永泉早有聯繫。王永泉與閩督李厚基本來都是北洋系段派的爪牙,自段祺瑞一蹶不振後,曹、吳聲勢日隆,李為保全地位計,頗有轉附曹、吳的傾向;王永泉則想奪取閩督的地位,因與許通聲氣,謀共同逐李。中山在滬也日謀恢復廣東的地盤,和奉皖兩系依然保持向來關係,就是吳佩孚表面上也向他表示好意;皖系尤想規閩以益浙,而進圖江蘇。因是許崇智等由閩邊與王永泉密謀結合的時候,徐樹錚也由上海經過浙江潛往延平,促王永泉與許等共同發動。九月末十月初,王、許等分途向福州進攻,徐樹錚於十月二日通電「設立建國軍政制置府,自任總領,尊奉中山及段祺瑞為領導,俟擁戴二老踐尊位後,即奉身以退」。

此時福州還未攻下,徐等限李厚基於二十四小時內退去福州。至十二

日，福州被李福林、黃大偉軍所占領，李厚基逃去；十七日，許崇智偕徐樹錚、王永泉同入福州。許等踐約，以閩省軍政交王永泉主持，王旋任總司令，民政則推國民黨的林森主持。這算是國民黨和皖系合作公開之始。此時奉系曾派人向中山獻策，主張放棄廣東的恢復計劃，令福建許崇智等部會同駐桂的滇軍分向江西、湖南，進窺武漢，奉方則擔任由北部進攻。中山因為痛恨陳炯明，並且有了前次失敗的經驗，因答覆奉方的使者說：「孔明欲圖中原，先定南中；吾黨欲出長江，非先滅陳不可；蓋必得廣東，乃能有力圖長江，否則腹背受敵矣。」乃命以入閩各軍編為東路討賊軍，任許崇智為東路討賊軍總司令，黃大偉為第一軍軍長，許兼第二軍軍長，李福林為第三軍軍長，旋由許崇智任蔣中正為總部參謀長，襄辦部隊的整理改編事宜。陳炯明聽到許等在福建活動的消息，如芒刺在背，一刻不能安居；因為從前他自己也是由閩南迴粵的，恐怕許等將蹈襲他從前的舊路而行，故於十月六日派洪兆麟為援閩總司令，向閩邊戒備。

誰知福建方面尚未生問題時，廣西方面已發生問題了。中山於許、王等取得福建後，即派鄒魯等南下香港，祕密糾合廣西的滇桂各軍，由梧州東下，聲討陳炯明。此時在桂的滇軍祕密受指揮的，除了前此北伐挫敗的朱培德部以外，還有前此由顧品珍派來隨從北伐的楊希閔、範石生等部；桂軍除了駐紮梧州的劉震寰已與中山的使者通聲氣以外，還有由贛南再回桂林的沈鴻英（沈本陸榮廷的部下，陸挫敗後，轉徙於湘贛之間），也表示擁戴中山（實則為奪取廣東的一種陰謀）；駐在梧州、肇慶一帶的粵軍陳濟棠、莫雄等部，也允許於滇桂軍東下時一致響應。於是在十二月中旬發動，首先取得梧州，各軍陸續分途東下，勢如破竹，於十二年一月十五日，陳炯明勢窮力蹙，率所部退往惠州，通電下野，滇桂各軍蜂擁入廣州。洪兆麟在汕頭看見大勢不好，也假意地宣告離陳獨立，歡迎中山及在閩的許崇智軍回粵。於是陳炯明據粵的幻夢復破。

第十三章　聯省自治運動與南北各軍閥的混戰

中山在上海得到這種消息，當然很高興，但這方是他與大小各軍閥惡戰苦鬥的再行開始。因為廣東內部的情形從此更複雜了，中山一面要對付北方的大軍閥，一面對於廣東內部無數的小軍閥，應付尤不容易。除了陳炯明不計外，就是所謂擁戴中山回粵的滇桂各軍，有許多都是蒙著一種假面具，想到廣東來分割防地、刮削地皮的，例如此次出力很大的楊希閔、劉震寰，後來都成為廣東內部統一的障礙物。不過目前的問題，還不是楊、劉，而是被直系利用的沈鴻英。當沈自贛南迴至桂林時，北政府便任命沈為桂林鎮守使以誘之。及沈附隨其他滇桂各軍共入廣東時，吳佩孚更認沈為收服廣東最好的工具，一面迫政府下令任命沈為廣東軍務督理，（不過張紹曾以和平統一為標榜，起初不肯下此命令，延至三月二十日始任沈為粵省軍務督理。）一面令沈相機行事。沈雖陰受曹、吳的運動，但因自己的兵力有限，不能制服許多滇粵桂的軍隊，故初到廣州時未即發難。此時陳炯明散布「客軍入境，廣東亡省」的流言，想以此離間擁戴中山各派的軍隊，沈鴻英便利用此種流言，煽動滇軍說「魏邦平（時任海陸軍警聯合維持治安辦事處主任）將聯合廣東各軍，解決滇桂各軍，非先把他制服不可」。

楊希閔一時果然相信，乃用楊希閔、劉震寰的名義，約胡漢民（時受中山命，任粵省長）、鄒魯、魏邦平、陳策等到江防司令部滇軍楊如軒的旅部開善後會議。屆時楊希閔不到，沈鴻英預先布置，想乘開會時將各重要人物一網打盡，並劉震寰而除之。乃臨事時未能如願，僅僅拘捕了一個魏邦平，其餘諸人皆脫險。滇桂各軍都看破了沈氏的陰謀，從此嚴為戒備，沈氏暫時更不敢動了。這是一月後旬內的事。中山在一月後旬內本已預備回粵，及聞此變，暫時中止回粵；於一月二十六日發出一道和平統一的宣言，大旨說：現在陳逆既已逐去，粵局戡定，自當力求和平統一的進行；不過北京政府託言恢復法統，實則國會的糾紛至今未解，各省尚多獨

立；人民所渴望的「廢督裁兵」不唯不見諸實行，反有增兵備戰的趨向；可見執政柄兵的人，尚無尊重法律的誠心。假使各方的實力派果能開誠布公，很願意和他們商量和平統一的方法；所謂和平統一的方法，便是以實行裁兵、化兵為工為唯一下手處；假使辦得到，則統一可期，否則「民言可畏，不戢自焚，文愛國若命，將不忍坐視淪胥，弗圖拯救。諸君之明，當不復令至此……」二月初，許崇智部粵軍也離閩返粵，沈鴻英一時計無所出，於二月六日移駐廣州郊外，也通電歡迎中山回粵，主持善後。中山於二月十五日由滬啟程南下，二一日由香港重入廣州，又發表一道主張裁兵的宣言，大略說：

芝泉、雨亭、子嘉、宋卿、敬輿諸公，先後覆電，均荷贊同。文亦以叛陳既討，統一可期，雖滇桂粵海軍諸將及人民代表屬電籲請還粵主持，文仍遲迴，思以其時為謀和平統一良好機會；又以滬上交通便利，各方接洽，又最適宜；故陳去已彌月，而文之返粵，固尚未有期也。不圖以統籌全國之殷，致小失撫寧一方之雅，江防司令部會議之變，哄動一時，黠者妄思從而利用，間文心膂，飛短流長，以蔽惑國人耳目……文之謀國，豈或以一隅勝負生其得失也。而直系諸將，據有國內武力之一，乃獨於文裁兵主張，久付暗默，懷疑之端，亦無表示。報紙所傳，竟謂洛吳對於自治諸省，均欲以武力削平。以平昔信使往還，推之當世諸賢，不容獨有此迷夢。賢者固不可測，文於今日猶未忍以不肖之心待之，而深冀其有最終之一悟也。抑文誠信尚未孚於國人，致令此唯一救國之謨，或反疑為相對責難之舉，藉非然者，何推之奉張浙盧而准，而於舉國人心厭亂之時，復有一二軍閥逆此潮流而趨，以鄰於悍然不顧一切也。以文與西南護法諸將討賊伐惡之初志，何難重整義師，相與周旋；顧國人苦兵久矣，頻頻犧牲，已為至巨，而代價復渺然不可少得，文誠思之心悸。萬不獲已，唯有先行裁兵，以為國內倡，古人有言，「請自隗始」，以是之故，斷然回粵，決裁粵兵之半，以昭示天下。文於今月二十一日，重蒞廣州矣，撫輯將士，綏

第十三章　聯省自治運動與南北各軍閥的混戰

靖地方外，首期踐文裁兵之言，同時復從事建設，以與吾民更始。……亦冀擁節諸公，翻然景晤，知今日而言圖治，舍裁兵實無二途。……若必恃武力以壓國人，橫決之來，殊可危懼。諸公之明，當不出此。……

這道宣言，分明是警告曹錕、吳佩孚的；其實廣東那些小軍閥的兵，哪裡容他去裁呢！並且陳炯明方盤據惠州，圖謀反攻；沈鴻英尤好比「箭在弦上」，一觸即發。故中山一面宣言裁兵，一面組織大本營自任大元帥，說各軍在未裁以前，不能不有一個統率的機關，大元帥的名義，就是用以統率這些複雜的軍隊的。隨於二十四日，以大元帥名義指令：「……桂軍司令沈鴻英，著將所率全部，移駐肇慶並西江北岸，上至梧州各地方擇要防守，所遺北江一帶防地，著滇軍總司令楊希閔，迅即派隊接防；西路討賊軍總司令劉震寰所部，著駐石龍、東莞、虎門各處；東路討賊軍第四師長呂春榮所部，著移駐羅定各地方。……自經規定以後，各部軍隊，非奉本大元帥命令，不得擅自移動，致滋紛擾。……」三月二日，大元帥的大本營組織告成，分四部、二局、一庫及參謀處、祕書處，任職人員如下：

內政部譚延闓

外交部伍朝樞

財政部廖仲愷

建設部鄧澤如

法制局古應芬

審計局劉紀文

金庫林雲陔

參謀處長朱培德

祕書處長楊庶堪

讀者須知道：這個大元帥的大本營，便是後來國民政府的遠祖。曹錕、吳佩孚，聽得南方又有大元帥出現了，天天逼迫北政府明令孫傳芳督閩，（李厚基被逐後，北政府即令孫傳芳率兵由贛援閩，此時孫偕周蔭人軍已由閩贛邊境，進入福建的延平矣。）沈鴻英督粵，以謀抑制中山；張紹曾原以和平解決相標榜，至率國務員全體辭職，以抗曹、吳；但終拗不過曹、吳，到三月二十日，沈鴻英督理廣東軍務與孫傳芳督理福建軍務的命令，終由張紹曾的內閣發出來了。沈在三月二十五日猶通電辭卻北政府的任命，二十八日並表示遵照大元帥命令移防西江，設司令部於肇慶；但至四月十日沈以移防西江為名，將軍隊集中新街、韶關等處開祕密軍事會議，到十六日，在新街就任北政府的廣東軍務督理，通電請中山離去粵境了。幸而中山早有戒備，立即命令各軍一致討沈，沈軍不支，約至五月中，沈軍全失勢，沈鴻英退往南雄，討沈的戰事暫告一段落；大元帥的大本營，算是站穩了。不過在討沈的戰事尚未結束時，東江方面的陳炯明部又發動了；這一個中山的死對頭，便不是一霎時光可以打倒的。東江尚未肅清，曹錕已在北京實行篡位了。

七　曹錕實行篡位的演進

　　曹錕的勢力，本來是全在吳佩孚。因為吳氏不曾傳染北洋軍閥貪黷的毛病，成了一個硬漢，在當時博得一般國人的同情，所以發生一種力量；而曹為吳所擁戴，所以曹也有勢力了。假使吳氏不贊成曹氏作總統，曹氏的總統夢未必果能實現。但曹氏謀作總統，是吳所同意的；不過吳的意思，是要利用法統的假面具，先把南方完全統一了，才擁曹氏登臺；而曹則以取得總統為唯一的目標，南方的統一與否尚在其次；彼此意見之間未免有緩急之別，左右捧場的人也隨之分為二派；天津、保定方面的徒黨都

第十三章　聯省自治運動與南北各軍閥的混戰

是擁曹的急進派，與洛陽方面不同，因此在同一直系之中，老早就有津保派與洛派的區別。張紹曾組閣以前，洛吳方面的勢力比較強一點；張閣成立以後，便成了津保派橫行的世界了。邊守靖等和吳景濂勾結作買賣的陰謀，起於黎元洪入京復位之先（《努力週報》第六號曾揭載他們陰謀的電報），但當時吳佩孚的聲威正在「如日中天」的時候，津保派的小人還不敢攖他的逆鱗，所以不能直切了當的進行。（黎元洪尚未入京，邊守靖、吳景濂等即以某某組閣的問題來運動吳佩孚。吳於六月四日致吳景濂、王家襄、邊守靖、張紹曾一電，指斥不留餘地，電語有云：「佩孚等為統一民國，敦請黃陂依法復位，凡有人心，當一致敦促，早定國本。

內閣問題，乃元首特權，某何人斯，敢行過問？公等請勿以此相詢。周少僕、孫伯蘭等才堪組閣，將來自有實現之日，烏用他人代為運動，令國人齒冷。敬輿以避跡遠嫌為是，不宜瓜田李下，自取熱中之誚。國事至此，政客軍人，尚營營只騖私利，真可痛也。幼山、蓮伯兩兄應即代表議員負責敦請元首刻日還京，以鞏中樞，再由元首提出總理，以南北眾望允孚者為宜，內幕私圖者，均非有心肝之人……」）黎初復位，暫命顏惠慶署理國務總理，組織內閣，到八月初國會開會後，乃提出唐紹儀為國務總理，改組內閣。唐氏知道此時的中央，為直係為中央，無論津保派、洛派，都是不容易對付的，因僅令其親信人盧信入閣（盧任農商部總長）以敷衍黎氏，己則不就，於是以教育總長王寵惠兼代總理，吳佩孚表面說是不容軍人政客干涉組閣，心中卻很想宰制內閣，並且想拉幾個有名望的人擺在內閣裡作面子，於是到九月十九日由王寵惠正式組閣了：

國務總理王寵惠

財政羅文幹

教育湯爾和

交通高恩洪

內務孫丹林

陸軍張紹曾

外交顧維鈞

海軍李鼎新

農商高凌蔚

司法徐謙

這個閣員的名單，前面王、羅、湯三人，是在《努力週報》上和蔡元培、胡適等同署名於《我們的政治主張》那篇文章的末尾，主張「好政府」的，所以一般人稱之為「好人內閣」；而孫丹林、高恩洪則為吳佩孚的心腹，因是洛吳方面對於這個王內閣很滿意，很有意擁護；王寵惠也想暗中將吳佩孚和孫中山二人拉攏；（據鄒魯《中國國民黨史稿》說：「王寵惠與謝持、鄒魯磋商，欲使吳佩孚信服總理主義。」）但是津保方面，未免有點吃醋了。王內閣的成立，以署理為名（此時國會因抵制「民八」議員閉會，故未提交國會求同意，十月十日，國會復開會，仍未提交國會）；國會方面，要作政治買賣的人，也很嫉視這個「好人內閣」，蓄意搗亂。到十月初旬，王寵惠等便已不安於位了。（十月五日，王、羅、湯、顧辭職未准；十三日，又上總辭職書，亦未准。）十一月十八日，吳景濂、張伯烈（時為眾議院正、副議長）藉口財長羅文幹簽訂奧國借款展期合約，有納賄情事，私用眾議院的院印，辦了一封公函，親自攜帶，往總統府告密，迫黎元洪立下手諭，令步軍統領將羅文幹拘捕，送交地方檢察廳；次日，府院開聯席會議，各閣員皆謂總統違法，即擬令交法院辦理，令稿擬就，吳景濂、張伯烈率議員多人入府阻止黎氏蓋印，發不出來，這便是有名的「羅案」的掀起。二十日，吳佩孚致電黎元洪責以捕羅之違法；二十三日，曹錕通電攻擊羅文幹，請組織特別法庭或移轉審訊，徹底根究，曹派的督軍多附和曹氏。洛吳厭惡國會議員的無聊，要維持這個「好

第十三章　聯省自治運動與南北各軍閥的混戰

人內閣」；曹氏要見好國會議員，打倒他所不要的「好人內閣」以求他的「大欲」，於是津保派與洛派旗鼓相當，現出裂痕來了。到底吳佩孚不中用，一見附和曹氏的人多，恐怕津保派和他分家，整個直系軍閥的勢力從此破裂，因此便軟化了，隨即於二十四日發電宣告：「擁護黎總統，服從曹使，對『羅案』不再置喙。」王內閣於二十五日全體辭職，二十九日提出汪大燮署閣；汪氏不為津保派所喜，旋即辭去。到十二月中，提出張紹曾組閣，得了津保派和國會的同意，洛吳不再過問了。這便是洛派軟化、津保派勢力伸張的關頭，也便是曹氏篡奪陰謀間接發展的見端。

　　上面所說，是就直系內部兩派的形勢，觀察曹氏篡奪陰謀的進展。國會方面的醜態，也在「羅案」發生、張閣成立的前後，完全暴露了。當國會初恢復時，有一派人提議，主張此次國會應專事制憲，暫時停止行使其他一切職權，他們的理由是：「民國成立十一年，無憲法；前此責任或可諉為外力干涉……此次開會，若不專力制憲，或因政爭阻礙制憲進行，則國會咎無旁貸。」這是良心發現了的話，為一般人所讚許的。但是同時便另有一派，主張：「先解決現總統是否合法的問題：若合法，他的任期應如何計算；若不合法，國會是否承認現政府為臨時政府，而另舉大總統。」這便是預備要作政治買賣的話。到十月中旬，果有議員提出一種質問：事實總統的任期，應以何時屆滿？但此時尚未暴露其他的何種大醜態。到「羅案」發生時，國會和津保派的奸人「瀣沆一氣」，已經完全表現了；到張閣成立時，議員公然在「紅羅廠賣身」了。（十二年一月《努力週報》第三十八期，揭載高凌蔚的談話如下：「某問：外間謂此次閣下包辦最高問題，確否？高答：最高問題，現在時機未至，更無所謂包辦。某問：此次二百元之津貼，非由尊處經手乎？所謂包辦者即指此也。高答：此事從前係由劉君〔疑即劉夢庚〕與政團接洽，余事前一無所聞。迨本月五日以後某軍需官來京借住敝宅，所有各黨名冊均送至紅羅廠，至發生此種誤會。

至曹巡閱使此舉,系仿從前送冰敬炭敬之意,不過聯繫感情,更無所謂津貼。某問:外間傳言閣下與張亞農〔即張伯烈〕之新民社獨厚,確否?高答:余對各黨向無歧視,亞農此次向余支款,余以不經手銀錢謝絕,幾為亞農所惱,何厚之有。」後來高凌蔚雖登報否認有此談話,但議員在紅羅廠領津貼,實屬事實。)當時曹錕運動作總統的風說,已經傳遍南北;直系有幾個督軍如蕭耀南、張福來等,認為時機尚未成熟,恐於直系不利,曾於十二年一月八日致電曹氏,勸他慎重。(此電恐怕還是吳佩孚暗中所主動。)但國會議員既已預備作「豬仔」,時機的成熟與否,便全由他們自己去製造罷了。前此推倒王內閣,已把洛吳的威風放下;現在要製造賄選的時機,仍從推倒內閣下手。

張紹曾內閣的閣員,除了教育部的彭允彝、農商部的李根源以外,如內務高凌蔚、交通吳毓麟都是曹錕的奴隸,其他的幾個人也大都附曹;張氏自己是一個好虛名而貪戀權勢的人,當組閣時,一面巴結津保派的奸人和無恥的國會議員,一面敷衍當時的輿論,宣言以和平統一為標幟,主張召集各省代表會議,共同商定統一、裁兵、理財及各種重要的善後問題。但是各省代表會議,是曹、吳二人所絕對不許可的,(吳佩孚恐怕一開各省代表會議,便醞成聯省自治的形勢;曹錕恐怕一開各省代表會議,總統問題將要變成代表會議席上的議題,總統的位置將被中山得了去。)因此就職後,對於前此宣言所主張的召集各省代表會議,無形取消了;不久廣東的陳炯明被滇桂軍所逐,沈鴻英入粵,孫傳芳也進入閩境,於是曹、吳二人一致想借孫、沈二人的武力收服東南,再三迫令張閣正式任命二人為閩粵督理;及孫中山返粵,他們恐怕中山又要在廣東作總統,逼迫張氏尤力;張氏以此項任命,無異與東南宣戰,未免太與和平統一的宣言相反,於是提出閣員全體的總辭職,此時張閣彷彿已經要倒了,但這雖是那些作買賣的議員所希望的,張氏自身尚有不願,辭職書提出(三月七日)不到

第十三章　聯省自治運動與南北各軍閥的混戰

幾天，依然靦顏地繼續任職，把曹、吳二人所要挾的命令發表（三月二十日）。但倒閣的風浪，已四方八面掀起來了。津保方面的倒閣計劃，是在二月後旬已經進行的了。他們的方法是把張去了之後，使黎元洪組閣不成，中樞無主，令軍警發生混亂，迫黎去位，但這種祕密計劃，多數的「豬仔」議員初尚不知道；他們只要作政治買賣，故他們的倒閣心理，初尚見不到此處；吳景濂曾要求張氏以幣制局長的位置，報效摘發「羅文幹案」的徐世一，以鹽務署長報效王觀銘，張氏未允，因此與張反目，鼓勵倒閣；津保派很歡喜，暗中助張其勢。張氏也勾結一部「豬仔」，結為擁閣的團體。倒閣、擁閣兩方相持約一個月之久，未見分曉。到五月後旬，因為制憲經費的問題，倒閣計劃，由張閣的內部實現了。

黎元洪覆職時，對於自己的地位問題，本通電聽候國會解決。國會開會後，對於黎氏的任期問題，意見極不一致；熱心制憲的一派，想把黎氏的任期拉長，候憲法公布後，再選總統；附曹的一派，想把黎氏的任期縮短，以便早作大選的買賣；（張耀曾曾有一種解釋，謂馮國璋的補任期間在法理上無效，黎氏任期尚有一年三個多月；反對派則謂黎氏任期只能補足洪憲改元及袁氏死亡期間，只有一百六十餘日。究之各種解釋的法理論，都是一些方便的投機論。）因為各有各的打算，竟把它擱起來了。到四五月之交，有一班伴著黎元洪吃飯的人，想把黎氏的任期更延長一點，聲言黎氏的任期須由袁世凱修改約法、舊約法失效之日算起，要到民國十四年九月始滿。於是附曹派的人，忍不住了，五月初旬，由范樵、吳蓮炬等提出解釋任期案，說：「黎氏的補任期只有一百六十餘日，現已超過任期許久，應該自動辭職，由國務院攝任，另選總統。」接著提案的達二十餘起。黎氏自知不能久幹，也諮催兩院預備改選。

熱心制憲派的人，恐怕憲法又制不成功，由國會中所謂省憲同志會聯合兩院同志，發表宣言，主張制憲、選總同時並進，定八月三十一日以前

完成憲法,九月三十日以前選舉總統,與公布憲法同日行之。但那些「豬仔」都只熱心作買賣,憲法會議屢次開會,不能得到法定人數,憲法完成的希望已經很少;於是熱心制憲的人,於五月中提議修改憲法會議規則,一面將法定人數減少,一面規定一種出席費,每次二十元,缺席者則扣歲費二十元,想用金錢買「豬仔」的方法去買憲法。但是這種出席費的總額卻不小,財政如是困難,將從何處去搜刮呢?議定後,兩院議長率同議員數人去見黎元洪,請設法籌措此項經費,黎氏慨然允諾,立召國務總理張紹曾及閣員吳毓麟、財政次長楊壽枬(財長時不在京)、稅務督辦孫寶琦等入府,商議籌款方法,當面決定由海關建築費項下撥借一百二十萬元,分四月提撥,每月撥制憲經費十七萬元(駐外使館經費十三萬元);議定後即由黎諭知稅務處轉總稅務司照辦。

曹錕及津保派的徒黨得此消息,認定這是黎元洪看好議員、謀繼續當選總統的陰謀,乃令吳毓麟發難,掀起所謂府院的衝突,藉口黎總統未將制憲經費案交國務院主辦,有背責任內閣制的精神,迫閣員全體於六月六日辭職,於是張內閣倒了。(張紹曾本不願辭職,津保派誑以驅黎後,仍請曾復職,曾始允辭。發動之日在五月二十六日,是日,國務會議例案畢後,吳毓麟盛氣言曰:「府方自定國會制憲經費,不經國務會議議決,實有違背責任內閣制精神,予等應如何設法打銷。」高凌蔚繼言:「此中定有黑幕,予等應向黃陂質問究竟。」程克附和其說。張紹曾云:「事前我與文泉曾預其事,但一切均由府方規劃。」時李根源請假回蘇州,未在席間。是日為星期六,例往公府會餐,各閣員就席後,即與黎元洪論難此事,黎以事前曾邀國務總理及財政次長、交通總長等當面商定,不為侵權,吳、高等則謂應交內閣辦理,不歡而散。到六月六日開特別國務會議,吳毓麟、高凌蔚、程克主張全體辭職。張紹曾尚未表示,高復言:「如總理不願辭,我輩當單獨提出辭呈。」張始答謂:「我輩應取同一步驟,要辭大家

第十三章　聯省自治運動與南北各軍閥的混戰

辭。」彭允彝、李根源默未發言，高即出先行擬好之辭呈電稿二紙，依次簽名。發出後，張紹曾等即日赴津。）張閣倒後，接著便由王懷慶、馮玉祥等在北京演「逼宮」的一幕；王承斌在天津新站接演劫車索印的一幕。

六月六日，張紹曾等辭職赴津後，黎即一面派人赴津挽留勸解，一面通電宣示借撥制憲經費經過實情。七日，陸軍檢閱使馮玉祥、京畿衛戍司令王懷慶、步軍統領聶憲藩、警察總監薛之珩等所部軍警官佐，集合五百餘人到總統府，藉口內閣無人負責，軍餉無著，要求直見總統，索問軍餉的著落；黎親出見，答以陰曆端午節前二日當可籌發（時距端午節尚有十二天），軍警官佐等退出。八日，天安門外的流氓乞丐公民團又出現了；他們也學得學生團體的辦法，手執驅黎的各種旗幟，集合開會後，遊行至黎元洪的私宅，包圍喧鬧，黎氏派人召聶憲藩、薛之珩等設法彈壓，皆置之不理，夜深始各散去。九日，北京的警察藉口索餉無著，不能枵腹從公，全體罷崗了。自此驅黎的公民團和索餉的軍警連日合演雙簧劇，向黎氏私宅滋擾，至於將黎宅的電話和自來水管都阻斷了。鬧到十二日，王懷慶、馮玉祥見黎尚不出走，便向黎呈請辭職，表示不負維持秩序之責任；黎將二人的辭呈退回，二人拒絕收受。黎於張氏辭職後，因張無復任希望，曾商請顧維鈞、顏惠慶等組閣，顧、顏二人皆知道曹錕的陰謀所在，不敢犯其威稜，辭不肯任。黎又致電曹錕、吳佩孚，向之哀籲，曹當然是不理的。吳是前此表示「擁護總統，服從曹使」的，現在也置之不理了。此時只有一個農商總長李根源憤恨直系惡毒太甚，想扶助黎氏硬抗。十三日，黎氏決計赴津，於出京前擬就幾道命令：

（一）准張紹曾免職；

（二）任命李根源為國務總理；

（三）准張閣諸閣員（除李根源以外）全體免職；

（四）任命金永炎為陸軍總長；

（五）裁撤所有巡閱使、副使、陸軍檢閱使、督軍、督理（還有其他兩命令），皆由李根源副署蓋印後交印鑄局釋出。

這是預備和直系搗亂的。但此時印鑄局也為首黨所把持，這些命令都未發出，而黎氏已於十三日午後二時出京。於是「逼宮」的一幕完結。黎出京前，將所有總統的大小印信，交其眷屬帶往東交民巷的法國醫院收藏；高凌蔚等查印信所在不得，立即發電話至天津，命直隸省長王承斌設法截留，王即率同警務處長楊以德並軍警多人，乘車到楊村等候黎氏車到，便登車向黎氏查問總統印信的下落；黎初不以實告，王百端威嚇，不許黎氏出車站一步，相持至十四日午前四時，黎告以實情；俟北京方面將印信索出，王又出電稿三通，迫黎簽名（電稿一致參眾兩院，一致國務院，一致全國各界，謂因故出京，向國會辭職，由國務院攝行總統職），聲言若不簽名，將永不放行；黎簽名後始得出站。這便是「劫車索印」的一幕。

我們看到曹派這種舉動，很有一點不可解的：他們既已如此的不要面孔，儘可直切了當地把曹錕抬到總統的椅子上坐了就是，何必還要經過許多曲折的手續，用許多的金錢，買許多的「豬仔」，投什麼選舉票呢？但是他們到底不憚煩瑣。十四日，高凌蔚幾個人，排去張紹曾，自己宣告復職，攝行大總統職務；十六日，又促令吳景濂聯繫兩院的「豬仔」，議決十三日以後黎元洪在津所發命令無效（黎到津後還與李根源故意發命令、發通電，和直系搗亂）；王懷慶、馮玉祥也自己宣告復職了；曹錕也在保定電令王、馮保持秩序，並且說「國會為國家法律根本所在，務望極力尊崇保護」。兩院議員有一部分廉恥還未喪盡的，紛紛離京赴津，或即南下，想在南方另謀救濟的方法，此時全國的輿論一致地痛罵曹錕及其走狗；反直派的政客，也奔走聯繫各方，與曹派決鬥；但因彼此同床各夢，終歸無效。曹派因為議員走了一部分，恐怕選舉總統得不到法定人數；又

第十三章　聯省自治運動與南北各軍閥的混戰

因為走了的議員，大都是比較熱心制憲的人，便用回京制憲的話來挽留他們。骨頭比較硬一點的議員，終於不為所動。那些假裝的硬漢，由天津跑到上海，再由上海跑到天津，再由天津跑回北京；他們把自己的骨頭和五千元的銀行支票用天秤較量較量，覺得那五千元的支票還要重一點；他們跑來跑去的時候，就是較量他們自己的骨頭和支票的輕重的時候。到十月五日，五百幾十個「豬仔」，把他們的骨頭和五千元的支票正式交換了；曹錕篡奪的計畫，完全成功了。

在「羅案」發生以前，有一部分人，覺得吳佩孚在北洋軍閥中比較還像一個人，所以和他表同情。自「羅案」發生以後，吳氏為保持直系整個勢力的原故，一意將順津保派，忍心地望著一班狐狸豺虎的橫行；忘卻曹氏的勢力全在自身，自身的潛勢力全在一部分輿論的同情；甘願曹氏將此一部分輿論的同情毀去，想專用武力來搗亂南方，制服奉系，他的失敗不必等到第二次奉直戰爭，在他將順津保派肆行無忌的時候，已經決定了；因為一般國人，已認定他也不過是曹錕個人的走狗，從前對他所表的同情都是由於希望和平統一太過的大錯誤；所以曹錕篡奪的計畫成功時，便是吳佩孚的勢力毀滅時。

選的前後幾天，那五百幾十個賣身的議員，覺得彰明昭著的賣身，萬目所視，也有點難過，想得一件物品來遮一遮羞，於是把爭持十餘年以來制不成功的憲法，在兩三天工夫以內通過二讀、三讀；十月十日，曹錕就任總統，吳景濂等也在那一天舉行公布憲法的儀式了；並且就那部憲法的內容而論，公然成了一部聯邦分權的憲法。但這種「遮羞的憲法」，國民哪個理它呢！國會既實行最後的自殺，從此法統也斷絕了，護法的旗幟，也沒有人再要了，便是聯治的運動也到了日落西山的景象了。

第十四章
中國國民黨改組與北洋軍閥的末路

　　民國十三年以前，中國政治問題，表面上所爭的只是一個「法」字。自所謂法統恢復後，那些坐在法統椅子上的先生們演出賣身的活劇，製成一部「遮羞的憲法」，從此沒有人理會這個「法」字了。十三年一月（曹錕篡竊成功後的三個月），中國國民黨在廣州開第一次全國代表大會，宣告改組，可說是中國政治新局面的開始。不過在改組後最初的一二年間，中國國民黨的真實力量，尚未十分表現出來；幾個舊軍閥的大廠，還是睥睨一切。從十三年春到十五年夏，政治上的重要事變：國民黨第一步創造黨軍，撲滅帝國主義所卵翼的商團；北方的軍閥，相繼發生蘇浙戰爭與第二次奉直戰爭（此皆為十三年秋冬間之事），接著馮玉祥倒戈，曹、吳傾倒，成立北洋軍閥最後的執政政府。國民黨看到執政政府的無希望，決計不與它合作，而盡力肅清兩廣的根據地。到十四年秋間，北方的各軍閥又發生了大混戰，戰至十五年夏間執政政府消滅時，尚無結束的希望；而國民黨內部整理的工作已告完竣，於是它將要和北洋軍閥開始最後的決鬥，表現它的真實力量出來了。所以，從十三年春到十五年夏，可以說是國民黨養精蓄銳的時期，也便是北洋軍閥末路已近的時期。本章所敘述的，就是這時期的經過情形。

第十四章　中國國民黨改組與北洋軍閥的末路

一　中國國民黨改組前社會思潮的傾向

　　我們要懂得中國國民黨十三年改組的意義，須先懂得改組前社會思潮的傾向。因為國民黨十三年改組最重要的所在，就是吸收了許多新成分，好比一個屠弱衰頹的軀體注射了一種強壯劑，培補了一些新血輪，就發生了「返老還少」的效果。但是這種新血輪，並不是頃刻之間可以製造出來的，須經過比較長時間的培養。國民黨改組前社會思潮的變化，便是培養這些新血輪的淵源。所以我們在敘述國民黨改組的經過以前，須將改組前社會思潮的傾向，略略觀察一番。

　　中國社會的思潮，辛亥以前集中在滿漢的問題上面，同盟會雖然標舉三民主義，大多數會員的思想，都只集中在狹義的民族主義上面，恰與一般社會思潮的傾向相合，所以得到清皇位的顛覆結果。清皇位顛覆後，一般社會的心理，以為共和的黃金時代到了。多數人民所希望的是安居樂業的平和；政黨所爭的是政權；論壇所討論的是總統制好呢，還是內閣制好？一院制好呢，還是兩院制好？簡單地說，就只是政制。此時候所受帝國主義的壓迫未嘗不厲害，然而大家尚沒有積極反抗的勇氣；民生的窮困未嘗不顯著，然而大家尚不覺得迫切；所感覺比較迫切的，就只有帝制復活與否的問題。從民國元年到四五年，中國的社會思想，可以說是在一種僵凍的狀態中；所有的政論和政黨的政治活動，都與一般社會不生多少關係。到帝制運動興起時，才稍稍有人感覺到此；（黃遠庸與《甲寅》雜誌記者書云：「……居今論政，實不知從何處說起。……根本救濟，遠意當從提倡新文學入手。總之，當使吾輩思潮如何能與現代思潮相接觸，而促其猛醒；而其要義，須與一般人生出交涉；然須以淺近文藝普遍四周……」）但是這種僵凍的狀態，實在是不容易驟然變動的。

　　到帝制運動終了，護法運動開始時，中國的思想界，從國內、國外的

一　中國國民黨改組前社會思潮的傾向

兩方面得了兩個大刺激。國內方面的大刺激，為民國六七年間《新青年》派的文學革命；國外的大刺激，為俄國的社會革命。國內的文學革命，好像與國民黨改組無任何關係；孫中山並且是主張保存舊文體，好像與文學革命是立於反對的地位的。但我們對於文學革命的效果（關於文學本身的成績如何，此處可以不論），最低限度不能不承認在文體解放上，給予了國民黨一種改良的宣傳工具。辛亥以前的革命黨機關報《民報》，連高等學堂的學生都有讀不懂的（特別是章太炎的文章），現在的高小畢業生──讓一步說，初中畢業生──大概都可以讀懂中山的「三民主義」的白話經典了：這種最低限度的效果，恐怕就是中山也不能不承認。再進一層，由文體解放進展到思想解放，於是所謂文學革命擴大到新文化運動，於是討論問題，研究主義，言論思想界五花八門，表現一種很活潑的現象；大概自中學以上的學生團體，都要苦苦地撙節些錢出來，發行一種什麼短命刊物。

這種現象是文學革命以前沒有的。俄國的社會革命，約與國內的文學革命同時掀起。以俄皇和他的貴族地主在世界上首屈一指的專制政府，竟被布爾什維克黨把它根本推翻，接著德國的大權皇帝威廉第二，也被社會黨趕跑了；這種革命的大風浪，把全世界都震動了，中國社會思想的僵凍狀態，也自然不能不為之衝破，何況國內已經興起了一種新的運動呢！以前國內一般人士覺得中山所提倡的民生主義──即西方的社會主義──只是一種沒有實現能力的空想，現在公然表現著這麼大的威力。因此和中山一派表同情、抱著急進思想的青年，固然感覺中山的民生主義不是純粹的空想，便是實際帶有保守性質的進步黨人，也想借社會主義做對抗軍閥的武器。我們可以在進步黨人的報紙上，看見署名「知非」的藍某作提倡研究社會主義的文字；中國人所受俄國社會革命的影響何如，就可想而知了。於是新文化運動的團體內部發生了裂痕，一派趨向提倡社會主義，以

219

第十四章　中國國民黨改組與北洋軍閥的末路

為這是救中國的良藥,一派以為中國尚沒有具備需用社會主義的條件,新青年社因此漸漸分裂;於是我們在北京的《每週評論》和上海的《太平洋月刊》上面,看見胡適和李大釗關於問題與主義的辯論,一個要提倡主義,一個說宜「多研究些問題,少談些主義」。這就是中國社會思潮發生大變化的徵兆。從民國八年到十一二年間,中國新出現的刊物與社會思潮變化有關係,可以令人注意的,略舉幾種如下:

一、《新潮月刊》(八年一月刊行於北京);

二、《每週評論》(八年某月刊行於北京);

三、《努力週刊》(十一年五月刊行於北京);

上三種是與政黨無關係的。

四、《解放與改造》(八年某月刊行於上海);

以上一種是與進步黨人有關係的。

五、《建設月刊》(八年八月刊行於上海);

六、《星期評論》(八年某月刊行於上海);

上二種是國民黨的言論機關。

七、《嚮導週刊》(九年刊行於廣州,是鼓吹共產主義的言論機關);

八、《改造》(十一年刊行於上海,初為季刊,次年又創週刊,該社中有主張共產主義的,也有不主張的)。

我們在這些刊物中,可以看見這個時期內,社會思潮各方面的大變化。至於各方面變化的傾向,果否都是健全的,此處不暇討論;不過由這些社會思潮的變化,要影響到實際的社會活動上去,則為必然不可免的事實。我們再從實際的社會活動上觀察,從民國八年到十二年,最惹人注意的事件:

第一,為民國八年的「五四運動」。由北京學生團體數千人的外交示

威運動，鬧到全國學校罷課、商民罷市（南北和會也間接因此破裂）。它的直接效果，雖然不過是打倒曹、陸、章三個賣國賊，然而這個運動的背景是什麼呢？就是反抗軍閥的賣國外交（曹、陸、章不過是軍閥的走狗），反抗不平等條約；換句話說，就是打倒軍閥和帝國主義的第一個暗示。從這一次的運動出發，於是全國各省、各都會都有了學生聯合會，又成立了一個全國學生聯合總會；我敢大膽地說一句——此時候已經有了長久歷史的國民黨的組織，和黨員間的聯繫指揮，恐怕還不如這個新成立的全國學生聯合會組織得完密，運用得活潑、靈敏。後來共產黨和國民黨在軍閥勢力壓迫下面的各省，大概是靠著學生聯合會作宣傳主義、吸收青年黨員的大本營，可知道所謂「五四運動」的關係了。

　　第二，為社會主義團體的成立與罷工風潮的陸續發生。中國在民國元年，雖然已有掛社會黨招牌的政黨，實在沒有多少人理會它。真正社會主義團體的成立，是在新文化運動發生以後。並不是說到了此時，中國已經有了若干的大資本家，需要社會主義，所以社會主義團體就應運而生了；實在是到了此時，受了俄國革命的刺激，思想上起了變化；一般人被國內的軍閥和國外的帝國主義壓迫得不堪；青年要讀書，軍閥要打仗，學生家庭的學費和政府的教育經費都被軍閥榨取作軍費去了，學校時常發生停課的風潮，書也讀不成；青年要進工廠，沒有工廠可進；國內縱有幾個工廠，有許多是帝國主義的、外國人的，進去更不容易；於是新文化運動的急進帳子，想把俄國的共產黨作為導師，鼓動大多數尚沒有階級意識的無產者一齊聯合起來，造成一個無產階級和軍閥的決鬥、和帝國主義的決鬥。（中國的「社會主義青年團」的成立在民國九年，「勞工協會祕書部」的成立在民國九年，到民國十年，共產黨才正式成立，在上海開第一次大會。）從民國十年造成民國十二年，我們在報上看見罷工的風潮不斷地發生，例如：

第十四章　中國國民黨改組與北洋軍閥的末路

十年一月一日，粵漢鐵路工人罷工；

三月二日，開平煤礦罷工；

六月十日，京綏鐵路機工罷工；

十月十二日，粵漢鐵路罷工；

十一月二十日，隴海鐵路機師罷工；

十一年一月十二日，香港中華海員罷工；

七月二十二日，漢陽鋼鐵廠工人罷工；

八月五日，上海絲廠工人罷工；

同日，招商局海員罷工；

八月三十日，京漢鐵路工人罷工；

九月八日，粵漢鐵路工人罷工；

十月十九日，唐山京奉鐵路工人罷工；

十月二十三日，開灤礦局所屬五礦區礦工罷工；

十月二十七日，京綏鐵路罷工；

十一月某日，漢口英美煙公司工廠工人罷工；

十一月十八日，唐山大學因學生參加開灤礦工罷工風潮被解散；

十二月十五日，正太鐵路罷工；

十二年一月十日，漢口花棧工人罷工；

二月四日，京綏鐵路工人罷工；

二月七日，漢口軍隊干涉京漢路罷工，槍殺工人無數；

二月九日，北平學生因漢口槍殺罷工工人，舉行示威遊行；

二月二十日，正太路工會因罷工風潮，被直晉兩政府壓迫解散。

一　中國國民黨改組前社會思潮的傾向

以後的不必列舉了。

這些罷工風潮，難道是中國的工人真正覺醒了嗎？大概十之八九是共產主義的學生在裡面作領導的。他們去領導工人的目的就是要促起工人的階級意識，培養工人的反抗能力，訓練成一個與軍閥決鬥、與帝國主義決鬥的大團體。這便是罷工風潮所以陸續產生的內幕。

第三，是國內的知識階級對於蘇俄表示友誼的舉動。在民國九年優林以遠東共和國代表名義來到北京以前，蘇俄政府曾由加拉罕署名向中國發表一通宣告書，宣告將俄國帝政時代與中國所訂的不平等條約一律廢棄。此在蘇俄當然是一種外交政策，想向遠東求出路；但在中國一般人士，覺得蘇俄的勞農政府到底是比帝政府時代要好，很願意接受他們的好意，和他們攜手作朋友。無奈中國的軍閥政府被白色帝國主義的外交團脅住了，不敢接受蘇俄這種宣告，所以優林在北京住了幾個月，外交上不曾得到一點成績，但是他和北京大學的教授、學生們卻發生了一點關係。到十一年八月十二日，蘇俄的代表越飛到北京；二十一日，北京新潮社等十四個團體，便以國民的團體資格開宴會歡迎他。這是中國國民外交史上罕有的舉動，這十四個團體裡面雖然不包含有幾個共產黨員，但這種宴會的意義絕對不是共產黨聯俄意義，也不是國民黨聯俄意義（此時中山和越飛尚未晤面），實在是中國的知識階級代表國民全體對蘇俄表示友好的意義。這種意義的舉動，就是當時的軍閥政府也不敢說他們不對，不過那些白色帝國主義的外交團用一種嫉妒的眼光，在旁睨視，很含醋意罷了。越飛在正式的外交上，雖然也不曾得到成績，但是中國國民願意和蘇俄接近的情形，卻很明白了。

前面所舉的三項事實，都是在國民黨改組以前表現的。第一項（由「五四運動」結成全國的學生聯合會）是表現中國社會思潮有要求一種新的國民的結合的傾向；第二項和第三項便是後來國民黨所謂「容共」、「聯俄」

第十四章　中國國民黨改組與北洋軍閥的末路

的背景。這種傾向的精神，簡單歸納起來，便只是希望打倒軍閥，打倒帝國主義。國民黨十三年改組，便只是應這種希望而生的。下節再述國民黨改組的經過。

二　中國國民黨改組的經過

中國國民黨改組的經過，可以分作三個階段：民國八年確定黨的名稱，是第一個階段；十二年預備「容共聯俄」，始公開地向國民宣言，是第二個階段；到十三年實行「容共聯俄」，才到了改組完成的第三個階段。依次敘述如下：

民國元年、二年的國民黨，被袁世凱解散後，中山於民國三年在日本東京組織「中華革命黨」，把從前國民黨的所謂溫和分子淘汰出去。但「中華革命黨」是一種祕密的革命團體，因為在外國居留地政府立案的關係，有些支部仍舊沿用「國民黨」三字的名稱；在國內也不能公開地組黨。到袁世凱死後，「中華革命黨」的團體並不曾消滅；許多黨員本來是從前國民黨的黨員，並且是國會議員，因為國會恢復，暗中以中華革命黨的黨團作用聯繫其他的舊國民黨員，用別種名目在國會裡面活動。所以表面上，「中華革命黨」、「國民黨」兩種名稱，都不曾公開地揭舉出來。而在海外，則一種團體有兩種並存的名目，極不統一，因此在民國八年以前，曾經通令海內外各支部一律恢復「國民黨」的名稱。但據緬甸支部八年三月十日的印刷通告，附記謂：「本支部自去年（七年）由『中華革命黨』改組為『中國國民黨』，唯歷接上海本部來件印章，俱用『中華國民黨』，故本支部亦當從之，以昭劃一。」可見在八年三月十日以前，本部所用的名稱與支部所用的名稱尚不統一，有以「中華」兩字為冠詞的，有以「中國」兩字為冠詞的。

二　中國國民黨改組的經過

到八年十月十日，始由上海的本部公布一種改正的規約，通告各支部一律改用「中國國民黨」的名義，於是名稱始確定。從七年到八年，中山因為軍政府改組，被桂系軍閥和政學會所排擠，離粵居滬，一面著書謀改造國民的心理，一面整理黨務。《孫文學說》和《實業計劃》的兩種著作，合稱為《建國方略》的（前者為心理的建設，後者為物質的建設），都在此時期內草成發表。他在七年八月三十日通告海內外同志的書中說：「……文深信吾黨實系中國之存亡，使吾黨弛而不張，則中國或幾乎息；是斷不能以蹶躓而磨滅其壯志，猶之操舟逆流，須策群力以相支柱。文深有望諸君子之同喻斯旨也。歸滬而後，益感救亡之策，必先事吾黨之擴張，故亟重訂黨章，以促黨務之發達。」所以八年十月有改正的黨章釋出，把名稱統一確定了。我們於此可知道民國七八年間是中山護法失敗的時期，是南北軍閥勢力紛起蓬興的時期，也便是中國國民黨新生命胚胎時期，並且恰好是國內新文化運動勃興的時期。這是第一個階段。

在第一個階段內，中國國民黨的新生命雖然應時胚胎了，但與一般國民尚不曾發生若何關係，因為尚不曾公開地進行黨務，（鄒魯《中國國民黨史稿》謂：「此時北方為徐世昌所盤據，南方亦為陸榮廷所占有，故黨務不能在國內公開，進行者海外耳。以故八年十月十日所定之規約，幾全注意於海外……」）不曾發表什麼對國民的宣言和具體的政綱。到民國九年，因得了海外同志經濟上的援助，令陳炯明的粵軍回粵，取得了廣東的地盤，黨務略為注重，但也只把黨章及海外總支部章程稍微修改了一下，仍不曾發表什麼宣言和政策。及民國十一年夏間，陳炯明背叛，中山蒙難，一般國民都只認為孫、陳個人的爭政權，並不覺得陳炯明是叛黨；黨內的機關報罵陳炯明叛逆，而黨外的知識階級裡面竟有說他們是抬出舊道德的死屍來攻擊陳炯明的；這就是因為此時的中國國民黨還是在一種祕密結社的情態中，沒有向一般國民公開的表示，一般國民並不認識孫、陳在

第十四章　中國國民黨改組與北洋軍閥的末路

黨中的地位關係，所以並不覺得陳氏如何的不對。

歸結一句，從八年到十一年，中國國民黨雖然存在了，還只是該黨「老同志」的國民黨，與一般國民無交涉。自中山蒙難到滬後，國民黨便要開始發生第二階段的變化了。中山本來有「在革命期內需要一黨專政」的信念，並且認定黨的組織需要嚴密，黨員宜絕對服從黨魁的指揮；所以他的革命方略，有軍政、訓政、憲政三時期的劃分及組織中華革命黨時黨章的制定，更把這種一黨專政、服從黨魁的精神盡量發揮；及見俄國的布爾什維克黨用這種方法發生了效果，中山的信念越加堅決了。但事實上，俄國的一黨專政成了功，中山還是失敗；俄國的布爾什維克黨員，能受他們的列寧的指揮，中國國民黨卻不能由中山指揮如意，並且生出陳炯明這種叛徒來，這不能不使中山對於自己的黨的組織和革命方法加以反省，對於列寧所用的組織方法加以印證參考。

此時中國的共產黨已經成立，且已加入第三國際，蘇俄因為被白色帝國主義壓迫，也很想向東方求朋友；（據汪精衛的政治報告，中山在民國七年由粵來滬時，曾致電蘇俄慶祝他們的成功，鼓勵他們繼續奮鬥。其時各國皆仇視蘇俄，列寧得到中山的電報，因之大為感動，視為東方的光明來了，自此積極地想與中國的民黨聯繫。蘇俄派到東方來的專使，有一個叫做馬林。汪氏說：「馬林在民國十年曾到廣西，總理當時正在桂林，馬林去見他。總理當時曾去電到廣州給廖仲愷⋯⋯說他從前聽聞蘇俄實行共產，很是詫異，以為俄國的經濟狀況，共產的條件還未具備，從何實行？馬林來，才知道俄國之新經濟政策，實與他的實業計劃差不多一樣，所以非常高興。這便是聯俄的起點了。可是馬林來到廣州以後，他卻表示非常失望；他以為除去俄新經濟政策與總理實業計劃相符合這一點覺得高興外，此外一切，他都失望。他對陳炯明與本黨的組織方法、宣傳方法，都表示失望。他並且斷定香港政府必不容廣東政府的發展，陳炯明與總理一

定不能相容；這些話他對廖仲愷同志和兄弟都一樣說法。……這是在中山未蒙難以前的事。）中山於十一年八月十三日被難抵滬，蘇俄的代表越飛也於中山抵滬的前一日到了北京。

越飛一面在北京與北方的國民團體相酬應，一面即派人攜函來滬與中山接洽，彼此的意見，漸趨接近。（孫中山先生手札墨跡中，載有十一年八月三十日與蔣介石書云：「某事近已由其代表專人帶函，來問遠東大局問題及解決之法，予已一一答之。從此彼此已通問訊，凡事當易商量矣。彼有一軍事隨員同行，已請彼先派此員來滬，以備詳詢軍事情形，想不久可到也。望兄稍愈則當早來籌備一切。……」可見越飛到北京後，即與中山通函通使。又同年十一月二十一日，中山與蔣介石書云：「……兄前有志於西圖，我近日在滬已代兄行之矣，現已大得其要領。然其中情形之複雜，事件之麻煩，恐較之福州情形當過百十倍。〔時福州方為許崇智等所下，蔣介石亦在福州。〕此無怪吾國之志士乘興而往彼都者，悉皆敗興而返。吾幸而得彼津梁，從此可日為接近。

然根本之辦法，必在吾人稍有憑藉，乃能有所措施。若毫無所藉，則雖如吾國之青年共產黨，與彼主義完全相同矣，亦奚能為。所以彼都人士只有勸共產黨之加入國民黨者，職是故也。此可知非先得憑藉不可。欲得憑藉，非恢復廣東不可。……」此函中所謂情形複雜、事件麻煩，大約即指容許共產黨加入國民黨事，蘇俄代表以此為條件。）此時中國的共產黨員，也已經有來加入國民黨的了。（據汪精衛的政治報告說，共產黨員最先加入國民黨的為李大釗，是由張繼介紹來的，也在中山蒙難居滬時。）中山在與越飛接洽的當中，便決計將中國國民黨的組織改進；於十一年九月四日，召集在滬各省同志張繼等五十三人交換意見，一致贊同改組；九月六日，指定茅祖權等九人為改組案起草委員；到十一月十五日，又召集各省同志五十餘人審查全案，推胡漢民、汪精衛為宣言起草委員；十二月

第十四章　中國國民黨改組與北洋軍閥的末路

十六日,召集同志將宣言稿審查修正,由中山採定,於十二年一月一日發表。這便是中國國民黨十二年的改組(十二年改組的宣言及政綱見本節附錄一)。

這次改組可注意之點:

一、從中華革命黨改為中國國民黨以後,至此方向全國國民公開地發表宣言,提出比較具體的政策。

二、重新將三民主義為明白廣義的解釋。例如民族主義在同盟會時代是極狹義的,以推翻滿族的特殊優越地位為目的,皇位顛覆後,以為民族主義不適用了,並且恐怕惹起國內五族間的裂痕來,所以由同盟會改為國民黨時,便把民族主義捨棄了;

中華革命黨時代也不要民族主義,專取民權、民生的二民主義(因為中華革命黨是以推倒袁世凱為目的);由中華革命黨改為中國國民黨時正是歐戰終了和議開始時,所謂「民族自決」的聲浪復由西方播及東方,漸悟及民族主義尚有廣義的解釋,故仍恢復三民主義;但在民國十二年以前,並未將這種主義的解釋明白表示出來,至此始在宣言裡面表示,說:「吾黨所持之民族主義,消極的為除去民族間之不平等,積極的為團結國內各民族,完成一大中華民族,內以促全國民族之進化,外以謀世界民族之平等。」「打倒帝國主義」、「廢除不平等條約」的口號雖然尚未提出,「力謀改正條約,恢復中國國際上自由平等地位」,則已成為此次宣言上具體的政綱了。所謂民權主義,也由「建設共和」擴充到「直接民權」的意義;民生主義,由「平均地權」擴充到「節制資本」的意義了。這是第二個階段。

這次改組,所以不曾達到完成的地步,有很明顯的幾點:

一、黨章和幹部機關的組織雖然經過一番改變,但還不曾採用蘇俄那種細密嚴切方法;

二、幹部人員的分配雖然有變更，新舊黨員的吸收、淘汰尚未充分地進行；

三、共產黨員雖已有加入的，但尚不曾公開地容共；

四、蘇俄的政策雖在進行之中，也尚未達到成熟的地步。

自一月一日發表宣言後，到同月二十六日，中山與越飛發表一篇聯合宣言，不久中山回廣州重建大元帥政府，越飛也往日本的熱海養病去了。據汪精衛的政治報告說，越飛往日本時，中山命廖仲愷和越飛同行，「彼此在熱海同住了一月。此時東方人未知道的許多事情，廖同志便已知之甚詳，如俄國之現狀，俄國對東方被壓迫民族之態度，與俄國何以想和中國攜手之原因，都已十分了解。所以……廖同志由東京回廣州，幫助總理作聯俄的工作，當時許多同志懷疑，而廖同志卻很勇敢堅決地去幹……因為有一個月之久和越飛互相辯論，把各種問題通通研究過了。由此總理與蘇俄的關係更日深一日了。是年（十二年）夏間，總理更派蔣介石同志赴俄；蔣同志到莫斯科時，列寧已經病重，但也見過托洛茨基諸人，經過一番切實考察，知道紅軍的組織和共產黨森嚴的紀律，遂為日後回國改組本黨開建黨軍之一大動機；總理從此便決定與俄攜手，共同奮鬥，程度又進一步；蘇俄也決定，想幫助東方民族革命，非幫助本黨不可，因此才派鮑羅廷先生到廣東來，其時正當陳炯明、林虎的軍隊陷了石龍，攻到廣州近郊，用盡了滇、桂、粵、湘、鄂、豫諸軍的力，才把他打退。鮑羅廷先生到粵後，與總理商量許久，才決定改組本黨，因此才有十三年一月本黨改組之事」（上皆汪精衛在十五年國民黨全國代表大會席上政治報告語）。改組的決定在十二年冬初，是年十一月，預先發表一篇改組宣言，由中山委任鄧澤如、林森、廖仲愷、譚平山、陳樹人、孫科、許崇清、謝英伯、楊庶湛等九人為臨時中央執行委員（還有候補執行委員五人），請鮑羅廷為顧問；在廣州開始黨員的嚴重登記，著手市黨部、區黨部、區分部的組織；分頭

第十四章　中國國民黨改組與北洋軍閥的末路

調查農工及中產階級狀況；統一宣傳機關，並限制黨員對外發表關於黨務的意見；設講習所以訓練各區分部執行委員；定十三年一月二十日開全國代表大會，（代表名額，每省六人，由總理指派三人，各省黨員互推三人，海外總支部約十二人。）並定大會議事日程綱要。到十三年一月二十日，全國代表大會在廣州如期開會了。到會出席的共一百六十五人，由中山以總理的資格主席。中山的開會詞中，有些很可注意的語句。例如：

……我從前見得中國太紛亂，民智太幼稚，國民沒有正確的政治思想，所以便主張「以黨治國」。但到今天想想，我覺得這句話還是太早。此刻的國家還是太亂，社會還是退步，所以國民黨的責任還是要先「建國」，尚未到治國。從前革命黨推翻滿清，不過推倒清朝的大皇帝；但大皇帝推倒之後，便生出了無數的小皇帝……故中國現在還不能像英美，以黨治國……我們必要另作一番工夫，把國家再造一次。……

……我們十三年以來，在政治上得到了種種經驗，發明了種種方法……此次召集各省同志來廣州開這個大會，就是把這些方法公諸大家來採納。……諸君得了這些新方法，要帶回各地方去實行。至於這些新方法的來源，是本黨把先進的革命國家和後進的革命國家，在革命未成功之前、已成功之後所得的種種革命方法，來參考比較，細心酌斟才定出來的。當中不完備的地方在所不免，所以還要這個大會，請大家來研究；以後便要請大家贊成，到各地去實行。……此次國民黨改組，有兩件事：第一件是改組國民黨，要把國民黨再來組織一個有力量有具體的政黨；第二件便是用政黨的力量，去改造國家。所以這次國民黨改組，第一件是改組國民黨的問題，第二件是改造國家的問題。……

這些話的意思，便是要把民國十幾年來的歷史截斷，採用新的革命方法，從新造黨以建國，要「把黨放在國上」（「把黨放在國上」，也是中山在會議席上所說的話）。開會後，即日由中山指定主席團五人（胡漢民、汪精衛、林森、謝持、李守常），提出國民黨宣言案付審查。會議日期的

二 中國國民黨改組的經過

經過共十天,至三十日午後閉會。在會議的進行中,蘇俄代表加拉罕來電致賀,由大會表決覆電致謝,忽接到列寧逝世消息,由大會表決去電致哀,並延會三日:這是「聯俄」政策公開的表現。在會議進行中,又有提議「本黨黨員不得加入他黨」的,意思是想限制共產黨員,李大釗即出面宣告,說:「第三國際共產黨員,加入本黨系服從本黨主義,遵守本黨黨章,參加國民革命,絕對非想將國民黨化為共產黨,其加入本黨,系以個人資格加入本黨,非以黨團作用加入本黨。」這是容共政策的明白解釋。十天當中,議決了許多重要議案(最重要的為全國第一次代表大會宣言及新定之國民黨章程),選定中央執行委員二十四人(胡漢民、汪精衛、張靜江、廖仲愷、李烈鈞、居正、戴季陶、林森、柏文蔚、丁唯汾、石瑛、鄒魯、譚延闓、覃振、譚平山、石青陽、熊克武、李大釗、恩克巴圖、王法勤、於右任、楊希閔、葉楚傖、於樹德),候補執行委員十七人,中央監察委員五人(鄧澤如、吳稚暉、李石曾、張繼、謝持),候補監察委員五人。於是中國國民黨改組的工作完竣,到了第三個階段。

改組後的主義精神,可於大會宣言的全文中窺見,全文共分三大段,第一段述中國之現狀,第二段說明國民黨的三民主義,第三段分別列舉依主義而採定對內對外的政綱(參見附錄二)。

全國代表大會為全黨的最高機關;區分部為全黨組織最下層的基礎。省以下的各級也皆有代表大會(唯區分部則為黨員全體大會),皆有執行委員會。代表大會為各級的權力機關,大會閉會時則由執行委員會行使,這是改組後組織的大概(詳細組織可參看國民黨章程)。

第一次代表大會閉會後,立即依據新章組織各級機關,向民眾作宣傳的工作。以前的宣傳不過是領袖個人的文章或講演的宣傳,此後的宣傳乃為大規模、有系統、有組織的宣傳。中國國民黨從此漸漸地與國民發生關係了。

第十四章　中國國民黨改組與北洋軍閥的末路

■（附錄一）中國國民黨宣言（十二年一月一日）

　　中國之所以革命，與革命之所以成功，原因雖繁，約而言之，不外歷史之留遺，與時代之進化而已。蓋以言民族，有史以來，其始以一民族成一國家，其繼乃與他民族糅合搏聚以成一大民族，民族之種類愈多，國家之版圖亦隨以愈廣。以言民權，則民為邦本之義，深入於人心，四千餘年殘賊之獨夫，鮮能逃民眾之斧鉞。以言民生，則不患寡而患不均之說，由學理演為事實；求治者以摧抑豪強為能事，以杜絕兼併為順德，貧富之隔，未甚懸殊。凡此三者，歷史之留遺，所以浸漬而繁滋者，至豐且厚，此吾人所以能自立於世界者也，然民族無平等之結合，民權無確立之制度，民生無均衡之組織；故革命戰爭，循環不已，盛衰起伏，視為固然，而未由睹長治久安之效。近世以來，革命思潮，磅礴於歐，漸漬於美，波盪於東亞，所謂民族主義，民權主義，民生主義，乃由磨礱而愈進於光明，由增益而愈趨於完美，此世界所同，而非一隅所能外者。中國當此，亦不能不激勵奮發，於革命史上，開一新紀元矣。

　　本黨總理孫先生文，內審中國之情勢，外察世界之潮流，兼收眾長，益以新創；

　　乃以三民主義為立國之本原，五權憲法為制度之綱領，俾民治臻於極軌，國基安於磐石，且以躋於有進而無退，一治而不復亂之域焉。夫革命之內容，既異於前代；革命之手段，亦因以不同。前代革命，雖起於民眾，及其成功，則取獨夫而代之，不復與民眾為伍，今日革命則立於民眾之地位，而為之嚮導，所關切者，民眾之利益，所發抒者，民眾之情感。於民眾之未喻，則勞心焦思，瘏口嘵音，以申儆之，且不恤排萬難，冒萬險，以身為之先，及其既喻，則相與努力，鍥而不捨，務蘄於成而後已。故革命事業由民眾發之，亦由民眾成之。本此宗旨，爰有興中會之組織。事出非常，頓遭挫折，繼以時勢之推移，人心之感動，志於革命者，乃如

水之隨地而湧，於是更擴而為同盟會。黨員遍於各省，而瀰漫於海外。主義之宣傳與實行，前仆後繼，枕藉相望；黨員為主義而流之血，殆足以滌盡赤縣之腥羶矣！清廷既覆，民國肇興，以為破壞已終，建設方始，憲政實施，宜有政黨，故國民黨因以成立。中更癸丑之變，痛邦基未固，國難方殷，復有中華革命黨之改組；集合約志，努力與賣國稱帝者為敵，及帝制既踣，革命之進行，於以停止。既而武人毀法倡亂，國內洶洶，連兵數載，未獲寧息。同人感於主義之未貫徹，責任之無旁貸，乃更組織中國國民黨，以與全國人士共謀完成民國建國之大業，而期無負初衷焉。蓋吾黨名稱雖有因革，規則有損益，而主義則始終一貫，無或稍改。溯自興中會以至於今，垂三十年，吾黨為國致力，雖稍稍有所成就，而挫折亦至多。顧所成就者，為主義之成就；而所挫折者，則非主義之挫折，特進行之偶然顛躓而已。民國以前，吾黨本主義以建立民國；民國以後，則本主義以捍衛民國。前此數年，為民國與非民國之爭；最近數年，為法與非法之爭。反對者挾持之力非不甚強，然卒於一蹶而不能復振，蓋其所施為者，違反國情，悖逆時勢，有以使然也。然亦唯反對者之梗阻，與中立者之觀望，遂致國民之建設事業，進行遲滯，三民主義尚未能完全實現，五權憲法亦未得制定施行，此吾黨所為旁皇不可終日者。撫已有之成效，既不敢不自勉，思現在之缺憾，又不敢不自奮；則唯有夙夜匪勉，前進不已，以求最後之成功已耳！所謂成功者，亦一人一黨之謂，乃中華民國由阽危而鞏固，而發揚光大之謂也。

本黨同人，爰據斯旨，依三民、五權之原則，對國家建設計劃，及現所採用之政策，謹依次陳述於國民之前：

一、前清專制，持其「寧贈朋友，不與家奴」之政策，屢犧牲我民族之權利，與各國立不平等之條約。至今清廷雖覆，而我竟陷於為列強殖民地之地位矣。故吾黨所持之民族主義：消極的，為除去民族間不平等；積

極的，為團結國內各民族，完成一大中華民族。歐戰以還，民族自決之義，日愈昌明，吾人當仍本此精神，內以促全國民族之進化，外以謀世界民族之平等，其大要如左：

　　甲　厲行教育普及，增進全國民族之文化。

　　乙　力圖改正條約，恢復中國國際上自由平等之地位。

二、現行代議制度，已成民權之弩末；階級選舉，易為少數所操縱。欲踐民權之真義，爰有下列之主張：

　　甲　實行普選制度，廢除以資產為標準之階級選舉。

　　乙　以人民集會或總投票之方式，直接行使創制、複決、罷免各權。

　　丙　確定人民有集會、結社、言論、出版、居住、信仰之絕對自由權。

三、歐美經濟之患在不均，不均則爭；中國之患在貧，貧則宜開發富源以富之。唯富而不均，則仍不免於爭，故思患預防，宜以歐美為鑑，力謀社會經濟之均等發展，及關於社會經濟一切問題，同時圖適當之解決，其綱領如左：

　　甲　由國家規定土地法，使用土地法，及地價稅法；在一定時期以後，私人之土地所有權，不得超過法定限度；私人所有土地，由地主估報價值於國家，國家就價徵稅，並於必要時得依報價收買之。

　　乙　鐵路、礦山、森林、水利，及其他大規模之工商業，應屬於全民者，由國家設立機關經營管理之，並得由工人參與一部分之管理權。

　　丙　清查戶口，整理耕地，調正糧食之產銷，以謀民食之均足。

　　丁　改良幣制，以實貨為交易之中準，並訂定稅法。整理國債，以保全國經濟之安寧。

　　戊　制定工人保護法，以改良勞動者之生活狀況，徐謀勞資間地位之平等。

二　中國國民黨改組的經過

已　確認婦女與男子地位之平等,並扶助其均等的發展。

庚　改良農村組織,增進農人生活,徐謀地主佃戶地位之平等。

同人所計劃,尚有不止於是者,右所陳述,特其涯略。其餘國家重大事項,將依本黨規程,就專任委員研究之結果,繼續就商於邦人君子,謹此宣言。

中華民國十二年一月一日中國國民黨本部

(附錄二) 中國國民黨第一次全國代表大會宣言 (十三年一月三十日)

一　中國之現狀

中國之革命,發軔於甲午以後,盛於庚子,而成於辛亥,卒顛覆君政。夫革命非能突然發生也,自滿洲入據中國以來,民族間不平之氣,憂鬱已久,海禁既開,列強之帝國主義,如怒潮驟至,武力的掠奪與經濟的壓迫,使中國喪失獨立,陷於半殖民地之地位。滿洲政府既無方以御外侮,而箝制家奴之政策,且行之益厲,適足以側媚列強。吾黨之士,追隨本黨總理孫先生之後,知非顛覆滿洲,無由改造中國,乃奮然而起,為國民前驅;激進不已,以至於辛亥,然後顛覆滿洲之舉,始告厥成。故知革命之目的,非僅僅在於顛覆滿洲而已,乃在於滿洲顛覆以後,得從事於改造中國。依當時之趨向,民族方面,由一民族之專橫宰制過渡於諸民族之平等結合;政治方面,由專制制度過渡於民權制度;經濟方面,由手工業的生產過渡於資本制度的生產。循是以進,必能使半殖民地的中國變而為獨立的中國,以屹然於世界。

然而當時之實際,乃適不如所期,革命雖號成功,而革命政府所能實際表現者,僅僅為民族解放主義。曾幾何時,已為情勢所迫,不得已而與反革命的專制階級謀妥協。此種妥協,實間接與帝國主義相調和,遂為革

235

第十四章　中國國民黨改組與北洋軍閥的末路

命第一次失敗之根源。夫當時代表反革命的專制階級者，實為袁世凱，其所挾持之勢力，初非甚強，而革命黨人乃不能勝之者，則為當時欲竭力避免國內戰爭之延長，且尚未能獲一有組織、有紀律、能了解本身之職任與目的之政黨故也。使當時而有此政黨，則必能抵制袁世凱之陰謀，以取得勝利，而必不為其所乘。夫袁世凱者，北洋軍閥之首領，時與列強相勾結，一切反革命的專制階級，如武人官僚輩，皆依附之以求生存，而革命黨人乃以政權讓渡於彼，其致失敗，又何待言。

袁世凱既死，革命之事業，仍屢遭失敗，其結果使國內軍閥暴戾恣睢，自為刀俎，而以人民為魚肉，一切政治上民權主義之建設，皆無可言。不特此也，軍閥本身與人民利害相反，不足以自存，故凡為軍閥者，莫不與列強之帝國主義發生關係。所謂民國政府，已為軍閥所控制，軍閥即利用之，結歡於列強，以求自固；而列強亦即利用之，資以大借款，充其軍費，使中國內亂，糾紛不已，以獲取利權，各占勢力範圍。由此點觀之，可知中國內亂，實有造於列強，列強在中國利益相衝突，乃假手於軍閥，殺吾民以求逞。不特此也，內亂又足以阻滯中國實業之發展，使國內市場充斥外貨。坐是之故，是中國之實業，即在中國境內，猶不能與外國資本競爭，其為禍之酷，不止吾國政治上之生命為之剝奪，即經濟上之生命亦為之剝奪無餘矣。試環顧國內，自革命失敗以來，中等階級頻經激變，尤為困苦；小企業家漸趨破產，小手工業家漸致失業，淪為流氓，流為兵匪；農民無力以營本業，以其土地廉價售人，生活日以困，租稅日以重。如是慘狀，觸目皆是，猶得不謂已瀕絕境乎？

由是言之，自辛亥革命以後，以迄於今，中國之情況，不但無進步可言，且有江河日下之勢；軍閥之專橫，列強之侵蝕，日益加厲，令中國深入半殖民地之泥犁地獄，此全國人民所為疾首蹙額。而有識者所以徬徨日夜，急欲為全國人民求一生路者也。

二　中國國民黨改組的經過

然所謂生路者如何乎？國內務黨派以至於個人，暨外國人，多有擬議及此者，試簡單歸納各種擬議，以一評騭其當否，而分述如下。

一曰立憲派

此派之擬議，以為今日中國之大患，在於無法，苟能藉憲法以謀統一，則分崩離析之局，庶可收拾。曾不思憲法之所以能有效力，全恃民眾之擁護，假使只有白紙黑字之憲法，絕不能保證民權，俾不受軍閥之摧殘。元年以來，嘗有約法矣，然專制餘孽，軍閥官僚，僭竊擅權，無惡不作。此輩一日不去，憲法一日不生效力，無異廢紙，何補民權？邇者曹錕以非法行賄，屍位北京，亦嘗藉所謂憲法以為文飾之具矣，而其所為，乃與憲法若風馬牛不相及。故知推行憲法之先決問題，首先在民眾之能擁護憲法與否。捨本求末，無有是處。不特此也，民眾果無組織，雖有憲法，即民眾自身亦不能運用之，縱無軍閥之摧殘，其為具文自若也。故立憲派只知求憲法，而絕不顧及將何以擁護憲法，何以運用憲法，即可知其無組織，無方法，無勇氣以真為憲法而奮鬥。憲法之成立，唯在列強及軍閥之勢力顛覆之後耳。

二曰聯省自治派

此派之擬議，以為造成中國今日之亂象，由於中央政府權力過重，故當分其權力於各省，各省自治已成，則中央政府權力日削，無所恃以為惡也。曾不思今日北京政府權力，初非法律所賦予，人民所承認，乃由大軍閥攘奪而得之。大軍閥既挾持暴力，以把持中央政府，複利用中央政府，以擴充其暴力。吾人不謀所以毀滅大軍閥之暴力，使不得挾持中央政府以為惡，乃反欲藉各省小軍閥之力，以謀削減中央政府之權能，是何為耶？推其結果，不過分裂中國，使小軍閥各占一省，自謀利益，以與挾持中央政府之大軍閥相安於無事而已，何自治之足云！夫真正的自治，誠為至當，亦誠適合於民族之需要與精神。然此等真正的自治，必待中國全體獨立之後，始能有成；中國全體尚未能獲得自由，而欲一部分先能獲得自

第十四章　中國國民黨改組與北洋軍閥的末路

由，豈可能者？故知爭回自治之運動，絕不能與爭回民族獨立之運動分道而行；自由之中國以內，始能有自由之省，一省以內，所有經濟問題、政治問題、社會問題，唯有於全國之規模中始能解決。則各省真正自治之實現，必在全國國民革命勝利之後，亦已顯然。願國人一思之也。

三曰和平會議派

國內苦戰爭久矣，和平會議之說，應之而生，提倡而贊和者，中國人有然，外國人亦有然。果循此道而得和平，寧非國人之所望，然知不可能也，何則？構成中國之戰禍，實為互相角立之軍閥，此互相角立之軍閥，各顧其利益，矛盾至於極端，已無調和之可能。即使可能，亦不過各軍閥間利益，得以調和而已，於民眾之利益，固無與也，此僅軍閥之聯合，尚不得謂國家之統一也，民眾果何需於此乎？此等和平會議之結果，必無以異於歐戰議和所得之結果。列強利益相衝突，使歐洲各小國不得和平統一。中國之不能統一，亦此數國之利益為之梗也。至於知調和之不可能，而欲冀各派之勢力保持均衡，使不相衝突，以苟安於一時者，則更為夢想。何則？蓋事實上不能禁各軍閥中之一派不對於他派而施以攻擊，且凡屬軍閥，莫不擁有僱傭軍隊，推其結果，不能不出於爭戰，出於掠奪，蓋掠奪於鄰省，較之掠奪於本省為尤易也。

四曰商人政府派

為此說者，蓋鑒於今日之禍，由軍閥官僚所造成，故欲以資本家起而代之也。雖然軍閥官僚所以為民眾厭惡者，以其不能代表民眾也，商人獨能代表民眾利益乎？此當知者一也。軍閥政府託命於外人，而其惡益著，民眾之惡之亦益深；商人政府若亦託命於外人，則亦一丘之貉而已。此所當知者二也。故吾人雖不反對商人政府，而吾人之要求則在於全體平民自己組織政府，以代表全體平民之利益，不限於商界；且其政府必為獨立的，不求助於人，而維持全體平民自己之意力。

如上所述，足知各種擬議，雖或出於救國之誠意，然終為空議；其甚者則本無誠意，而徒出於惡意的譏評而已。

吾國民黨，則夙以國民革命、實行三民主義為中國唯一生路。茲綜觀中國之現狀，益知進行國民革命之不可懈。故再詳闡主義，釋出政綱，以宣告全國。

二　國民黨之主義

國民黨之主義維何？即孫先生所提倡之三民主義是已。本此主義以立政綱，吾人以為救國之道，捨此末由，國民革命之逐步進行，皆當循此原則，此次毅然改組，於組織及紀律特加之意，即期於使黨員各盡所能，努力奮鬥，以求主義貫徹。去年十一月二十五日孫先生之演說，及此次大會孫先生對於中國現狀及國民黨改組問題之演述，言之縈詳，茲綜合之，對於三民主義為鄭重之闡明。蓋必明瞭於此主義之真釋，然後對於中國之現狀而謀救濟之方策，始得有所依據也。

一、民族主義

國民黨之民族主義，有兩面之意義：一則中國民族自求解放；二則中國境內各民族一律平等。

第一方面國民黨之民族主義，其目的在使中國民族得自由獨立於世界。辛亥以前，滿洲以一民族宰制於上，而列強之帝國主義，復從而包圍之，故當時民族主義之運動，其作用在脫離滿洲之宰制政策與列強之瓜分政策。辛亥以後，滿洲之宰制政策，已為國民運動所摧毀，而列強之帝國主義則包圍如故，瓜分之說，變為共管，易言之，武力的掠奪，變為經濟的壓迫而已，其結果足使中國民族失其獨立與自由則一也。國內之軍閥，既與帝國主義相勾結，而資產階級亦眈眈然欲起而分其餕餘，故中國民族政治上、經濟上皆日即於憔悴。國民黨人因不得不繼續努力，以求中國民

第十四章 中國國民黨改組與北洋軍閥的末路

族解放,其所恃為後盾者,實為多數之民眾,若知識階級,若農夫,若工人,若商人是已。蓋民族主義,對於任何階級,其意義皆不外免除帝國主義之侵略。其在實業界,苟無民族主義,則列強之經濟的壓迫,致自國生產永無發展之可能;其在勞動界,苟無民族主義,則依附帝國主義而生存之軍閥及國內外之資本家,足以蝕其生命而有餘。故民族解放之爭鬥,對於多數之民眾,其目標皆不外反帝國主義而已,帝國主義受民族主義運動之打擊而有所削弱,則此多數之民眾,即能因而發展其組織,且從而鞏固之,以備繼續之爭鬥,此則國民黨能事實上證明之者。吾人欲證實民族主義實為健全之反帝國主義,則當努力於贊助國內各種平民階級之組織,以發揚國民之能力。蓋唯國民黨與民眾深切結合之後,中國民族之真正自由與獨立,始有可望也。

　　第二方面辛亥以前,滿洲以一民族宰制於上,具如上述,辛亥以後,滿洲宰制政策既已摧毀無餘,則國內諸民族宜可得平等之結合,國民黨之民族主義所要求者即在於此。然不幸而中國之政府乃為專制餘孽之軍閥所盤據,中國舊日之帝國主義,死灰不免復燃,於是國內諸民族因以有杌隉不安之象,遂使少數民族疑國民黨之主張亦非誠意。故今後國民黨為求民族主義之貫徹,當得國內諸民族之諒解,時時曉示其在中國國民革命運動中之共同利益。今國民黨在宣傳主義之時,正欲積集其勢力,自當隨國內革命勢力之伸張,而漸與諸民族為有組織的聯結,及講求種種具體的解決民族問題之方法矣。國民黨敢鄭重宣言,承認中國以內各民族之自決權,於反對帝國主義及軍閥之革命,獲得勝利以後,當組織自由統一的(各民族自由聯合的)中華民國。

二、民權主義

　　國民黨之民權主義,於間接民權之外,復行直接民權。即為國民者,不但有選舉權,且兼有創制、複決、罷免諸權也。民權運動之方式,規定

於憲法，以孫先生所創之五權分立為之原則，即立法、司法、行政、考試、監察，五權分立是也。凡此既以濟代議政治之窮，亦以矯選舉制度之弊。近世各國所謂民權制度，往往為資產階級所專有，適成為壓迫平民之工具。若國民黨之民權主義，則為一般平民所共有，非少數者所得而私也。於此有當知者，國民黨之民權主義，與所謂「天賦人權」者殊科，而求所以適合於現在中國革命之需要。蓋民國之民權，唯民國之國民乃能享之，必不輕授此權於反對民國之人，使得藉以破壞民國。詳言之，則凡屬反對帝國主義之個人及團體，均得享有一切自由及權利，而凡賣國罔民以效忠於帝國主義及軍閥者，無論其為團體或個人，皆不得享有此種自由及權利。

三、民生主義

國民黨之民生主義，其最重要之原則，不外二者：一曰平均地權；二曰節制資本。蓋釀成經濟組織之不平均者，莫大於土地權之為少數人所操縱，故當為國家規定土地法、土地使用法、土地徵收法及地價稅法。私人所有土地，由地主估價呈報政府，國家就價徵稅，並於必要時依報價收買之，此則平均地權之要旨也。凡本國人及外國人之企業，或有獨占的性質，或規模過大為私人之力所不能辦者，如銀行、鐵路、航路之屬，由國家經營管理之，使私有資本制度不能操縱國民之生計，此則節制資本之要旨也。舉此二者，則民生主義之進行，可期得良好之基礎。於此猶有當為農民告者，中國以農立國，而全國各階級所受痛苦，以農民為尤甚。國民黨之主張，則以為農民之缺乏田地、淪為佃戶者，國家當給以土地，資其耕作，併為之整頓水利，移殖荒徼，以均地力。農民之缺乏資本，至於高利借貸以負債終身者，國家為之籌設調劑機關，如農民銀行等，供其匱乏，然後農民得享人生應有之樂。又有當為工人告者，中國工人之生活絕無保障，國民黨之主張，則以為工人之失業者，皆當努力以求其實現。凡

第十四章　中國國民黨改組與北洋軍閥的末路

此皆民生主義所有事也。

中國以內，自北至南，自通商都會以至於窮鄉僻壤，貧乏之農夫，勞苦之工人，所在皆是因其所處之地位與所感之痛苦，類皆相同，其要求解放之情，至為迫切，則其反抗帝國主義之意，亦必至為強烈。故國民革命之運動，必恃本國農夫工人之參加，然後可以決勝，蓋無可疑者。國民黨於此，一方面當對於農夫工人之運動，以全力助其開展，輔助其經濟組織，使日趨於發達，以期增進國民革命運動之實力。一方面又當對於農夫工人要求參加國民黨，相與為不斷之努力，以促國民革命運動之進行。蓋國民黨現正從事於反抗帝國主義與軍閥，反抗不利於農夫工人之特殊階級，以謀農夫工人之解放，質言之，即為農夫工人而奮鬥，亦即農夫工人為自身而奮鬥也。

國民黨之三民主義，其真釋具如此。而本黨改組後，以嚴格之規律的精神，樹立本黨組織之基礎，對於本黨黨員，用各種適當方法，施以教育及訓練，俾成為能宣傳主義、運動群眾、組織政治之革命的人才；同時以本黨全力，對於全國國民為普遍的宣傳，使加入革命運動，取得政權，克服民敵。至於既取得政權樹立政府之時，為制止國內反革命運動及各國帝國主義壓制吾國民眾勝利的陰謀，芟除實行國民黨主義之一切障礙，更應以黨為掌握政權之中樞。蓋唯有組織有權威之黨，乃為革命的民眾之本據，能為全國國民盡此忠實之義務故耳。

三　國民黨之政綱

吾人於黨綱固悉力以求貫澈，顧以道途之遠，工程之巨，誠未敢謂咄嗟有成，而中國之現狀，危迫已甚，不能不立謀救濟。故吾人所以刻刻不忘者，尤在準備實行政綱，為第一步之救濟方法，謹列舉具體的要求，作為政綱，凡中國以內，有能認國家利益高出於一人或一派之利益者，幸相與明辨而公行之。

甲　對外政策

一、一切不平等條約,如外人租借地、領事裁判權、外人管理關稅權,以及外人在中國境內行使一切政治的權力侵害中國主權者,皆當取消,重訂雙方平等互尊主權之條約。

二、凡自願放棄一切特權之國家,及願廢止破壞中國主權之條約者,中國皆將認為最惠國。

三、中國與列強所訂其他條約有損中國之利益者,須重新審定。務以不害雙方主權為原則。

四、中國所借外債,當在使中國政治上、實業上不受損失之範圍內保證並償還之。

五、庚子賠款,當完全劃作教育經費。

六、中國境內不負責任之政府,如賄選竊僭之北京政府,其所借外債,非以增進人民之幸福,乃為維持軍閥之地位,俾得行使賄買,侵吞盜用。此等債款,中國人民不負償還之責任。

七、召集各省職業團體(銀行界、商會等)、社會團體(教育機關等),組織會議,籌備償還外債之方法,以求脫離因困頓於債務而陷於國際的半殖民地之地位。

乙　對內政策

一、關於中央及地方之許可權,採均權主義,凡事務有全國一致之性質者,劃歸中央;有因地制宜之性質者,劃歸地方,不偏於中央集權制或地方分權制。

二、各省人民得自定憲法,自舉省長,但憲法不與國憲相牴觸。省長一方面為本省自治之監督,一方面受中央指揮以處理國家行政事務。

三、確定縣為自治單位。自治之縣,其人民有直接選舉及罷免官吏之

第十四章　中國國民黨改組與北洋軍閥的末路

權,有直接創制及複決法律之權。

土地之稅收,地價之增益,公地之生產,山林川澤之息,礦產水力之利,皆為地方政府之所有,用以經營地方人民之事業,及育幼、養老、濟貧、救災、衛生等各種公共之需要。各縣之天然富源、各大規模之工商事業,本縣資力不能發展興辦者,國家當加以協助,其所獲純利,國家與地方均之。

各縣對於國家之負擔,當以縣歲入百分之幾為國家之收入,其限度不得少於百分之十,不得超過於百分之五十。

四、實行普通選舉,廢除以資產為標準之階級選舉。

五、整訂各種考試制度,以救選舉制度之窮。

六、確定人民有集會、結社、言論、出版、居住、信仰之完全自由權。

七、將現時募兵制度漸改為徵兵制度,同時注意改善下級軍官及兵士之經濟狀況,並增進其法律地位,施行軍隊中之農業教育及職業教育,嚴定軍官之資格,改革任免軍官之方法。

八、嚴定田賦地稅之法定額,禁止一切額外徵收,如釐金等類,當一切廢絕之。九、清查戶口,整理耕地,調查糧食之產銷,以謀民食之均足。

十、改良農村組織,增進農人生活。

十一、制定勞工法,改良勞動者之生活狀況,保障勞工團體,並扶助其發展。

十二、於法律上、經濟上、教育上、社會上確認男女平等之原則,助進文化之發展。

十三、厲行教育普及,以全力發展兒童本位之教育,整理學制系統,增高教育經費,並保障其獨立。

十四、由國家規定土地法、土地使用法、土地徵收法及地價稅法。私

人所有土地，由地主估價呈報政府，國家就價徵稅，並於必要時得依報價收買之。

十五、企業之有獨占的性質者及為私人之力所不能辦者，如鐵路航道等，當由國家經營管理之。

以上所舉細目，皆吾人所認為黨綱之最小限度，目前救濟中國之第一步方法。

三　中國國民黨改組後在廣東奮鬥的第一年

中國國民黨改組後在廣東奮鬥的第一年，真是最艱難困苦的一年。因為環境的險惡，在事實上不能表現如何的大成績，但國民革命軍的基礎，在這一年已經立定了。茲就當時的環境，和主要的設施及所遇事變，分別略述如次：

一、當時的環境

當時的中國國民黨，雖有中山所主持的大元帥政府設在廣東，但實際上大元帥政府的勢力幾乎不能出廣州一步；廣州以外，幾乎無處不是敵人。東江一帶，為陳炯明、林虎、洪兆麟輩所盤踞，軍隊共約三萬人；粵南為鄧本殷、申保藩等所盤踞，軍隊也有三萬人上下：這是大元帥政府彰明昭著的敵人。站在大元帥旗幟下面的，有楊希閔所統的滇軍，劉震寰所統的桂軍，譚延闓所統的湘軍，朱培德所統的滇軍，許崇智所統的粵軍，李福林所統的福軍，樊鍾秀所統的豫軍，以外還有些零星部隊，人數、實力彷彿也不弱。假使這些軍隊都能聽大元帥的指揮，不難把東南兩路的敵人立即撲滅。但是這些站在大元帥旗下的軍隊，實際上也有許多是大元帥政府的敵人，不過一時尚不能辨別得十分清白；其中最有勢力的軍隊，要

第十四章　中國國民黨改組與北洋軍閥的末路

算是楊希閔、劉震寰的兩部——因為驅逐陳炯明、擁護中山回粵的，是得此兩部之力——但最不聽命令、不受指揮的，也要算這兩部。所以在國民黨改組的前後，那個大元帥政府實在沒有一點力量。

中山很明白這種情形，所以在國民黨改組、選定中央執行委員時，就把重要的軍隊首領也選定幾個納入中央執行委員會中——如譚延闓、楊希閔，都是第一屆的中央執行委員——中山以為中央執行委員會是黨的最高權力機關，把他們加入在裡面，庶幾可以真正行使黨的最高權力，實現各種整理政務並發展黨勢的計畫。誰知事實上卻大不然。因為楊希閔、劉震寰之徒，都是借擁護中山的三民主義為名到廣東來發財的，心目中並沒有黨；所有黨的議決，都置之不理。當時廣東的財政收入，幾乎全在楊、劉部下的手中，不肯放鬆一點；譚延闓所部的湘軍被楊希閔壓迫，幾有不能生存之勢，當時湘軍中有四句很可憐的話：「飢不得食，寒不得衣，病不得藥，死不得埋。」而楊、劉兩部的滇桂軍，則一手遮天，橫行無忌。中山實在痛心不過了，有一次在軍事會議席上，當著楊、劉等一班軍官，作很沉痛的演說。他說：

……滇桂軍各軍官！你們趕走了陳炯明，我是很感激你們的。當時我在上海，沒有一點實力，原本不想回到廣州，只是想用心著書，把我的政見，向廣東父老兄弟宣傳。後來你們都派人來到上海，要求我即時回到廣東，自誓要實心擁護我，服從我的命令，實行我的主義，我更是感激你們。因此我才決意回來。誰知你們都是戴著我的帽子，來踐踏我的家鄉。我是革命黨人，犧牲是不惜的。如果於國家有益，我就約同廣東的父老兄弟一齊犧牲，也都是願意的。可惜你們把我的家鄉這樣踐踏，而於國事是毫無益處的，那我就不能再和各位一塊辦事，我不得不和你們離開，我要回香山去了。

當時楊、劉等聽了中山這番話，也裝著很感動的樣子，都答覆中山

三　中國國民黨改組後在廣東奮鬥的第一年

說：「大元帥何必生氣！你要我們怎樣，我們此後都服從你就是了。」中山於是提出一件統一財政的議案來，當場一致通過了。但是散會以後，依舊一點不能實行，各軍依舊分割防區，把持稅收，肥區的軍隊飽欲死，瘠區的飢欲死，到底沒有辦法。到九月裡，中山委廖仲愷做財政總長兼廣東財政廳長，又兼軍需總監，把所有財政全權交他一人，希望他把財政統一起來。廖仲愷當時發出一道通電，說明財政不統一之害與統一之利，大意說：如果各軍都肯捐除私見，則把現在的收入分配各軍是很夠的；如果各軍仍舊是任由所部的驕兵悍將、貪官汙吏隨意剝削人民，則必至軍隊不能打仗，官吏不能做事，人民也日益窮苦。他的意思是想各軍將財權交還。各軍接到他的通電，也發出許多響應的電來，答覆得很漂亮，但都是空口說空話，沒有一個人肯交出一個錢來。廖仲愷因此向中山辭職，說：「使我做這樣的財政當局，不過是替大元帥多擔一個惡名；不如准我辭職，或者可以使人民知道是不法軍隊把持的罪過。」於是他把一切財政權交還大元帥，專在中央黨部辦理黨務，並任黃埔軍官學校黨代表，從事政治訓練的工作。這是當時大元帥政府內部的軍隊財政情形，可以說是與國民黨改組前無絲毫分別。

　　再說當時廣東的商民，對於大元帥政府的情感。原來廣東自洪憲帝制戰爭以來，幾乎沒有一年不是在客軍蹂躪宰割之下。廣東在中國各省中，雖然是比較財力豐盛的省分，經過這樣長期間的搜刮，一般商民實在也是疲敝不堪了。陳炯明假粵人治粵的名目，排擠客軍；中山卻依滇桂等客軍的力量，來樹立大元帥府作革命的事業；中山雖然說「我是革命黨人，犧牲是不惜。如果於國家有益，就約同廣東的父老兄弟一齊犧牲，也都是願意的」；一般商民，哪裡能夠懂得這種道理呢！他們只覺得中山是要利用客軍爭政權報陳炯明的仇，連累他們受苦；不知中山自己對於那些「戴著他的帽子，蹂躪他的家鄉」的豺狼，也是痛恨極了。所以自大元帥政府

第十四章　中國國民黨改組與北洋軍閥的末路

成立以來，一般商民已經不十分熱心擁護；及到國民黨改組，把「容共聯俄」的政策明白表現出來，大家以為這就是赤禍來了。雖然國民黨改組後對於經濟方面的主張，並不曾反對私有財產制度，一面扶植農工，一面仍保護商民，但是改組後的宣傳工作偏重農工方面（中央黨部初僅設青年部、工人部、農民部；後來雖然添設了實業部和商人部，但宣傳工作的進行，實偏重農工）。因此一般商民，對於大元帥政府的感情，更加惡化了。

還有一個大敵人，就是帝國主義的香港政府。該政府對廣東的革命政府向來不懷好感，加以英帝國與蘇俄，已成為「赤白」的勁敵；鮑羅廷一到廣東，香港政府就寢不安席了，知道國民黨與蘇俄合作，要打倒帝國主義，首當其衝的便是香港──英帝國的殖民地。因此挑撥廣東的商民，援助陳炯明等一班軍閥，刻刻以推翻廣東的革命政府為務。當時的香港，幾成為各種反革命勢力的策源地。

概括起來：當時廣東的大元帥政府，裡裡外外，無處不是敵人；內部的驕兵悍將，東南兩路的軍閥，短視的商民，帝國主義的金錢、武器和陰謀，四方八面壓迫著，使得廣州的革命勢力，不容易生存。這便是當時的環境。

二、國民黨的設施

國民黨改組後第一年內最重要的設施，總要算黃埔軍官學校的創立。中山革了幾十年的命，辦了幾十年的革命黨，從來不曾有過真正的革命軍。革命的方法，只是用革命黨去運動固有的軍隊，或插入固有的軍隊，使為革命黨所用，從來不曾自己創造一種真有革命性的軍隊。所以革來革去，只革出無數的小軍閥來。例如陳炯明所部粵軍的全部，說是曾經宣誓入黨的，並且是中山用全力培植起來的，總可以算是黨軍了（朱執信說它是黨的遺腹子，因為民國七年中山去粵僅留此軍在閩南，為後來驅逐桂

系的基礎），然而圍攻觀音山總統府的就是這種黨軍；我們考察這種粵軍的來歷，原來就是從前朱慶瀾所部二十營的老軍隊，由中山在桂繫手中爭來，給與陳炯明的。中山自經過這一次的挫折後，知道一般擁戴他的舊軍隊都是不可倚靠的；要想革命事業發展，非自己創造一種黨軍不可；而創造黨軍的基礎，就在首先養成一班徹底了解主義而有革命精神的軍官。十二年夏間，派遣蔣中正往蘇俄，考察赤衛軍的訓練組織，是他最重要任務之一。到國民黨改組時，蔣中正由莫斯科回國，中山就命他籌備「中國國民黨陸軍軍官學校」，以黃埔舊海軍學校為校址（因此後來通稱為黃埔軍官學校），於十三年五月開學，即以蔣為校長。開學的那天，中山到校演說中有一段如下：

　　……民國的基礎，一點都沒有，這個原因，簡單說，就是由於我們革命只有革命黨的奮鬥，沒有革命軍的奮鬥。因為沒有革命軍的奮鬥，所以一般官僚軍閥，便把持民國；我們的革命，便不能完全成功。今天開這個學校的希望，就是要從今天起，把革命的事業重新創造，要這學校的學生來做根本，成立革命軍。諸位學生，就是將來革命軍的骨幹……

　　黃埔軍官學校的目的，既是如此，所以在招收學生時，就加了一番很嚴密的選擇工夫，必定要對於中國國民黨的主義精神，有相當的了解，年富力強、意氣旺盛的人，然後才被收錄。入校後的訓練，精神方面與技術方面同時並重。內部的組織，就是後來黨軍組織的模範；校中設黨代表，按部組織黨部黨團；黨代表權力之大，與校長並行。這種組織後來擴充到軍隊中的各級（由軍黨代表到連黨代表）。第一屆中央執行委員會第三次全體會議，對於黨軍校及黨軍隊之訓令中，有下列二則：

　　甲、在軍校及軍隊中所有一切命令，均由黨代表副署，由校長或由該管長官執行；軍中黨的決議，其執行亦須遵此秩序。

　　乙、所有一切軍校及軍隊中之法令規則，經黨代表副署者完全有效

第十四章　中國國民黨改組與北洋軍閥的末路

（反之不副署者則無效）。

　　這種組織，就是要使這種軍校和軍隊，真正成為黨的工具，不使變為私人的工具，頗與中國從前的監軍制相似，但實際是由蘇俄赤衛軍的組織模仿而來的。

　　黃埔軍校初次開學時，據蔣中正的報告（十五年國民黨全國代表會議席上報告）說：「其時只有學生四百六十幾人，軍械既少，經費又沒有著落；因為廣東所有的財政收入，都由滇桂軍把持去了。因之什麼事都不能做；不但學生求學不成，學校全部都幾乎不能支持，當然這裡面有許多曲折，更有許多障礙：因為反革命的軍隊，知道了軍官學校的目的，就深怕我們成功；他們知道我們成立之後，一定要反對他們，他們就不能再搜刮人民了；所以千方百計來破壞。」看他這段報告，我們可以知道黃埔軍校初成立時艱難困苦的情形。但是革命軍的基礎終於由此立定了，那些反革命的滇桂軍生命縱能延長，也不十分久了。

三、北伐進行中的商團事變

　　黃埔軍校在十三年五月才成立；三數月內，絕不能有黨軍的產生；然則在短期間內也絕不能有北伐的力量，這是很明白的。但是在十三年九月中旬，中山又出師韶關，進行北伐的事宜了。我們須知道，此次的北伐，也是由內外的環境逼迫而來的。第一次北方軍閥的戰爭已經開始，蘇浙戰爭於九月一日爆發，第二次奉直戰爭也在積極準備中。原來自曹錕篡竊總統的位置以來，國內各方面已形成一種反直的大聯合。皖派的段祺瑞、盧永祥，奉天的張作霖等都與中山有聯繫；國民黨雖與這些軍閥都不相容，但對於打倒曹錕、吳佩孚這一點，目前總是一致的。蘇浙軍事行動既起，中山不能坐視，讓機會失去：這是進行北伐的一個動機。第二，廣州的環境十分惡劣，頗有藉此另闢新天地、別求新生路的意思。我們試看中山將行出師北伐前，向廣東人民發表的宣言可知。（宣言的後段如下：「……文

率諸軍四圍衝擊，轉輸供億，苦我父老昆弟至矣。軍事既殷，軍需自繁，羅掘多方，猶不能給，於是病民之諸捐雜稅，繁然並起，其結果，人民生活受其牽制，物價日騰，生事日艱。夫革命為全國人民之責任，而廣東人民所擔為獨多，此已足致廣東人民之不平矣；而間有驕兵悍將，不修軍紀，為暴於民；貪官汙吏，託名籌餉，因緣為利。馴致人民之生命自由財產，無所保障，交通為之斷絕，塵市為之凋敝，此尤足令人民嘆息痛恨，此革命政府所由旁皇夙夜，莫知所措者也。廣東人民，身受痛苦，對於革命政府，漸形失望，而在商民為尤然。殊不知革命主義為一事，革命進行方法又為一事。革命主義，革命政府始終盡力以求貫徹；革命進行方法，則革命政府不憚應環境以求適宜。廣東今日此等現狀，乃革命進行方法未善有以使然，於主義無與。若以現狀之未善而謗及於主義之本身，以反對革命政府之存在，則革命政府為擁護其主義計，不得不謀壓服此等反對企圖而使之消滅。……故為廣東人民計，為商民計，莫若擁護革命政府，實行革命主義，同時與革命政府協商改善革命之進行方法。蓋前此大病在人民守其不問國事之習，不與革命政府合作；而革命政府為存在計，不得不以強力取資於民，政府與人民間遂生隔閡。

今者革命政府，不恤改弦更張，以求與人民合作，特鄭重明白宣言如左：

一、在最短期內，悉調各軍實行北伐；

二、以廣東付之廣東人民，實行自治，廣東市政府剋日改組，市長付之民選，以為全省自治之先導；

三、現在一切苛捐雜稅悉數蠲除，由民選官吏另訂稅則。

以上三者，革命政府已決心實行。廣東人民當知關於革命進行之方法，革命政府不惜徇人民意旨從事改善；唯我廣東人民，對於革命之主義當以熱誠扶助革命政府使之早日實現。政府、人民同心同德以當大敵……

第十四章　中國國民黨改組與北洋軍閥的末路

中華民國實嘉賴之。」）他知道廣東一般的商民，因為受了各種驕兵悍將的剝削蹂躪，對於革命政府很有惡感，想假北伐的機會，把那些軍隊調遣出去，再由革命政府把廣東內部的財政來整理，希望人民體諒政府這種意思，與政府合作（所以在出師北伐時，委廖仲愷為財政總長、軍需總監兼廣東財政廳長，見前段）。萬一軍隊有不聽他的調遣的，他也無可如何，就只好讓一般人民知道這些軍隊的行為是反革命的行為，不是出於革命政府的意思；一面率領那些受調遣的軍隊向外另闢新生路，韶關就是另闢新生路的根據地（中山想以韶關為訓練黨軍的根據地，在中山與蔣介石各書中可以看出。參看《中山先生手札墨跡》）。這大概是出師北伐的別一個動機。中山於九月十三日發表討曹的宣言，以大元帥職務交胡漢民代行，己則偕譚延闓移駐韶關。結果，被調遣去的軍隊，就只有譚延闓所部的湘軍、朱培德所部的滇軍、樊鍾秀所部的豫軍，而楊希閔、劉震寰所部的滇桂軍，依舊盤據廣州附近各地，不受調遣，因此廖仲愷的財政統一計劃依舊不能實現，不過楊、劉輩的反動情態，從此更為革命政府所明白認定了（所以蔣介石的軍事報告說，十三年的北伐是革命政府辨別內部軍隊的「試金石」。凡不受調遣的，便知道是敵軍，非把他解決不可）。至於北伐，在這種情形之下，當然得不到效果的。

　　在北伐進行的當中，革命政府遇著一件很重要的事變，就是所謂「商團事變」。這件事變，也可以說是革命政府一個重要的生死關頭。原因就是起於廣東商民，對革命政府不滿。英帝國的香港政府暗中操縱，想打倒國民黨的革命政府，樹立一個商人政府來代替它；陳炯明和內部滇桂軍，也有從中勾結的舉動。事變的發端，在中山出師北伐前很久。在五月後旬，廣東市政廳宣布一件「統一馬路業權案」，依此案須抽收鋪底捐。廣東全市商界七十二行因開代表會議，決定總罷市，並召集商團及鄉團以防政府之武力壓迫；後來政府把「統一馬路業權案」取消了，罷市風潮雖

三　中國國民黨改組後在廣東奮鬥的第一年

得解決,而商團、鄉團卻從此議定了一種聯防章程,是為商團案發生之始。八月一日,商團團長陳廉伯(英國滙豐銀行買辦)由粵漢路總理許崇浩介紹向軍府領到一張買槍的執照。此照發出之後,不過四天,大批槍械(九千餘桿)便已由一隻丹麥船名「哈佛號」的運載入口。中山得到消息,知道陳廉伯與陳炯明有勾結,商團的作用是蓄意來反抗政府的;這批槍械是早已買定,並且已經運到,特候騙到執照,方行入口,否則入口沒有這麼快。中山因命將槍械全部扣留在黃埔軍校。

查悉軍械數目與領發執照時所報數目亦不相符,政府認為私運,商團不服,便引起商團罷市的風潮來。英國總領事公然出來干涉,於八月二十七日,致一類似「哀的美敦書」的通牒於革命政府的外交部,說:聽聞華軍將要轟擊商團,若果屬實,英國海軍司令官也將炮擊華軍。中山因向英帝國麥克唐納內閣提出抗議。當時革命政府以所處環境太惡,很想向商團委曲求全。滇軍範石生、廖行超等,本與商團有勾結,乃以第三者名義從中調停,與商團簽約擔保政府將槍械全數發還,而以商團報效政府軍費五十萬元為條件,因種種關係未能實行。後來中山允由各處鄉團及商團,直接備價向大本營領槍,免致整批槍械落入商團少數野心家之手,而商團代表堅持須由代表全數領去轉發。雙方相持,不能解決。到十月初旬,政府酌定折衷辦法,發還長短槍五千桿,交與商團代表轉發,由商團繳足二十萬元,並抽全市房租捐一個月,及各商店立即開市。商團允諾了。遂定於十月十日將長短槍五千桿由黃埔運赴西壕口,交商團領收。恰好這一天是雙十節,有學生、工人、農民等集會慶祝遊行,與那些領得槍支的商團發生衝突;商團開槍,把徒手遊行的群眾打死了許多人。到第二天商團聯合會散發傳單,稱政府發還槍支不及半數,非俟全數發還,不可開市。故仍有半數商店,未曾開市。商團總部又發出布告說:本團派團兵巡街,如有不法之徒擾亂治安,准予痛剿,同時並迫令開市的商店,繼續罷市。

第十四章　中國國民黨改組與北洋軍閥的末路

一面宣傳東江陳軍不日來攻，一面煽動北江方面許多民團準備應援，截斷廣州韶關間的交通。此時廣州局勢的嚴重，我們從中山與蔣介石的書中可以看出。中山在十月十一日幾天之內，由韶關連發數函，要蔣把所有軍械即速運往韶關（由俄國接濟的第一批軍械，也在十月初旬到廣州，存於黃埔軍校，許多軍隊想把它瓜分），並勸蔣捨去廣州，同往韶關，把韶關作練兵場所（參看《中山先生手札墨跡》）。廣州方面的領袖，也因為滇桂軍不可靠，有主張退出廣州，將一切機關及隊伍移駐西江肇慶的；其形勢的險惡可知。最後覺得廣州根本之地不可輕易動搖，然後商同那些尚可調遣的軍隊，如許崇智的粵軍、李福林的福軍、吳鐵城的警衛軍，與黃埔軍校的學生軍合攏一起，於十月十四晚開始行動，至十五日把那些商團包圍，全體繳械。所謂「商團事變」至此全行解決，廣州的革命政府才去了一個大威嚇。這是黃埔學生軍第一次參與軍事行動的小試其技。商團繳械後，黃埔軍校便用這批槍械成立了一個教導團。那時候，滇軍尚想設法破壞黃埔軍校，取得這批槍械；蔣中正很強硬地向他們說：「你們如果有本領，就來打黃埔，否則你們不要講話。」（見蔣介石軍事報告）可見此時的黃埔軍校，已不可侮了。國民革命軍的基礎，可以說在此時已經立定。

四　曹、吳的傾倒

廣州發生商團事件時，正在蘇浙戰爭和第二奉直戰爭相繼演進時；十月十五日起，商團事件解決不到十天，北方便有馮玉祥等倒戈（十月二十三日）的事件，曹錕、吳佩孚的政府因此顛覆。本節把它顛覆的始末，概括地敘述如下。

曹錕的勢力全在吳佩孚，吳佩孚的潛勢力全在他取得一部輿論的同

情;自吳氏將順驅黎、賄選以來,他所取得輿論的潛勢力已經完全毀滅了。他必定失敗已經很明白,不過是時間問題罷了。曹錕卻也很明白他自己得志的由來,坐上總統的椅子後,向人家說:「非子玉無以至今日。」因此任吳為直魯豫巡閱使,(任王承斌督直兼直魯豫巡閱副使,任齊燮元為蘇皖贛巡閱使、蕭耀南為兩湖巡閱使。)事無大小,都要向洛陽取進止。吳佩孚以為他整個勢力全在直系武力的團結,又從中山手裡把法統的旗子搶了過來,現在已把曹錕扶在法統的椅子上作他的傀儡,還有誰能打倒他呢?他此時所注意的就只是乘機制服南方的中山、盧永祥和東北的張作霖。他對南方的計畫,是用孫傳芳圖閩以制粵,而以陳炯明為內應,又用蘇、皖、贛、閩以圖浙;對東北則非自己再行大規模的秣馬厲兵,打到關外去不可。但這種全部的計畫,不是頃刻之間可以實現的,因此從十二年十月曹錕竊位成功後,到十三年夏秋間,表面上沒有起什麼大變化。不過賄選最出力的所謂津保派的人物,對於曹錕事事倚重洛吳,未免有點不滿;還有那位「豬仔」首領吳景濂和一班搶錢的官僚,製造什麼狐群狗黨的政黨,爭內閣打架,鬧出許多笑話;(吳景濂想作曹錕的第一任內閣總理,曹不與,以高凌蔚代閣,而提孫寶琦組閣,吳因欲制高,乃透過孫寶琦,孫與王克敏不合,到十三年七月辭職,由顧維鈞代,至九月戰事發生時,始由顏惠慶組閣,這是曹錕時代的內閣更迭史。)都於大局無甚關係,吳佩孚也不把他們放在意中。

　　上面是專就曹、吳的方面說。至於反對曹、吳各方面的活動,在曹錕賄選成功時已有「滿天風雲」的樣子:中山於十月九日便通電全國宣言討曹,並電段祺瑞、張作霖、盧永祥同時舉義;十日(即「雙十節」),曹錕在北京就任,上海、杭州、蕪湖等處的市民,也在這一天舉行反曹大遊行;盧永祥於曹錕就任的第三日(十月十二日)便通電宣告停止與北京政府的公文往來,表示不認曹為總統;次日,復有由汪精衛、姜登選領銜以

第十四章　中國國民黨改組與北洋軍閥的末路

各省聯席會議代表的名義釋出反曹的通電；一般未參與賄選的議員和黎元洪派的政客，麇集於杭州、上海兩地，頗有在杭州另組政府、以盧永祥作反直運動中心的意思。但是這個運動未能實現，因為黎派的政客仍想擁黎；中國國民黨系的人不願再擁黎作傀儡；江浙兩省的商民雖然表示反曹，恐怕江浙變為兩廣，陷入戰爭的漩渦，以和平相號召；盧永祥察看當時的形勢——廣東方面尚在孫、陳相持之中，未必能實行出兵；奉天方面也因為準備未完成，未必能實行發難，不敢獨當戰爭之衝；因此滿天反直的風雲，一時無形消散。但是後來反直的大戰爭，仍由江浙發動。

江浙戰爭，在十二年冬，本已有不可避的形勢，因為江浙兩省間還有一個淞滬爭議的問題。（淞滬本屬江蘇，盧永祥由淞滬護軍使升任浙督時，即以盧之部屬何豐林繼任，於是淞滬乃成為浙盧之勢力範圍，江蘇督軍之命令幾有不能行乎淞滬之勢。在李純督蘇時，曾欲收回，終以盧永祥強硬把持，未能如願。及李純因家庭闇昧事故被殺，齊燮元以李自殺告，乘機取得蘇督；恆以淞滬成為浙省附庸為遺恨。加以兩人在北洋軍閥系統中一屬皖，一屬直，皖直之爭既不能泯，則淞滬尤為必爭之地。故淞滬問題，久成為江浙戰爭之導火線。）十二年十一月十日，淞滬警察廳長徐國梁被刺死，何豐林委陸榮錢接任，齊燮元、韓國鈞（江蘇省長）委申振綱接任；兩方面爭持許久，申終被拒，齊氏此時便決計以武力對浙。不過此時福建的問題尚未解決，吳佩孚不贊成齊氏動兵，齊氏不得已，與浙盧成立一種和平公約，藉以見好於兩省的紳民。但自和平公約簽訂後，兩方面仍積極地備戰。到十三年夏秋間，再以福建臧致平、楊化昭的問題為導火線，兩省實行宣戰了。

原來福建方面，自十二年三月任命孫傳芳為軍務督理後，因為該省內部情形複雜，孫氏經營年餘，未能得志。孫氏起初欲誘臧致平以制王永泉，未能達到目的；後得周蔭人之力，將王永泉從福州驅逐，又將臧致

四　曹、吳的傾倒

平、楊化昭從閩南逐出，福建始略定。但周蔭人既立如此大功，不能不給他一個重要位置，因於十三年四月任周為福建軍務督理幫辦（此時王永泉雖已解決，臧致平尚未被制服）；到五月中，北政府更欲依賴孫傳芳以圖粵，乃任孫為閩粵邊防督辦，以福建軍務督理授周蔭人，似為「一舉兩得」的辦法；但所謂閩粵邊防督辦，實際督不到粵省去，而周蔭人又不願兩大並處，於是孫傳芳的地位落了空，想向浙江發展，因與齊爕元合謀圖浙，向曹錕、吳佩孚建議。曹、吳對於盧永祥的行動，久已懷恨；現在閩省既已底定，對於孫、齊二人的建議自然贊成，於是所謂四省（蘇、皖、贛、閩）合力攻浙的計畫以定。浙江方面，盧氏的戒備本來未嘗稍懈，自孫傳芳、周蔭人在閩得勢，知道自己已陷入兩面夾攻的形勢中，因極力與廣東、奉天方面聯繫；對於廣東，並盡力調解孫、陳，一面勸陳炯明向福建發展，不要死守惠州與中山為敵，一面託人勸中山寬恕陳氏（故當時有孫、陳和解之議，並由吳敬恆向中山哀求寬恕陳氏一次）。臧致平、楊化昭由閩南被逐，率領部屬由贛邊轉入浙江，盧永祥便把他們收容改編，以厚兵力。因此對方便以盧氏收容叛軍為口實，向他責問，盧氏不為稍屈。吳佩孚曾命河南省長李濟臣代向浙盧電勸，要他把臧、楊的軍隊遣散；盧氏答他說：「臧、楊在閩，分屬國軍，閩贛以十萬之眾，未能剪除，浙為自身安全計，為大局和平計，更無遣散之必要。」他的強硬態度於此可見。在八月後旬，江浙兩方面調兵遣將，形勢日趨緊迫；孫傳芳於八月二十五日由福州率兵出發，向浙邊進行。到九月初，江浙軍隊在滬寧路安亭附近接觸，是為江浙戰爭的開始。

　　盧永祥在蘇、皖、贛、閩三面包圍的形勢中，為何如此強硬？原因就是所謂粵、奉、浙的三角同盟已經成立，江浙一動兵，廣東、奉天方面也必定出兵；廣東方面的所謂孫、陳調和雖未能成事實，中山出兵北伐的計畫已經確定，最低限度的效力可以牽制對方江西的兵力；奉天一出兵，可

第十四章　中國國民黨改組與北洋軍閥的末路

以把曹、吳援助蘇省的力量打消；所謂蘇、皖、贛、閩四省的攻浙，實際上主要的敵人不過是蘇齊與閩孫，所以盧永祥勇於動兵抵抗。

江浙戰端既開，粵奉兩方果然同時發動。中山於九月五日發表宣言，翊日移師北指；十三日，親往韶關準備攻贛。（其不能有所發展的原因，前節已言之，此處不再備述。）奉天方面，新舊兩派的意見初不一致，（舊派張作相、吳俊陞主張鎮靜，俟江浙戰事解決，再定行止，可進可退；新派張學良、楊宇霆輩則謂直系有事東南，不暇兼顧，急宜乘虛直入，響應浙盧以為聲援，此千載一時之機，萬不可失。）後來張作霖還是聽從新派的計畫，決計進兵入關。當江浙戰端將啟時，張作霖屢電曹錕，勸他不要過信吳佩孚，輕起戰端。到九月四日（時江浙軍隊已開火），又發出一道響應盧永祥、責備曹吳的通電。九月十五日，一面實行動兵（分六路出發，自任總司令），一面向曹錕發一類似「哀的美敦書」的電文，說：「⋯⋯今年天災流行，饑民遍野，弟嘗進言討浙之不可，足下亦有力主和平之回答；然墨瀋未乾，戰令已發，同時又進兵奉天，扣留山海關列車，杜絕交通，是果何意者？足下近年為吳佩孚之傀儡，致招民怨；武力討伐之不可能，徵諸蘇軍之連敗而可明。弟本擬再行遣使來前，徒以列車之交通已斷，不克入京。因此將由飛機以問足下之起居，枕戈以待最後之回答⋯⋯」此時曹、吳亦已積極備戰，吳佩孚於九月十二日由洛陽到北京，曹任吳為討逆軍總司令，王承斌為副司令，籌備後方，彭壽莘、王懷慶、馮玉祥為一、二、三三軍總司令，十八日釋出討伐張作霖的命令。於是第二次奉直大戰正式開始。

江浙方面的戰事，起初盧永祥頗占勝利（故張作霖電曹，有「蘇軍連戰連敗」語），但因孫傳芳的軍隊由閩入浙，於九月中旬占領衢州，盧氏受了後方的威嚇，又疑浙省內部的軍隊有與孫傳芳妥協的情事，便以赴滬督師為名，率所部離去杭州，準備將浙省放棄，集中兵力於淞滬，與蘇軍

四　曹、吳的傾倒

作「背城借一」之決鬥。北政府因於九月二十日下令任命孫傳芳督浙兼閩浙巡閱使,任夏超為浙省長。到十月初旬,盧永祥軍事完全失敗,於十月十二日通電下野,與何豐林、臧致平同走日本,江浙戰爭至此告一段落,算是反直派受了一大挫折。但是北方的奉直大戰正在劇烈的當中,尚未知鹿死誰手。到十月二十三日,馮玉祥等倒戈的活劇出現了。

曹、吳對於馮玉祥,向來視為心腹。馮、吳兩人且同以北洋系的模範軍人自命,相與結為同志。當第一次奉直戰爭時,馮玉祥甘願犧牲陝督的地位,替吳鞏固豫省的後防;曹錕謀篡時,馮又為逼宮驅黎的導演員;此次忽然倒戈,在吳佩孚以為是突然發生的意外事情;他以為他的直系軍閥勢力還是整個的,不知道早由他自己造成了一些裂痕。第一次奉直戰後,馮玉祥取得河南督軍的地位,吳氏駐洛陽,以部屬視馮,馮則不能事事承吳意旨,吳因奪其豫督之席,受諸部屬張福來;初尚許馮氏以熱察綏三特區巡閱使,後乃僅以陸軍檢閱使的空銜給他。馮氏有兵而無地盤,坐困北京,乃不能不聽吳的擺布;在吳氏以為這是駕馭雄才的妙策,不知道這就是他內部勢力發生裂痕的起點。曹錕篡位成功後,吳氏升任直魯豫巡閱使,馮為吳氏所扼,一無所得,徒得逼宮的惡名,至此馮氏對於曹、吳的惡感更深,不能再為曹、吳的心腹了。這種情形,在反直派的人士已經看出一點痕跡,於是當江浙戰爭發生時,便有人向馮遊說,馮在此時與國民黨人已經發生了關係(此時雖未加入國民黨,然與黨中的要人已經很接近);不過馮氏為人很深沉,不易被外人看出罷了。

馮氏於江浙戰事發動時,聞有請命援蘇之事,意在向東南謀得地盤;吳則欲為孫傳芳留地位,不許其請,而以不可必得的未來東三省巡閱使為餌,要他助突破瓶頸外,於是更促起馮氏的憤恨心。這是馮、吳間預伏的裂痕。吳氏的直屬諸將中,因為吳氏平昔頤指氣使,凡事獨斷獨行,也有很不滿於吳氏的,王承斌便是第一個;其他如胡景翼、孫嶽都是與革命黨

第十四章　中國國民黨改組與北洋軍閥的末路

有歷史關係的，吳氏把他們當作心腹的將領，實際都是不滿於他的人，暗中傾向於馮氏。在吳氏布置關外軍事的進行中，反直派「聯馮倒吳」的布置，也暗中進行；馮氏的方針也早已決定了。及討伐令下，馮氏被任為第三軍總司令，擔任熱河方面軍事，榆關一路由吳氏自任；對於餉械的分配，吳氏一手把持，集中於榆關一路，分配給馮氏的異常刻薔，馮氏及所屬將領更加憤恨。動員令下後，馮部遲遲不進，吳頗懷疑，然亦無可如何，最後曾命王承斌赴熱河代馮行使總司令職權，誰知王氏也與馮氏結為同氣。馮至前敵，電京索餉，便有許多憤激的話；十月九日榆關戰事最劇烈時，馮又向曹錕及直系諸將領（並有段祺瑞、盧永祥諸人，獨不及吳佩孚）發一通電罵曹錕、李彥青、王毓芝、王克敏，說他們「朋比為奸，致兵革遍於全國，人民淪於水火，欲靖國事，非將此輩小人一律驅逐不可」；曹頗駭怪，吳氏聞知，心中很不安然，但是大敵在前，別無辦法。到十三日，馮部在熱河前線已與奉軍將近妥協；十九日，便祕密開拔，兼程回京；孫嶽此時任北京警備司令，事前既與馮一致，故馮軍入京一無阻礙；二十三日晨二時許，馮軍已將北京各要地占領，總統府已在馮軍的包圍中了。

是日，即由馮玉祥、胡景翼、孫嶽、米振標（熱河都統）及其所屬師旅長等聯名通電，主張停戰。曹錕、吳佩孚好比聽到一個晴天霹靂。次日，曹氏被迫發下四令：一、前敵停戰；二、撤銷討逆軍總司令等職；三、吳佩孚免去本兼各職；四、特派吳佩孚督辦青海屯墾事宜。吳佩孚一面分兵防禦關外的敵人，一面反兵向馮作戰；馮與胡景翼、孫嶽等組織國民軍分為三軍，推馮為總司令兼第一軍長，胡、孫為副司令，分任第二、三軍長，準備對吳。吳前後受敵，自然必敗；到十一月三日，吳氏率領殘部由大沽浮海南下，戰事暫告一段落。當吳氏向馮作戰時，蕭耀南、齊燮元、孫傳芳頗想援助吳氏，一面通電討馮，一面預備派兵北上；但京

漢線方面，閻錫山派兵駐守石家莊，把路線阻斷；山東方面，鄭士琦（山東督軍）宣布中立，也把津浦線阻斷了（閻、鄭皆與段祺瑞接近，與吳佩孚不合），所以救援不及。曹錕起初尚希望吳氏能夠打敗馮軍，回到北京來，對於那把總統椅子尚戀戀不捨，但是馮氏不許他再坐了。十月二十五日，馮等進行改組內閣攝政，初擬由王正廷組閣，王不敢任，乃任黃郛。三十一日，以曹錕的名義下令准顏惠慶內閣辭職，任命黃郛為內閣總理，曹氏於十一月二日宣告退職，由黃氏攝政。賄選總統的命運至此告終。

五　臨時執政政府的成立及其設施與中國國民黨的態度

　　黃郛的攝政內閣，本來是把它作過渡的；因為當時對於將來的新政府應該如何組織，尚不能立刻決定，暫時總不免要幾個人看守那些中央機關，所以令黃郛組織一個攝政內閣（外交由黃自兼，財政王正廷，陸軍李書城，海軍杜錫珪，司法張耀曾，內務王永江，農商王迺斌，教育易培基，交通王正廷兼任。閣員多未到任）。黃氏攝閣的期間約二十餘日，至十一月二十四日，所謂「臨時執政政府」成立了。（在執政政府成立以前，馮玉祥還做了一件果斷的事，就是令清廢帝溥儀出宮，廢除帝號，事在十一月五日，旋由攝閣與清室修正優待條件。）

　　關於執政政府成立的經過，頗含有各派妥協的意味。趕走曹錕後，大家主張廢棄法統，重新創造，關於這一點，大概無多異議（除了直系各省督軍）。不過重新創造的方法形式如何，一時甚不一致。中國國民黨在北方的人士，主張不要總統，採用合議的委員制，馮玉祥起初也是贊同的。並且有人假定這種委員制的政府，當以孫中山、段祺瑞、張作霖、馮玉祥為骨幹，再加入幾個名流，聯合組織；因為此次打倒曹、吳，是由於他們

第十四章　中國國民黨改組與北洋軍閥的末路

的結合而來。但這不過是一種空氣。段祺瑞不贊成委員制，卻不便明白表示，張作霖也無所表示（頗有利用段氏的傾向）；故一時採用委員制的空氣，頗覺濃厚。安福系的政客和軍人想恢復他們的勢力，很希望段祺瑞取得政府最高的權位（段氏自己也想，不過不便即時露出真面目來），對於委員制暗中極力反對。因為國民黨聯俄的事實已經很明白，馮玉祥和北京俄使館的人員也已經發生了關係，而蘇俄政府的形式也是一種委員制，於是反對委員制的政客利用一般人恐懼赤化的心理，說主張委員制的人有傾向於赤化的意味；帝國主義的外交團，蒙著一具嫉視蘇俄的有色眼鏡，也如是觀察，嚇得馮玉祥再不敢提委員制了。於是委員制的主張受了一大打擊，無實現的可能。

當時長江流域直系各督軍的態度，與新政府的組織也有很重要的關係。曹、吳雖然倒了，直系在北方的勢力雖然破毀了，長江流域還是在直系黨羽的手中，馮、段、張都尚不敢忽視他們。當馮氏初發難時，齊燮元、孫傳芳、蕭耀南等都表示極端擁護曹、吳；及吳氏一敗塗地，曹錕宣告退位，齊、孫、蕭等才到了左右為難的歧路上——要想與對方硬抗，恐怕實力不能抵敵，失了現有的地盤，並且地方一般的輿論都反對；想要與對方妥協，恐怕對方不相容，並且對於吳佩孚的情面上也有點過不去。曹錕退位後的二十日間，長江流域各督的態度，可以說是在一種半軟半硬的情形中。他們知道對方的段祺瑞雖沒有充分的實力，論資格卻是老前輩，從前又本是同系首領；現在向他投降，尚不為恥辱，吳佩孚也不便反對。

段氏既無實力，也樂得接受他們的降服，或者可以借他斡旋的力量，緩和馮、張的壓迫；因此一面推重段祺瑞，一面向新成立的攝政內閣表示不屈。十一月十日，由齊燮元、蕭耀南、孫傳芳、周蔭人、蔡成勳、馬聯甲、劉鎮華、李濟臣、杜錫珪等聯名通電，擁戴段氏；十三日，齊燮元在

五　臨時執政政府的成立及其設施與中國國民黨的態度

南京召集蘇、浙、皖、贛、閩、鄂、豫、陝八省及海軍聯防會議，結果再由齊、蕭等八人聯名通電，聲言中央政府中斷，對北京所發命令概不承認。張作霖和馮玉祥於十一月十一日到天津，與段祺瑞會晤；馮、張自然是勸段出山，收拾時局；不過用什麼名義出山，尚無成議。及接到齊燮元等十三日不承認北京所發命令的通電，馮、張等為對付長江方面計，覺得有即行抬出段氏來的必要；因於十五日由張作霖、馮玉祥、胡景翼、孫嶽等聯名，推段祺瑞任中華民國臨時總執政——「執政」兩字的採用，一方面表示廢除了崇高大總統，一方面表示不是委員制。這便是「執政政府」名稱的由來。

段氏對於張、馮等的推戴，尚未立刻正式表示接受。吳佩孚由大沽浮海南下後，起初想在山東登岸，被鄭士琦派兵阻止，於十五日由吳淞口溯江抵南京下關，與齊燮元會晤後，即向漢口上駛，十七日抵漢，使用齊燮元的名字領銜，由漢口發出十省及海陸軍將領二十餘人聯名的通電，提議在武昌組織「護憲軍政府」。齊燮元等對於此電實不同意，又不便否認，因於十九日一面由蘇省長韓國鈞出名發出反對設立護憲軍政府的通電，一面再由齊燮元、孫傳芳、蕭耀南等八九人，聯名電請段祺瑞早日出山。段氏至此，知道出山的時機到了，乃於二一日通電宣告准於二十四日就臨時執政職，組織執政政府；次日入京；二十四日就職，即日公布一種很簡單的臨時政府條例（共計六條），併釋出執政政府的人員如次：

外交　唐紹儀（未到任，由次長沈瑞麟代）

內務　龔心湛

陸軍　吳光新

海軍　林建章

財政　李思浩

263

第十四章　中國國民黨改組與北洋軍閥的末路

司法　章士釗

教育　王九齡（未到任，初由次長代，後由章士釗兼）

農商　楊庶堪

交通　葉恭綽

於是執政政府成立。依臨時政府條例，「臨時執政總攬軍民政務，統率海陸軍」，置國務員，分長各部，由臨時執政召集國務員開國務會議，別無所謂國務總理。所以臨時執政的實權，就是把從前的總統與國務總理合而為一。在表面上執政不是總統，實際上執政的職權絕無限制，比起從前的總統來要自由得多了。不過段祺瑞現在已經失去運用這種職權的能力，一方面被各派的武力所宰制玩弄，一方面中國國民黨人不信任他。關於他與各武力派的交涉，待至下節再說，現在且把國民黨對於他的態度約略敘述如下：

國民黨此時在北方，除了在青年學生和教授團體中蓄有一種潛勢力，表面上似尚無何種能力；所以那些軍閥大廠，除了馮玉祥眼光比較的銳敏，極力和黨中的領袖接近外，大都不十分注意國民黨；其有注意及於它的，或者只把它看作一種思想簡單的學生，附和雷同，無意識的胡鬧，原則把它看作一種赤化過激的惡魔；對於孫中山依然以發空議論的「大砲」相看，沒有真正與他合作的意思。但因聯合反直的歷史關係，未便驟然置之不理，當馮玉祥等電請中山北上，段祺瑞、張作霖輩也表示歡迎。在國民黨的內部，對於中山的行動，起初卻有兩派意見：極左派的共產黨系，恐怕中山和北方軍閥妥協，反對他北上；極右派的人士，急謀接近政權，很希望中山和北方軍閥妥協，唯恐他不肯北上。究竟兩派都未能了解中山的意思；中山於十一月三日決定離粵北上，他決定北上的主要目的，就是謀與北方的民眾接近，以便宣傳他對時局的主張。十一月十日，以中國國民黨總理的名義，發表一篇對時局的宣言，前面申述國民革命的目的：對

五　臨時執政政府的成立及其設施與中國國民黨的態度

內在掃除軍閥，使軍閥永不復起，對外在取消一切不平等條約；後面提出召集國民會議的主張，在召集國民會議以前，主張先召集一預備會議。

宣言發表後，中山於十三日由廣州起程，十七日抵滬；在滬召集全埠新聞記者談話，說：「我這次北上，是有兩個目的：一、召集國民會議，是對待軍閥的；二、廢除不平等條約，是對待帝國主義的。」又說：「我負著這種責任，是很危險的，但也不必怕，只要全國民眾能夠了解就是。」原來自國民黨改組以後，由黨員用一種黨團操縱的方法，在國內各處宣傳反對帝國主義，北京、上海各處都有所謂「反帝國主義大同盟」的組織，反帝國主義的空氣已經很濃厚。中山向新聞記者這種談話，自然惹起帝國主義領事團十二分地恐怖嫉視，想干涉他的居住行動。（《字林西報》謂：「負政治上任務之大元帥果否適宜居於商務性質之上海，頗為疑問。」其意欲慫動租界當局干涉其居住，中山告新聞記者某日本人謂：「現在上海雖然是租界，但是中國的領土，我是中國的主人，寄居上海的那些外國人都是客人，主人在自己領土之內，要什麼行動，當然可以做什麼行動，他們客人絕不能干涉。」）他於二十二日離滬赴日本，再由日本到天津（十二月四日），法領事竟不許他通過法租界，並且不許他在法租界住，可見帝國主義者對於他的憤恨嫉視了。段祺瑞看見十日中山對時局的宣言，主張召集國民會議，他在二一日宣告入京就職時，也在通電裡面主張於一個月內召集善後會議，三個月內召集國民代表會議，表示與中山主張一致；但實際上，他的善後會議和國民代表會議不過是一種敷衍中山、塗飾國人耳目的工具，他的主旨和中山全然不相容。

中山於二十二日離滬，段氏於二十二日入京；中山到天津時，段氏的執政政府已經成立，並且已經擬定一種《善後會議條例》（於十二月二日已通過國務會議），待徵求中山的意見後，便將公布施行（所謂徵求中山的意見，也不過是敷衍的形式，實則不問中山贊成與否，已決計施行）。帝國

第十四章　中國國民黨改組與北洋軍閥的末路

主義的外交團,對於中山既懷惡感,對於執政政府則用一種誘餌要挾的手段。(在黃郛攝閣時,黃因急欲得外國人的援助,曾於就任後宴請公使團,公使團表示拒絕,黃復臨時自動取消宴會。這是十一月十四日的事。段祺瑞就臨時執政後,因得日本公使之斡旋,各國公使曾分班晉賀,對於臨時政府為非正式承認之表示。十二月九日,由領袖荷使,以美、比、英、法、意、日、荷公使署名之照會,向外交部宣告承認臨時政府,唯要求尊重條約,不能任意變更。)執政政府生恐外交團不承認,當中山病臥天津時(中山到天津後,因感冒風寒觸動肝病,即在津調養),正在和外交團以尊重不平等條約作取得承認的交換品;他們說中山在外交上感情不好,想用和中山相反的方法,買得外交上的感情。(據汪精衛的政治報告說,張作霖在天津與中山相晤後,轉告汪精衛說:「我從前以為孫先生是個什麼難說話的人,今日才知道他是一個溫厚君子。只是北京各國公使都不贊成孫先生,大概因為孫先生聯俄的原故,你可否請孫先生放棄他聯俄的主張,在我張作霖身上,包管叫各國公使都要和孫先生要好的。」因為他們此時正在和外交團商量以尊重不平等條約,作承認臨時執政政府的交換品。)

十二月十四日,段祺瑞派許世英、葉恭綽到天津歡迎中山,中山問他們:「聽說臨時執政已經接受外交團尊重不平等條約的通牒,是不是?」許、葉答說:「是的。」中山當時便很生氣地說:「我在外面要廢除不平等條約,執政偏要尊重不平等條約!你們要升官發財,怕外國人,又何必來歡迎我呢?」中山對於他們所擬定的《善後會議條例》也不贊成。中山固然也主張在召集國民會議之前須召集一個預備會議,但他的預備會議,須用下列團體的代表來組織:一、現代實業團體;二、商會;三、教育會;四、大學;五、各省學生聯合會;六、工會;七、農會;八、反對曹、吳各軍;九、政黨。以上各團體代表由各團體之機關派出,人數宜少,以期得迅速召集。

五　臨時執政政府的成立及其設施與中國國民黨的態度

執政政府所擬定的善後會議，則用下列各員組織：

一、有大勳勞於國家者；

二、此次討伐賄選、制止內亂的各軍最高首領；

三、各省區及蒙、藏、青海軍民長官；

四、有特殊之資望、學術經驗由臨時執政聘請或派充者，但不得逾三十人。

前第一至第三款會員不能列席時，得派全權代表與議。

我們把前面兩表對照，便知道彼此不能相容的原故了：前者以各種公民團體為主要成分，後者以軍閥實力派為主要成分，這是表面形式上的不相容；骨子裡面，中山是代表當時有嚴密組織的中國國民黨，黨員的潛勢力已經鑽入各公民團體中，若依中山的組織，國民黨用黨團操縱的方法，這個會議便可由國民黨宰制；執政政府的生命託於實力派的軍閥，對於各公民團體無深切的關係，豈能容納中山的主張。到十二月二十四日，執政政府不管中山的贊成與否，便把所擬定的《善後會議條例》公布了。三十日，便依照條例所定通電各方，召集會員，定於十四年二月一日以前在北京開會，國民黨自然表示反對。中山於十二月三十一日扶病入京，受盛大的歡迎。段祺瑞對於中山，表面仍極推崇；國民黨的極右派，生怕孫、段決裂了，也極力從中彌縫敷衍，希望中山讓步。中山為委曲求全計，於十四年一月十七日提出關於參加善後會議的兩個條件：

一、須加入現代實業團體、商會、教育會、大學、學生聯合會、農會、工會諸代表；

二、該會討論軍事、財政諸問題，最後解決之權當還諸國民會議。

二十一日，執政政府開特別會議，決定對於中山提議的態度，因於二十九日答覆中山，允聘任各省省議會、各教育會、總商會、省農會及天

第十四章　中國國民黨改組與北洋軍閥的末路

津、上海、漢口等處總商會各會長為善後會議專門委員。(《善後會議條例》第六條有特設專門委員的條文，但須由臨時執政聘請或派充；專門委員又僅有出席報告及陳述意見之權。)中山此時病勢已很重了，國民黨對於執政政府這種敷衍的手段，知道已無合作的可能，便於三十日議決不參加善後會議。(但是有幾個極右派的黨員急欲接近政權，還是加入了善後會議，並且揚言說，反對加入善後會議的人是有過激的思想，利用中山病重，破壞孫、段合作。)二月一日，善後會議舉行開幕典禮；二日，國民黨通電全國各公團：「本黨中央執行委員會，仰體本黨總理意旨，議決對於善後會議不能贊同。」十日，又通電主張國民自制《國民會議組織法》，宣告善後會議構成分，非以人民團體為主要，絕不可由此產生國民會議。自此，國民黨對於執政政府一切行動，皆取反對態度。

中山於三月十二日逝世，在北京舉行極盛大隆重的喪儀，北京民眾以國民黨員的領導，群起參加；中山所抱的主張，雖未實現，但在此種喪儀中，主義的宣傳卻發生了相當的影響。執政政府的善後會議，於二月十三日開第一次正式會議，四月二一日閉幕，議定了三種條例：

一、《國民代表會議條例》；

二、《軍事善後委員會條例》；

三、《財政善後委員會條例》，於四月二十四日由執政政府公布。

這些條例，本來不過是一些塗飾耳目的具文，無論國民黨人反對，不能發生效力，便是那些軍閥大廠，也沒有人注意它。但執政政府仍不能不假它作維持場面的工具。五月一日，又由執政政府公布一種《國民代表會議籌備處條例》；三日又公布一種《國憲起草委員會規則》；(依《國民代表會議條例》，憲法須由國憲起草委員會起草，提交國民代表會議議決。起草委員會委員由各省區各推一人，臨時執政選聘二十人，均由臨時執政召集。其規則由政府另定之。)七月一日，又公布一種《國民代表會議議

員選舉日期令》,定十四年八月十六日至三十一日為初選期,九月一日至二十日為複選期;八月三日,國憲起草委員會竟在北京舉行開會式,選出林長民為委員長。到十二月十二日,國憲起草委員會並且通過了一種憲法草案,諮交政府;不過那種憲法草案,永遠得不到國民代表會議來議它罷了。因為在執政政府所定國民代表會議議員選舉日期的前後,各軍閥間的妥協局面已經無法維持,戰事已將爆發,沒有人顧及這種無意義的選舉。十月初旬,由奉軍引起第二次江浙戰爭;到十一月,奉軍內部又發生郭松齡倒戈的活劇,那位國憲起草委員會的委員長林長民已在郭松齡的幕中,而那個委員會還在那裡議憲,豈不是極滑稽的事。執政政府的生命至此,雖無國民黨反對,也不能久延下去了。

六　北方各軍閥的大混戰與執政政府的消滅

　　國民黨與執政政府既不能合作,執政政府的命脈便完全操在各派軍閥的手中。長江流域的直系軍閥,對於段祺瑞的擁戴不過是一時權宜之計,段氏也知道,故他所依靠的又完全在張作霖的奉軍與馮玉祥的國民軍兩派。國民軍是新起的勢力,羽毛尚未豐滿,根基尚未穩固;奉軍有東三省的豐厚地盤,根深蒂固,其勢自比國民軍為優;而段氏舊部的軍人如盧永祥、吳光新輩,且早已奔赴張作霖的旗下,安福系的政客也是從前奔走於張氏之前,與張氏有舊關係的;所以段氏對於奉軍與國民軍的倚靠,又有側重奉軍一方的自然趨勢。奉軍與國民軍的暗鬥,在執政政府未成立時已露痕跡;(黃郛的攝閣組織,由馮氏指使,奉系的閣員王永江等多未到任,張氏對於攝閣甚為不滿。國民軍在天津附近敗吳佩孚時,奉軍尚未到,國民軍乘勢於十一月三日占領天津;吳光新率領奉軍於四日占領塘沽。天津各公團恐奉軍與國民軍發生衝突,央求段祺瑞電吳,請其停止前進,奉軍

第十四章　中國國民黨改組與北洋軍閥的末路

不理，直向天津前進，並進趨津浦路線。

　　直督王承斌時在天津，收編吳佩孚殘部，成立第二十三師；王於馮玉祥倒戈時已與馮一致，不過馮等通電停戰，王未列名而已，故王之收編吳部，乃馮氏欲收王為己用之計；奉軍李景林到津，王被迫於十一月十一日辭去直督之職，李景林於十二日將王所收編之二十三師全部繳械，王避英租界，馮玉祥所收編吳佩孚之殘部亦被吳光新所部之奉軍繳械改編。李景林假天津各團體之推戴為名，自任直隸保全司令，馮氏在天津之勢力乃被奉軍奪去。是為馮、張暗鬥之開始。馮氏在攝閣期中之所布勢力，僅於十一月七日由攝閣令免豫督張福來及豫省長李濟臣職，任命馮之同志胡景翼繼任豫督，孫嶽繼任豫省長，得在京漢路線上立定一點根據。）不過段氏尚未登臺，未便左袒何方。十一月二十二日，段氏入京，馮玉祥和他同行，向他提議辭職，聲言將出洋遊歷；段氏就職的那天，馮氏便通電下野，並約吳佩孚共同出洋；這就是因為受了奉軍壓迫的原故，以退讓不爭為諷。段氏很明白他的意思，極力敷衍他，表示絕不偏袒一方。

　　但奉軍勢力非由津浦線伸展到長江流域不止，盧永祥也急欲向齊燮元圖報復，就是段氏自己也未嘗不想替本系可靠的人恢復一部分地盤，藉以拱衛自身；因此段氏就職後，順著已成的形勢，以津浦線區域為奉軍的勢力範圍，而以京漢線的豫省及西北區域敷衍國民軍。（張作霖於十二月二日離京赴津，其軍隊一部已由魯境進展；七日，在津召集盧永祥〔時盧已被任為直督〕及奉軍將領並中央代表吳光新討論解決長江各省辦法，決定請段下令免齊燮元，並令奉軍南下。十一日，執政政府即令蘇督齊燮元免職，特派盧永祥為蘇皖宣撫使，盧所遺直督一缺，則令李景林繼任。十四年一月十七日，又特派張宗昌為蘇皖魯剿匪司令，張所率之奉軍已早隨盧永祥南下深入蘇境，是為奉軍占有津浦線為勢力範圍之事實。國民軍之占有京漢線北段亦早成事實，孫嶽於十一月五日攻入保定，胡景翼十一月十二日由

六　北方各軍閥的大混戰與執政政府的消滅

京漢線開抵豫境，段執政於十二月六日正式任命胡景翼督豫，胡於十一日在鄭州就職；十四年一月四日，執政政府令馮玉祥仍督辦西北邊防事宜，李鳴鐘署綏遠督統，十四日又派孫嶽為豫陝甘剿匪司令，是為以豫省及西北區域，劃為國民軍勢力範圍之事實。）十四年的上半期，為奉軍與國民軍兩派各就所定勢力範圍分途發展的時期，在東南有齊（燮元）、盧（永祥）的爭鬥，在豫省有胡（景翼）、憨（玉琨）的爭鬥，奉、國兩派尚未發生直接衝突；到十四年的下半期，由東南的奉浙爭鬥演為東北的奉國爭鬥，再由東北的奉國爭鬥演為奉直結合共同對抗國民軍的爭鬥：是為各軍閥的大混戰。執政政府的生命，便消滅於此混戰場中。其演變的經過，大略如次：

一、齊、盧的爭鬥

　　盧永祥要報仇，奉軍要擴張勢力，因有十二月十一日齊燮元免職、盧永祥宣撫蘇皖的命令。此令釋出後，江蘇人民便恐惹起戰禍，於十三日紛紛通電，反對盧氏南下，謂盧、齊二人同為前此東南戰事禍首，盧無宣撫之資格，若果南來，必引起第二次戰禍。此種反對，完全無效。齊燮元表示服從（因為部下蘇軍陳調元、宮邦鐸等已與對方通款，齊氏難於指揮），十四日便依照執政政府命令，以蘇督職權移交蘇省長韓國均兼理，自行去滬。盧永祥於十二年一月七日南下抵蚌埠，張宗昌所部奉軍第一軍已進駐浦口，盧氏舊部第十師也由江北開赴南京；十日，盧氏偕張宗昌同入南京。盧氏的目的不專在逐齊，還有謀浙的意思；其舊部第四師師長陳樂山前此戰敗後，祕伏上海，其軍隊已歸孫傳芳；及執政政府成立，盧永祥暗中援助陳氏，勾引舊部，謀由淞滬攻浙，但在盧氏未到南京以前，已為孫傳芳所敗。

　　陳樂山謀浙的計畫雖未成功，齊氏既去，奉軍南下，孫傳芳當然有唇亡齒寒之憂，對於淞滬方面的戒備不能放鬆。及盧永祥既到南京，齊燮元於次日密令駐滬蘇軍舊部逐去師長宮邦鐸，並聯合孫傳芳軍，將淞滬護軍

271

第十四章　中國國民黨改組與北洋軍閥的末路

使張允明（為攝閣所任命者）軍隊繳械；齊氏自稱為浙滬聯軍第一路總司令，孫傳芳稱第二路總司令，聯銜宣言反對奉軍南下，於是浙江有牽入戰爭的形勢。盧永祥得到上海事變的消息，便在南京組織所謂宣撫軍，以奉軍軍長張宗昌為總司令，準備向上海東進。上海總商會恐怕上海將成為奉浙兩軍的戰場，運動上海不駐軍，不設軍職，將該地兵工廠移設他處。孫傳芳態度雖強硬，但以軍備尚未充實，恐怕敵不過奉軍，便表示贊成總商會的意見；段祺瑞恐怕浙省牽入戰事，不易了結，也贊成總商會的意見，於一月十四日即下令裁撤淞滬護軍使，廢止兵工廠，交總商會接收保管，此後上海永不駐兵及設任何軍職。

段氏欲安孫氏之心，又於十六日任命盧永祥兼蘇督，同時任命孫傳芳為浙督，周蔭人為閩督，表示雖免齊燮元職，對於浙閩並無侵害之意。十七日，又派陸軍總長吳光新南下，表面為查辦齊氏，並與盧協同處理上海事變，實則為調和孫氏，使勿助齊。孫因此暫取觀望態度，張宗昌挾多數奉軍沿滬寧路節節進逼。齊燮元軍勢孤，一敗塗地，至一月二十八日由蘇州潰退上海，齊氏逃往日本；二十九日，張宗昌率奉軍萬餘人抵上海，將齊軍繳械；齊、盧的爭鬥至此結束。二月三日，吳光新所主持的江浙二次和平條約成功，孫傳芳赴滬，與張宗昌會面，同簽名於和約，並即聯名電告前敵各將領準備退兵；次日，上海兵工廠由吳光新介紹實行交總商會接收保管。浙奉兩方面軍，皆陸續由上海撤退（但仍分駐太湖流域江浙毗連各處）。到三月十九日，張宗昌回抵南京，將所部移調徐州，東南的戰爭風雲漸形稀薄；但由稀薄再變為濃厚的日子仍將不遠，因為奉軍對於段祺瑞和吳光新處置上海的方法，心中很不滿足，蓄有乘機再發的祕謀。

二、胡、憨的爭鬥

胡景翼率領國民軍第二軍進入豫境時，豫省尚有吳佩孚的殘部（由張福來統率，謀抵抗國民軍），吳佩孚並已由漢口回到洛陽；段祺瑞恐怕吳

氏死灰復燃，國民軍不能獨力消滅他，因密令陝督劉鎮華派軍由潼關東迫洛陽，劉即派憨玉琨師東下，吳佩孚乃於十二月一日由洛奔鄭，再由鄭南下（後在雞公山略住，不久被迫赴鄂，由鄂走岳州）。吳氏在豫中勢力，始完全消滅。但是胡、憨兩人卻成了「連雞」之勢。段氏令陝軍入豫，未嘗不含有防範國民軍、利用陝軍以分其勢的意思；但豫督的地位勢不能不授諸胡，因於十二月六日正式任命胡景翼為豫督，胡於十一日在鄭州就職。憨玉琨恃有驅吳之功，以不得豫督地位為恨，絕不肯退回陝西。段執政至此無可如何，乃於十四年一月十八日任憨為豫陝甘剿匪副司令（前此已任孫嶽為豫陝甘剿匪司令）。

憨既不滿，胡景翼對於段氏這種敷衍政策也甚憤恨，到二月中胡、憨兩軍的衝突漸趨激烈。馮玉祥曾出任調停，憨以馮氏的調停不利於己，不肯聽從，二月二十一日段執政派孫嶽以檢查駐豫軍為名，入豫調解，孫嶽於二十三日率兵赴豫。孫為國民軍第三軍軍長，與胡為同系，調解不過是名義，其實是來助胡制憨的；陝督劉鎮華此時也為陝西鎮守使吳新田所逼，於二十五日也以調解胡、憨的戰鬥為名離陝入洛（陝督職務交由吳新田暫代），其實也是來助憨制胡的。因此一面調解，一面戰鬥，到三月初，兩方調解的人也變為有力的戰鬥員了。結果劉鎮華、憨玉琨戰敗，劉於三月二十二日退山西運城，辭陝督職保吳新田繼任（憨自殺），胡、憨的戰鬥告終。胡景翼於四月十日患病死，遺囑以師長嶽維峻代行職務；二十四日，執政政府正式任命嶽維俊繼任豫督，豫省始確定為國民軍的勢力範圍。

以上所述兩方面的爭鬥，是奉軍和國民軍各自發展的活動，兩方面尚無衝突關係，此後漸漸地要發生關係了。

三、東南的奉浙爭鬥

東南的奉浙爭鬥，雖到十月中才爆發，但它的線索，實由春間的齊、盧爭蟬聯而來。張宗昌因為在長江下游未曾達到目的，將所部調駐徐州

第十四章　中國國民黨改組與北洋軍閥的末路

後,便想取得山東的地盤;張作霖也知道要經營長江下游,非將魯境收為己有,津浦線恆有中斷的危險,因向執政政府要求將魯督鄭士琦他調,而以張宗昌繼任魯督;段執政不敢違背,於四月二十四日特任張宗昌督魯,而調鄭士琦為皖督,於是奉系得了經營長江下游第一個基礎。張作霖又以直、魯兩督不為奉系所得,而京師附近各要地尚為馮系的國民軍所占領,段氏尚不能完全受他的指揮,心中很不滿足,於五月中旬復派大部奉軍入關分布近畿,逼令國民軍將所駐通州、北苑、南苑各地讓出,國民軍以勢力不敵,只得容忍退讓。

段執政因為在兩種勢力夾迫之中,仍未能事事適合張作霖的希望。到五月三十日,上海發生工部局槍殺徒手民眾的大慘案(因日本人的紗廠槍殺工人,惹起學生、工人團體的義憤,罷工、罷課、遊行、講演,工部局捕去學生多人,群眾向工部局要求釋放,工部局命警局開槍,遂惹起「五卅慘案」),惹起大罷工的騷亂,張學良奉張作霖命令,於六月十三日乘機率奉軍二千人進駐上海,以維持秩序為名(租界當局並要求其派兵入租界駐守),作廢棄「江浙和平條約中上海永不駐兵的條件」第一步的試探。「五卅慘案」的問題許久未得正當的解決,張學良於六月二一日率隊北迴,另由姜登選、邢士廉率大部奉軍來滬駐紮;次日,鄭謙以蘇省長名義宣告淞滬戒嚴,委邢士廉為戒嚴司令;於是淞滬覆成為奉軍的勢力範圍。孫傳芳因此大起恐慌,急修戰備。到七月中,江浙戰爭的風雲,又日趨濃厚了。此時段祺瑞與張作霖之間,因為張氏迫挾太甚,關係甚不圓滿;盧永祥於七月十三日北上,調停段、張,未能有效,即辭去蘇督之任;八月二十九日,段執政容納張作霖的要求,任命楊宇霆接任蘇督,姜登選為皖督(同時任命馮玉祥以西北邊防督辦兼任甘肅督軍,孫嶽為陝西督辦,以敷衍國民軍)。

楊、姜皆奉系健將,於是奉系在東南的勢力大張,浙省愈受威嚇,戰

爭的形勢愈迫愈緊了。楊宇霆、姜登選於九月中分赴蘇、皖接任。楊氏接任後，竭力表示和平，孫傳芳也把淞江方面所增的援軍撤退，一時彷彿無事了。但楊氏的和平表示，是因為兵方的布置一時尚未完備；孫傳芳知道他的祕密，便決定用「先發制人」的方法，以「雙十節」的那天假檢閱為名，調集大軍，祕密出動；十五日，自稱浙閩皖贛蘇五省聯軍總司令，分五路出發（任陳儀為第一軍司令，謝鴻勳為第二軍司令，向上海進，盧香亭為第四軍司令，周鳳岐為第五軍司令，向宜興進，自兼第三軍司令）。楊宇霆知不能抗，為保全兵力計，十四日，已令邢士廉所部駐滬奉軍撤退。十六日，孫軍占領上海，通電指斥奉軍，謂既違上海永不駐兵之約，又復妨害地方安寧和平，申明討奉的宗旨。十七、十八兩日，舊蘇軍師旅長白寶山、馬玉仁、鄭彥俊，和鄂、皖、贛三省軍人，皆紛紛通電響應孫傳芳，聲討奉軍，並電請吳佩孚出山與孫傳芳共同主持大計。原來在楊宇霆、姜登選被任為蘇皖督軍時，長江流域的直系軍人為保持地盤計，已暗中聯繫，共同討奉，故孫傳芳一發動，群起響應。楊、姜初履客境布置既未周到，又恐防禦線太長，北方的接應難恃，因皆不戰而退，楊氏於十八日即偕蘇省長鄭謙離去南京北上。

　　姜氏也在二十三日離去蚌埠，所有奉軍皆迅速向徐州集合，與張宗昌派來的奉軍相聯接。吳佩孚於二一日到漢口，通電自稱受十四省的推戴，就討賊聯軍總司令職，在漢口設司令部，想派兵假道河南，與孫軍會攻徐州，但是河南不容他假道；孫傳芳也不願再作他的部屬，一面表示推崇，藉張聲勢，一面暗中卻謝他的援助。到十一月七日，奉軍由徐州退去，徐州即為孫傳芳所占領；孫氏至此，已心滿意足，決計以徐州為止境，於十一月二十日通電返寧回杭，（孫於返寧前，曾在徐州開一軍事會議，國民軍系的豫督嶽維峻亦到會，孫表示與國民軍合作，令豫軍進攻魯西，孫軍擔任津浦線正面的軍事，實則欲令豫魯構難以緩蘇敵也。）東南的奉浙

第十四章　中國國民黨改組與北洋軍閥的末路

爭鬥，至此告一段落。此後蘇、皖、贛、閩、浙五省全為孫傳芳所宰制，孫氏成為直系軍閥最有勢力的首領，吳佩孚遠不及他了。

四、東北的奉國戰爭

在東南的奉浙戰爭爆發以前，國民軍時時受奉軍的壓迫。嶽維峻雖然據有河南，並不能完全宰制京漢線，因為京漢線的北段在直隸，而直省為奉系李景林的轄境；孫嶽雖曾據有保定、大名兩道，後因胡、憨戰爭時南下助胡，將保、大放棄，京漢線的北段遂全入奉系之手。駐在京畿附近的國民軍第一軍，幾次受奉軍的逼迫，馮玉祥只有忍受的一法。及孫傳芳崛起討奉，張作霖知道國民軍將乘機思逞，一面派人向馮玉祥疏通，一面嚴兵防備；（張作霖知道長江下游不能守，因令拋棄蘇皖，以魯省張宗昌防守徐蚌方面，李景林防保、大，姜登選駐天津滄州間，郭松齡駐灤州山海關一帶，以大部精銳之兵，防制京畿附近之國民軍。）馮玉祥也派人赴奉報聘，一面表示希望和平，一面暗中布置，及奉軍失守徐州，河南的國民軍一面向魯西發動，一面向大名、保定進兵；京畿附近的奉軍，則向北京取三面包圍的形勢（時北京為國民軍所駐守）：奉、國兩系的戰機已十分成熟了。段祺瑞極力調和，馮、張兩人也各有所企圖，不欲即時破裂，故在十一月中旬尚互派代表，在天津會商謀和條件。馮方要求奉方將直境京漢線讓出，故段執政在十一月十三日所下的和平令中有「京漢鐵路沿線應責成馮玉祥、嶽維峻極力維持，津浦鐵路線仍責成張作霖、李景林妥為辦理」的話句。李景林因為地盤的關係，很不滿意，但迫於目前形勢無可如何，只得將保定放棄。十一月十八日，國民軍第二軍北路鄧寶珊部進據保定（時李景林軍正在撤退，曾與鄧軍發生衝突）。段執政以為馮、張的戰爭或可倖免了，誰知到了十一月二十三日復有郭松齡倒戈的活劇出現。

郭松齡為奉軍第三軍團副軍長，在奉系軍閥中為新派，雖為張學良所賞識，而為同儕所忌，與楊宇霆、姜登選尤不相能，（奉系軍閥分新舊兩

派：領新派者為楊宇霆，總舊派者為張作相。新派之中又有士官派與大學派之別，士官派以楊宇霆、姜登選為中堅，大學派以郭松齡、李景林為領袖，互相傾軋，由來已久。當第一次奉直戰爭時，舊派勢力最大；失敗後，新黨漸見信用，一切編制訓練方法皆出新派之手，故姜登選、郭松齡、李景林等皆居要職。郭松齡最為張學良所佩服，張學良為其父所倚重，故奉軍精銳雖在張學良手中，而事實上則為郭所把握，郭以是益見忌於同儕。第二次奉直戰爭時，郭與姜登選因事衝突，郭欲率軍回奉，張學良力勸乃止，郭、姜感情益惡。入關後，張宗昌、楊宇霆、姜登選、李景林皆得地盤，獨郭一無所得，欲求一熱河都統，亦為楊宇霆所阻，因是益憤慨。）唯與李景林較為投合。馮玉祥自知勢力不能敵奉，因以祕密離間奉軍部下為制奉的方策，郭松齡便成了馮氏的同志，（馮、郭的勾結，聞係由馮氏之妻與郭氏妻相為緣引而來，其詳不可得知，一說國民黨員亦與有聯繫的關係。）馮、郭之間首先成了一種密約：

一、由郭松齡追請張作霖下野，擁張學良為偶像；

二、郭反戈與張作霖作戰時，由國民軍監視李景林行動，使郭無後顧之憂；

三、李景林若能與郭共同行動或中立，事定後調李為熱河都統。因為馮氏想得天津的海口，又知道李景林不願意放棄天津的地盤，故想借郭的力量以倒張而制李。

密約成後，馮、郭方商諸李，求李合作。李問事定後直省地盤如何處置，馮答詞含糊，李知馮將不利於己。但郭已與馮一致，又握有重兵，李無可如何，不敢反對。及郭松齡發動後，李景林宣布保境安民，擁護中央，脫離奉天關係。郭氏電請張作霖下野，李氏也電勸張下野，表示不與郭為敵，但對於直省地盤，則決計不肯放棄。

郭松齡於十一月二十二日發電請張作霖下野，二十三、二十四日等

第十四章　中國國民黨改組與北洋軍閥的末路

日,即由灤州發兵向關外出動,並將關內反對派之奉軍將領姜登選及其他師旅多人一齊誘捕拘禁(數日後將姜登選槍斃)。張作霖父子聞變失措,雖極力抵禦,因郭軍進攻極猛,所向無前;熱河都統闞朝璽回師援奉,馮玉祥部宋哲元即乘機占領熱河;郭得宋軍為聲援,勢益猛烈,到十二月中旬,郭軍右翼達營口,瀋陽震動。但因日本出兵干涉的原故,郭軍受了日軍的妨礙,奉張得了日軍的援助。於十二月二十三日巨流河的激戰,郭松齡終於完全失敗,郭夫婦皆被擒,次日即被槍決,張氏父子方轉危為安。

關內方面,李景林既表示不肯放棄直省的地盤,國民軍也就不客氣了;從十二月初旬起,郭軍與張作霖父子在關外拚命的時期,國民軍也用全力與李景林決鬥。二十三日,郭軍在巨流河失敗;次日,李景林也在天津失敗(李氏逃匿租界,其所部軍隊,除被馮玉祥軍繳械者外,大部轉逃山東),天津便為國民軍所占領。國民軍借郭松齡打倒張作霖的目的雖未達到,取得了直省的完全地盤,也算是得了一個小小勝利;不過這種勝利,只是頃刻間的勝利罷了。

五、奉直結合與國民軍對抗的爭鬥

東北的奉國爭鬥,本是由東南的奉浙爭鬥演出來的;浙江的孫傳芳又本是直係軍閥的領袖,但孫自攻下徐州後便置身事外,回去經營蘇、浙、閩、皖、贛五省的大地盤去了,把直系原來的首領吳佩孚冷清清地放在漢口不理;吳氏欲往北進,衝不過河南,欲往東行,孫傳芳不歡迎,便是自己的嫡系舊部蕭耀南對於他都不十分恭順,真有「進退維谷」的景象,不料東北忽有郭松齡倒戈的事件出來,國民軍大部分的兵力都注重直魯方面與奉系軍閥作戰去了,河南方面有機可乘,吳佩孚便有躍躍欲動之勢。吳氏此次出山,自稱討賊聯軍總司令。他所要討的「賊」本是張作霖,但自郭松齡倒戈的事件發生,他忽然想與「賊」聯繫,打電報給張作霖,大意說:從前馮玉祥倒戈,令我痛心;現在郭松齡的倒戈,想必你也是很痛心

六　北方各軍閥的大混戰與執政政府的消滅

的。我生平所最恨的就是這些反覆無常的小人，現在我很願意援助你。因為馮玉祥是他眼中的「賊」，現在郭松齡作了與馮同樣的「賊」，於是張作霖不是「賊」了，非與他聯繫不可。

　　這是奉直結合對抗國民軍的最初發動。河南的國民軍向東路出動的李紀才於十一月中（郭松齡倒戈前）已進入魯境，占領泰安，預備進攻濟南；但他所部號稱國民軍的軍隊極複雜，有一大部分是由舊直系的豫軍改編的（如王為蔚、王維城等軍是）；吳佩孚因令靳雲鶚入魯，祕密勾引舊直系的豫軍收為己用，王為蔚、王維城、田維勤等果投入靳氏的旗下，李紀才襲攻濟南的計畫因而失敗，繼更由泰安敗退。靳初入魯時，表面上也是去攻魯的，彷彿與國民軍為同志，但既取得舊豫軍的統率權後，便與李紀才彰明昭著地衝突起來，並且祕密與張宗昌聯繫（這是十二月中旬的事）。張宗昌此時正在急難的時候，自然很願意與他聯繫，及到十二月後旬李景林失敗，魯省更有唇亡齒寒之感；靳氏既是奉吳佩孚的命令而來魯境的，張宗昌因極力將張作霖、吳佩孚拉攏；到十五年一月五日，張作霖致電吳佩孚表示諒解，於是奉直結合對抗國民軍的形勢以成。李景林被國民軍打敗後，他的軍隊大部分由天津退入魯境；李氏自己也在十五年一月四日由海道南下到濟南，將退入魯境的殘部改編，與張宗昌聯合，稱為直魯聯軍，謀向直省進攻。東北方面，郭松齡留在山海關的殘部由魏益三統率，改編為國民軍第四軍，通電繼郭助馮；張作霖於十五年一月十一日，以討伐魏益三為名，通電出兵向關內進攻。

　　吳佩孚於一月十九日在漢口召集軍事會議，也決定向河南進攻；靳雲鶚於二十三日在泰安與張宗昌、李景林會晤，簽訂聯合條約，由張助靳軍餉，由魯境向河南進攻。於是國民軍所取得的京畿及直、豫兩省的地盤，已在奉直兩系三面的大包圍中。馮玉祥於取得天津後，令執政政府委孫嶽為直督，國民軍內部略有不滿的；又因郭松齡失敗，知道張作霖必向己圖

第十四章　中國國民黨改組與北洋軍閥的末路

報復，知道吳佩孚、張宗昌等也必向河南進攻；於十五年一月一日電段執政請開去本兼各職，並通電各方，解職後將出洋遊歷，此後對於關係政治之賓客文電一律謝絕，又聽明「國民軍」名義早經取消，不再沿用：這是他想把敵人所攻擊的目標掩蔽的一種方法。他於一日通電後，四日便以職權交張之江，實行去職，赴平地泉，準備由庫倫過俄往歐洲遊歷；

所占西北地盤，與部屬議決劃分五區：

一、京畿附近，

二、口北及察區，

三、綏遠，

四、熱河，

五、甘肅，

以鹿鍾麟、張之江、李鳴鐘、宋哲元、劉郁芬分任總司令，向政府推薦分別任命。此時段執政完全在馮氏的掌中，自然聽他的吩咐，一月九日，正式發表派馮玉祥前往歐美考察實業，任命張之江繼馮為西北邊防督辦兼督察區；以外各區的委任也大都如他所期。這是馮玉祥防禦敵方的布置。但是他這種防敵的布置只能保持西北區；對於京畿區及直、豫兩省，是沒有方法可以保持的。吳佩孚於一月後旬命寇英傑率五混成旅入河南，雖在信陽被阻（國民軍由蔣世傑堅守信陽，經月不能下），靳雲鶚由魯攻豫的軍隊於二月二十七、二十八日已經占領開封；寇英傑因攻信陽未下，乃繞出信陽後方，於三月一日進占鄢城、許昌，信陽的接濟既斷，嶽維峻部在鄭州方面又東南兩面受敵，岳氏便與李虎城於三月二日西退洛陽，一小部圖北退直境，在石家莊被變化多端的閻錫山的軍隊截阻（閻電馮謂為防止樊鍾秀侵晉，電吳佩孚則稱與他合作）；於是河南方面的國民軍全失敗（嶽維峻、李虎城在洛陽為紅槍會所困潰散，嶽、李隻身西逃，劉鎮華

奉吳佩孚命,乘勢進攻潼關)。東北方面,奉軍於一月十九日已占領山海關,因為中東路與俄國發生糾紛,不敢積極地向關內進攻,不能與河南方面的直軍同時活動,但張宗昌與李景林的直奉聯軍已與靳雲鶚同時出動。

靳軍占領開封時,李景林軍已突過馬廠,天津南面的形勢便形緊急;鹿鍾麟即統率大軍出京(北京由李鳴鐘代鹿坐鎮)防禦。吳佩孚軍占領鄭州後,令靳雲鶚分三路前進,三月十八日,前鋒已抵石家莊。北京大起恐慌,便有王士珍等一班名流元老倡導和平;國民軍見形勢日非,三面受敵,便於三月二十日通電贊成王士珍等和平主張,將津浦京奉前線軍隊一律向北京撤退,把天津放棄;李景林軍於二十三日占領天津,張學良、張宗昌等亦隨即到津。鹿鍾麟、張之江等尚想固守北京,謀與吳佩孚妥協,無奈吳氏已不信任他們。段祺瑞的左右則想勾結奉系,作奉軍內應,為鹿鍾麟所發覺;四月九日,國民軍將執政政府包圍,宣布段祺瑞罪狀(段氏逃匿東交民巷),一面恢復曹錕自由,亦請吳佩孚即日入京主持一切,但吳不為所動,而北京已在三面包圍之中,國民軍因於四月十五日全部向西北退卻,扼守南口,戰事至此告一段落。後來奉直合攻南口,數月始下。

六、執政政府的消滅

執政政府在十四年上期,為馮、張兩方面所脅制,尤以奉張的逼迫為難堪。但段祺瑞卻捨不得那塊「雞肋」,一唯奉系之命是聽。他在十四年春間曾經宣言:若到本年「雙十節」時,國民代表會議開不成功,即行引退讓賢;到了「雙十節」將近的時候(九月十九日),召集左右商議去留問題,還是決計幹下去;及至奉軍由東南敗退,接著郭松齡倒戈,奉系的壓迫去了,段祺瑞的靠背山也去了一大半了;在北京的國民黨人製造學潮,千方百計想把執政政府打倒,但是段祺瑞對於徒手的黨人全不在意,他只希望有武器的馮玉祥仍舊保護他。在郭松齡倒戈後的第三天(十一月二十六日),段氏的親信曾毓雋等為警衛司令所捕,接近奉張的安福系要

第十四章　中國國民黨改組與北洋軍閥的末路

人多逃匿使館界。段又召集特別會議解決去留問題，結果派黃郛、許世英等赴張家口去迎接馮玉祥，試探馮氏的意旨；及許世英由張家口回報馮氏表示擁護，段即準備修改政府的組織，加設責任內閣，以敷衍國民黨人；十二月三十日發表所謂責任內閣，以許世英為總理，閣員中還位置了幾個國民黨人（于右任、易培基、馬君武等），但是國民黨系的人不受他的愚弄，許世英也不敢就，結果，賈德耀以陸軍總長代任（對於馮氏則奉命唯謹）。及至十五年四月，馮玉祥的國民軍完全失敗了，吳佩孚是段氏的老仇敵，張作霖也得罪了，段已一無所靠，非下臺不可了；但他的左右安福系人，在那裡作死中求生的夢，一面向奉系疏通，求張作霖的諒解，一面勾引唐之道作奉軍的內應，以攻國民軍，不料為國民軍所窺破，因有四月九日鹿鍾麟圍繳執政政府衛隊軍械之變。段氏此時逃匿東交民巷內，聽信安福系政客的話，還以為奉系要運用他作傀儡，不即宣告退職，但通電報告政變；及國民軍退去北京，他又出來回到執政的椅子上坐起來，四月十九日派人到天津去迎接張學良，張學良不理，才知道執政的椅子坐不成了；四月二十日，得吳光新的疏通，直魯聯軍准其通過防線，乃由北京退居天津；賈德耀也在這天辭去國務總理之職，特任胡惟德代任總理，攝行臨時執政；實際上執政政府至此已消滅了。

　　執政政府消滅後，張作霖、吳佩孚兩人對於後繼政府發生了爭議，許久不能解決；吳佩孚要恢復賄選的曹氏總統，曹錕縱可以不復任，須要曹氏顛覆時的國務總理顏惠慶再出攝政；張作霖對於此點絕對不肯承認。相持許久，到了六月後旬，卒准顏惠慶攝閣作一度形式的成立，即行去職，由顏氏任命杜錫珪以海軍總長兼代國務總理攝政，問題才得解決。自此，北京就只有一個形式上的攝政內閣，守著那座古式宮殿的政府機關，等到十六年，張作霖再來演一回大元帥的過場，然後由南京的國民政府派人去接收。

七　中國國民黨出師北伐前內部整理的工作

在北方各軍閥的混戰期中，國民黨努力進行內部整理的工作；及至執政政府消滅時，整理的工作已告完成了。茲將其經過情形分別略述如下：

一、兩廣根據地的肅清

自從中山離粵北上，陳炯明以為有機可乘，便想回覆廣東的全地盤；及聞中山病重，更加暗喜，一面聯繫廣州近郊的滇桂軍作內應，一面派人到北京，勾結曾毓雋一班人要求段祺瑞援助他消滅赤化的廣州政府；因此在民國十四年十二月間，便有陳軍反攻廣州的事件。此時廣州形勢頗覺嚴重，但自黃埔教導團成立，第一期畢業及第二期在學的已有一千一百人，入伍生已有一團，原來的粵軍也整頓一番；開了一個緊急軍事會議，便分兵三路東征：黃埔教導團及粵軍任右路攻淡水，桂軍任中路攻惠州，滇軍任左路攻河源。黃埔教導團於二月一日出發，以次克復東莞、石龍、淡水等地，一直向前，到三月十九日，占領了五華、興寧，粵軍也把梅縣、大埔占領，達到蕉嶺了；但是中、左兩路的滇桂軍始終作壁上觀，未曾發動，原來他們早與陳炯明私通；幸喜右路的軍隊行動迅速，不滿兩個月，便把陳軍驅逐於潮汕以外，這是第一次東征的成功。東征軍克復興寧時，在林虎軍司令部內，發現滇軍楊希閔等與林虎等陳軍私通的密電；此外又發覺了劉震寰親往雲南，約唐繼堯派軍隊由廣西來進攻廣東；楊希閔駐在香港，一面與帝國主義者勾結，一面唆使商民電請段執政派他做廣東督理。因此駐在潮汕的軍事領袖和廣州方面的領袖，都決意剷除滇桂軍。湘軍譚延闓、滇軍朱培德都派代表到汕頭去和蔣中正、許崇智會議，廖仲愷、汪精衛也到會，大家一致決定討伐楊、劉。於五月下旬發動，到六月十三日在廣州近郊，以不滿六小時的工夫，把楊、劉所統的滇桂軍二萬餘人完全繳械；於是廣州內部的大敵剷除。楊、劉打倒後，內部還有些零星

第十四章　中國國民黨改組與北洋軍閥的末路

部隊對於革命政府不大忠順的，如梁士鋒、梁鴻楷部及許崇智部下的鄭潤琦、莫雄等部，也在八九月之間很迅速的解決。（許崇智亦因鄭潤琦、莫雄等的關係，被逼離去廣州。）但在東江方面還有陳炯明一個最堅固的壁壘——惠州；潮汕方面，陳軍乘東江防軍空虛之時，又由劉志陸發動侵入；到九月二十日以後便決計作第二次的東征。在第二次東征出發前，發現駐粵川軍熊克武有通敵的形跡，因把熊氏扣留，其所部川軍也全部被解決了。（熊克武本來也掛名於國民黨，併為中央執行委員之一，其所部川軍入湘，被湘人逼迫，來粵就食。）於是東征軍於十月一日陸續出發，八日以前在增城、石龍、茶山一帶集中完竣。按照作戰計劃，首攻惠州城，十二日晚合圍，十四日午後便攻下；到十一月初旬，潮梅一帶也肅清了。於是東江方面的敵人全行剿除。當第二次東征進行的時候，陳炯明為牽制東征軍計，令粵南鄧本殷部向廣州進攻；一時，陽江、羅定、雲浮等六七縣相繼失守；初由陳銘樞所部第十師獨力抵抗，後把東征軍抽回一大部分，加入援助，將所失各縣次第恢復。到十二月後旬，粵南的高、雷、廉、欽各州縣也全行收復了。（只有對海瓊崖，至十五年春間始收復。）於是廣東內部完全肅清。

　　廣西方面，自中山回粵重建大元帥政府以來，因為廣東內部的情勢十分險惡，當然不暇西顧；舊桂系軍閥陸榮廷想乘機恢復廣西的地盤，又復潛入桂林；十三年一月三十日，曹錕便任命陸氏為廣西軍務督辦。但是陸氏的舊部已經四分五裂，在廣西內部的零星桂軍都想割據自立，沒有幾個人肯聽陸氏的指揮了。此時在廣西內部比較有點實力的軍隊首領，一派為沈鴻英，一派為李宗仁、黃紹雄。李、黃與中山接近，沈則早為中山的敵人（後又向中山投降）；但都不願意陸榮廷再來宰制廣西。北政府為扶植陸榮廷計，想把沈鴻英拉攏，於十三年五月中，又任命沈鴻英為粵桂邊防督辦，但是沈鴻英要獨霸廣西，不受北政府的調和，圍攻桂林；陸氏勢蹙，

馬濟由湖南藉助湘軍,以葉琪(葉本廣西人)所部的軍隊入桂援陸,於六月十六日占領全州,旋即進至桂林附近。李宗仁、黃紹雄當沈鴻英與陸相持於桂林時,奉中山命令,進攻桂省的首府南寧,於六月二十六日占領。沈、陸聞南寧為李、黃所侵,相率媾和停戰,但已無救於南寧之失,李宗仁於七月十六日在南寧通電請陸榮廷下野,自稱「定桂討賊聯軍總指揮」。

到八月初旬,李宗仁軍北進,占領柳州,沈鴻英見李、黃勢力雄厚,便與結合,共同進攻桂林,驅逐陸榮廷,於八月二十四日將桂林占領,陸氏敗退全州,旋即下野,湘軍亦由全州退出。於是陸榮廷恢復廣西地盤的幻夢全破。十月二十二日,李宗仁、黃紹雄、沈鴻英三首領在潯州開廣西善後會議,兩派勢力相持,很不容易解決;中山於十一月初旬任命駐粵桂軍首領劉震寰為廣西省長,令率所部軍隊回桂(這是想使劉震寰向桂省去爭食,免得他在廣東把持一切的辦法);沈、李等看見又來了一個爭地盤的了,便於十一日推定李宗仁為廣西善後督辦,黃紹雄為會辦兼省長,鄧瑞徵為會辦兼善後處長,拒絕劉震寰回桂。十一月後旬,黃紹雄應廣州大元帥政府之召,赴廣州;胡漢民(時中山已離粵北上)與黃商定,設「廣西全省綏靖處」,以李宗仁為綏靖處督辦,黃紹雄為會辦;沈鴻英前此聯合李、黃驅逐陸榮廷,本來是想獨霸廣西,現在李、黃卻倚廣東的援助,把握廣西的全權,便與李、黃破裂,到十四年一月底兩方就開戰了。

李、黃得粵軍李濟深(李本廣西人)的援助,在二月中將沈鴻英軍攻破(殘部退入湘粵邊境),於是廣西全部由李、黃統一。但是沈鴻英方被解決時,又來了一個大敵人,便是雲南的唐繼堯。唐氏作了多年大雲南主義的夢,向川滇發展失敗,便想向兩廣發展;現在因為中山在北京病重,廣東內部有楊希閔、劉震寰作內應,便派兵侵入廣西;乘李宗仁等在桂林方面與沈鴻英決戰時,向南寧猛進,於二月二十三日將南寧占領;分兵一路向梧州,一路向粵南欽廉方面進攻。在十三年秋間,中山將出師北伐

第十四章　中國國民黨改組與北洋軍閥的末路

時，唐氏也表示贊助，中山為廣播聲援計，曾任唐氏為副元帥，唐並未辭職；是年三月十二日，中山在北京逝世，唐氏得到了消息，於十七日便在雲南聲言就副元帥職，公然想作西南王了。於是廣州政府一面通電討唐，一面調駐粵滇軍範石生部赴梧州，協同李宗仁、黃紹雄等往擊唐軍；經李、黃、範極力奮鬥，才把唐軍阻住。在五月十二日，唐氏曾公然以副元帥名義，任命劉震寰為廣西軍務督辦兼省長，劉氏也公然想回廣西去就任；及至六月中，劉震寰的軍隊在廣州被解決，南寧方面的唐軍也漸次失勢；七月初旬，唐軍由南寧敗退龍州，回滇，至此廣西全部才真正統一。到十五年春初，前面所述粵南各州縣收復時，兩廣的根據地都完全肅清了。

二、成立國民政府及兩廣軍政財政的統一

十三年一月，中國國民黨改組，開第一次全國代表大會時，已經在大會裡面提出一種「組織國民政府案」，擬將大元帥政府變為國民政府，當由大會議決。但是經過一年有半，到十四年七月一日才能實行。其所以不能從速實行的原故，第一就是因為在廣東的一班驕兵悍將，如楊希閔、劉震寰之徒尚未除去，以中山居在大元帥的地位上，或者尚可勉強震懾；若把大元帥的名義撤銷，改組合議制的國民政府，楊、劉輩勢必列入國民政府的重要位置，徒然增重他們的把持勢力，於政務改革的實際無補（觀於中央執行委員會中雖加楊希閔而於政務改革的實行無補可知）。所以國民黨改組後，仍舊保留中山的大元帥政府；中山離粵北上，由胡漢民代行大元帥職權。及至十四年三月中山在北京逝世，改組國民政府的時機迫切了。據汪精衛的政治報告（十五年一月第二次全國代表大會席上報告）說：「……自去年（指十四年）一月二十六日總理入協和醫院以後，在北京開過一次政治委員會會議，大家意思都是主張在總理逝世以後要實行委員制的，和在廣東的政治委員的意思都是一樣。

因為總理在時，在本黨有這個總理，同時在本國有這個元首；總理逝世以後，再無人可繼了。而且在本黨總章第四章上面也清清楚楚說明是『本黨以創行三民主義五權憲法之孫先生為總理』，並不是說設總理一人的。當第一次代表大會時，本黨總章草案原沒有第四章那一章的，因為總統決心改組本黨的意思，實在要把黨的責任交付給全體同志。但大會各代表都請求總理加入第四章，就是關於總理的那一章。因為總理是有很長久的歷史的，中國的革命事業自開始以至成熟，都是由他一人的領導，故本黨願意始終以總理為唯一之領袖。總理逝世之後，本黨不復有總理了；推之以黨治國的理論，則國家亦不復有元首了。而且就現世界來說，也推委員製為比較好些。總理若在，大家都願意聽他的獨裁；總理不在之後，實無人能夠承繼他的，則委員制適為適應時勢的要求。可是決議以後，為什麼許久還不實行呢？就是因為其時楊、劉還盤踞廣東，如果即時實行，他們一定有份列入委員，豈不是把我們徹底改造的計畫通盤弄壞？……」故在中山方逝世時，廣東方面的領袖曾經開過幾次會議，想把大元帥的職位名義撤銷，免得那些野心家如唐繼堯之類，假借名義來搗亂，但究未實行。

到六月初，在廣州的中央執行委員會定了一個嚴重的決議案，大致說：欲整頓中國，必先從整頓廣東入手；而整頓廣東，又必先從整頓軍事入手，所以第一要軍事統一，第二要民政統一，第三要財政統一、軍需獨立，第四要各軍都受黨的政治訓練。這件決議案，就是準備剷除楊、劉，消滅改組國民政府的障礙。六月十三日，楊、劉勢力剷除後，便於二十五日發表改組國民政府的宣言。到七月一日，國民政府成立，採委員合議制，以汪精衛、胡漢民、孫科、許崇智、伍朝樞、徐謙、張繼、譚延闓、戴季陶、林森、張靜江、程潛、廖仲愷、古應芬、朱培德、於右任等十六人為委員，主持政務，並推定汪精衛為主席委員，許崇智為軍事部長，胡

第十四章　中國國民黨改組與北洋軍閥的末路

漢民為交通部長，廖仲愷為財政部長。三日，廣東省政府也依照國民政府所頒省政府組織法改組成立，設軍事、民政、財政、建設、商務、教育、農工七廳，以許崇智、古應芬、廖仲愷、孫科、宋子文、許崇清、陳公博等分任廳長，推許崇智任省務會議主席；另設廣州市政廳，以伍朝樞為委員長。於是在廣州的政府機關組織一新。

其次便是實行軍事的統一。統一的方法，就是由中央組織一個軍事委員會，把各種地方軍的名目通通取消，一律改為「國民革命軍」。起初分為五軍：黃埔新練的黨軍加入一部原來的粵軍為第一軍；譚延闓所部的湘軍改為第二軍；朱培德所部的滇軍改為第三軍；江西方面的粵軍改為第四軍；李福林所部的福軍改為第五軍。（程潛所部的攻鄂軍此時尚未成為一軍，第二次東征後始改為第六軍。廣西方面的桂軍，兩廣統一後始改編為第七軍。）八月一日，許崇智通電解除粵軍總司令職，將軍權交還國民政府軍事委員會，湘軍總司令譚延闓、滇軍總司令朱培德、攻鄂軍總司令程潛等皆發表同樣的通電，於是軍事統一的計畫完成。

其次便是關於財政、民政的統一。以前財政民政的不統一，完全由於各地方軍的把持；現在楊、劉既已剷除，軍事既已統一，財政、民政的統一障礙物已經除去，自然迎刃而解了。

前面所述的，還只是關於廣東一省以內的工作，到十五年二月下旬，國民政府設立一個兩廣統一委員會，計劃兩廣軍事、政治、財政的統一辦法。三月十五日，由政治委員會將兩廣統一委員會所提出的統一案通過。該案的內容共分三項：一、廣西政府受國民政府命令處理全省政務；二、廣西軍隊全部改編為國民革命軍；三、兩廣財政受國民政府指揮監督。六月一日，廣西依照此項統一案，始正式組織省政府，一切皆以國民政府所頒定的「省政府組織法」為根據，推黃紹雄為主席（李宗仁為第七軍軍長）。於是兩廣的政治統一工作全部完成。

三、黨內糾紛的調處

到了十五年春間，兩廣既已完全統一，差不多可以出師北伐了。那年一月，蔣中正在第二次全國代表大會的席上作軍事報告說：「現在的國民革命軍完全在政府管轄之下；一個命令出來，完全可以動員；人數有八萬五千人，兵士的餉額有一定預算，兵士的生活也已較前改善；又有各校陸軍學生六千人，足抵一師之數；再用些精神積極整頓，本黨力量就不難統一中國。」這並不是誇大的話。不過黨內共產派與非共產派已經發生了很激烈的暗鬥，惹起許多糾紛，還要經一番調處整理，方能向外出兵。原來國民黨改組時，許多老黨員對於容納共產黨員的一點，已經懷疑；改組後不久（十三年六月十八日），中央監察委員會委員張繼、鄧澤如、謝持，便已提過一次彈劾共產黨員的案。當時中山尚在，可以鎮制各派；中山逝世後，共產黨日盛，非共產派的恐懼心也日增。到十四年八月發生廖仲愷被刺的事件。廖被刺之主要原因，似為反動軍人之失勢者之所為，然亦有反共產派的關係。胡漢民因此被嫌，逼令赴俄。兩派的傾軋暗鬥，遂日趨激烈，所謂右派的重要分子，多失勢離去廣州。十一月，右派的中央執行委員集於北京，便在西山孫中山的靈前，開第四次中央執行委員會，議決：取消政治委員會，開除共產分子的國民黨籍，解鮑羅廷顧問的職，修正第二次全國代表大會選舉法。廣州方面，以西山會議不足法定人數，其議決無效，因在廣州另開第四次中央執行委員會，議決於十五年元旦召集第二次全國代表大會；屆期，大會議決將參與西山會議各員分別加以懲戒；自此西山會議派便在上海別成一種組織，但是沒有實力。

自西山會議分立後，廣州方面的暗鬥仍是不息，因為不滿於共產派行動的人，不僅是參與西山會議的那些老黨員，便是青年的黨員也有一大部分不以為然的，因是有「孫文主義學會」的產生。「孫文主義學會」的組織，是謀與「共產主義青年團」對抗的；在黃埔軍校中，也成立了「青年軍人聯

第十四章　中國國民黨改組與北洋軍閥的末路

合會」共產派與「孫文主義學會」對抗的形勢。到十五年三月二十日，便發生有名的「中山艦案」。（「中山艦案」的真相，至今未明白宣布，一說謂共產派與接近共產派的人見蔣中正在軍隊勢力日重，想用中山艦劫走蔣中正。但蔣不肯將案情內幕宣布，聲言非等到他死不能宣布。蔣以迅雷不及掩耳的手段處置，連汪精衛亦未與聞，汪因是稱病去職，外間因此疑汪與是案有關係。）蔣中正以非常迅速、嚴重的手段，將海軍局長兼中山艦長李之龍拘捕，解除第一軍內各級共產派黨代表的職務，並將軍事機關中許多蘇俄顧問解職，送回俄國。「容共聯俄」的政策，在此時幾有破裂之勢；但因為兩方都認定此時尚未到可以破裂的時候；蔣中正於執行非常處置後，又將「孫文主義學會」及「青年軍人聯合會」一併解散，並且對於右派的人也加以相當的抑制，才把兩派的破綻彌縫下來。到五月十五日開中央執行委員會全體會議，通過整理黨務案四件，其第一決議案列舉整理黨務的要點說：

一、改善中國國民黨與共產黨間的關係；

二、糾正兩黨黨員妨礙兩黨合作之行動及言論；

三、保障中國國民黨黨綱、黨章的統一威權；

四、確定共產黨員加入國民黨之地位與意義。

為實現此基點，解除黨內糾紛計，特組織國民黨、共產黨之聯席會議，其組織大綱另定之。（此案於調處兩派當時的糾紛情形，因為應時的救濟辦法，但「容共」的政策，卻從此變為「聯共」了，是宜注意。）第二、第三及第四決議案，也大概都是根於第一案所舉的要點為詳密的規定，此處不必悉敘。自此黨務整理案成立後，黨內的糾紛一時暫告平息，於是可以實行出師北伐了。

八　北洋軍閥的末路

當國民黨由廣東出師北伐時，北方各軍閥的形勢，大略如下：

一、直系嫡派的吳佩孚，失敗再起後，與奉系結合打敗國民軍，據有湖北、河南兩省，（湖北督軍原為蕭耀南，十五年二月，蕭氏暴死，由吳佩孚委陳嘉謨繼任，受吳節制。河南自國民軍敗去後，靳雲鶚、寇英傑皆有宰制豫省之野心，由吳佩孚調和，任寇為豫軍總司令，靳為討賊聯軍副司令兼豫省長。）及直隸之保定、大名一帶，京漢線的全部都是他的勢力範圍。

二、直系後起的大廠孫傳芳，以南京為根據，宰制蘇、浙、閩、皖、贛五省，對於吳佩孚雖表示尊崇，但已不欲居其下風，其實力亦在吳之上，自取得五省地盤後，頗想作三國時代的孫吳。

三、奉系軍閥，自將國民軍趕出北京後，在關內據有京奉線及津浦線的北段，李景林為張作霖所惡被迫失勢，直督的位置由張氏授諸張宗昌的部屬褚玉璞，山東仍屬之張宗昌。孫傳芳表示不北犯，兩張亦表示不南侵，已有放棄舊怨言歸於好之勢。此為北方的三大勢力，與國民黨絕對不能相容。

四、馮玉祥的國民軍，困守西北，馮玉祥已赴俄國，其軍隊由部下張之江等主持，東面扼守南口與奉直軍相持，南面死爭西安與劉鎮華相持。在廣東出師北伐以前，雖已為國民黨的友軍，尚未正式加入國民黨；及國民黨進行北伐時，馮氏也知道獨力難以自存，決計正式加入國民黨了。（李鳴鐘於十五年八月抵廣州，報告馮率國民軍全體加入國民黨。廣州政府即任馮為國民政府委員。）

五、還有一個據守山西多年的閻錫山，論他的氣味，本與段祺瑞相接近，可以說是北洋軍閥的附庸；但自北洋軍閥分裂以來，採用一種隨風轉舵的政策，使自己的地位永不動搖，山西不受兵禍，省內的人民也非常感

第十四章　中國國民黨改組與北洋軍閥的末路

激他。當國民黨出師北伐時，奉、直兩軍方在南口與國民軍作殊死戰，閻氏也在晉北與奉、直軍遙相應和，以困國民軍；既不為國民軍之友，也當然不能為廣東國民革命軍之友，不過閻氏隨風轉舵的政策，奉、直軍也不能長久靠他罷了。

上面是北方軍閥的大概形勢，此外還有一個關係最重要的湖南，以前是揭舉聯省自治的旗幟以圖自保的，實際上常為吳佩孚所支配。到十五年春間，趙恆惕被迫去職，由唐生智繼任湖南省長。唐氏前此宰割湖南，已與廣東發生祕密關係，繼任省長後，想用快刀斬亂麻的手段，削奪省內其他各武人的勢力，於是葉開鑫走依吳佩孚，引直系軍入湘；唐不能支，退守衡陽，向廣東請求加入國民黨，所部軍隊也改編為國民革命軍。國民政府受其請，將唐軍改編為國民革命軍第八軍，派桂軍先行入湘援助，於是構成由廣東出師北伐的絕好機會。

十五年六月六日，國民政府軍事委員會任蔣中正為國民革命軍總司令，蔣於七月九日就職，舉行極盛大的授旗典禮，即日下動員令；二十七日，蔣由廣州出發。其作戰大方針初為打倒吳佩孚，妥協孫傳芳，放棄張作霖。吳佩孚方在北方指揮攻打南口的戰爭，等到八月中旬南口攻下時（南口於八月十四日攻下），國民革命軍已深入湘境，岳州、平江一帶已將為國民革命軍所占領；吳佩孚匆促南下，親臨前線作戰，節節敗退；到八月底，國民革命軍已迫武昌。武昌省城雖然到十月十日才攻下，漢陽、漢口則先已落入國民革命軍之手，吳佩孚初退孝感，不久復退出武勝關，湖北便為國民革命軍所有。此時吳佩孚雖未全倒，已到了將要全倒的時期。國民革命軍對於孫傳芳已不必要妥協了；孫氏也知道妥協是靠不住的空話了。國民革命軍一面由贛西，一面由閩南，向孫氏所割據的地盤取大包圍的形勢進攻，在南昌附近經過很猛烈的戰爭，於十一月初旬把南昌攻下，孫氏由武穴退回南京；到十六年三月後旬，國民革命軍的大包圍圈將要逼

292

近南京，孫氏再由南京退往江北，南京便為國民革命軍所占領，於是長江以南全歸入國民革命軍勢力範圍。

直係軍閥的兩派大勢力，都已到了「日落西山」的境地。因為國民黨內部發生了重大的裂痕，成為寧漢分立之局，吳佩孚、孫傳芳復得苟延殘喘，與奉系軍閥打成一片，作最後的支撐。但在寧漢分立的期內，寧漢兩方仍向北進攻，西北的國民軍也由潼關出來了，閻錫山也變為國民革命軍的朋友了（閻錫山於四月初旬令所部軍隊服從三民主義）。吳佩孚率領幾個殘兵便由江西亡命，讓奉軍來領受國民革命軍的教訓。到六月初旬，奉軍大敗，河南遂為漢方的國民革命軍所占領；寧方也占領了徐州，孫傳芳的地盤全失，成為奉系的附屬品。到八月初旬，寧漢進行復合的時候，蔣中正宣告下野，孫傳芳想乘機挽回已失的地盤，與奉軍結合向南京猛進，但於八月將盡的幾天，在龍潭方面被國民革命軍打得橫屍遍野，率領殘兵仍舊退回江北，繼復退入山東。十七年春初，蔣中正再出，領導國民革命軍於三四月頃繼續進行北伐，閻錫山、馮玉祥的軍隊也從正太、京漢線出動（奉軍與山西軍已於十五年冬間在晉北直東激戰）；到四月底，國民革命軍占領濟南，孫傳芳從此也作了亡命客了。張作霖於六月初三日也由北京退回奉天，次日在皇姑屯京奉、南滿兩路的相交處，遇炸，數日後即死。北洋軍閥嫡系的兩大勢力，完全消滅，奉系軍閥的繼承者張學良，不久也歸化國民革命軍，於十七年十二月二十一日宣言易幟。國民黨與北洋軍閥的爭鬥至此結束。

李劍農的中國近百年政治史——從帝制運動到軍閥末路

作　　者：李劍農
發 行 人：黃振庭
出 版 者：複刻文化事業有限公司
發 行 者：崧燁文化事業有限公司
E - m a i l：sonbookservice@gmail.com
粉 絲 頁：https://www.facebook.com/sonbookss/
網　　址：https://sonbook.net/
地　　址：台北市中正區重慶南路一段61號8樓
8F., No.61, Sec. 1, Chongqing S. Rd., Zhongzheng Dist., Taipei City 100, Taiwan
電　　話：(02)2370-3310
傳　　真：(02)2388-1990
印　　刷：京峯數位服務有限公司
律師顧問：廣華律師事務所 張珮琦律師
定　　價：399元
發行日期：2024年12月第一版
◎本書以POD印製

國家圖書館出版品預行編目資料

李劍農的中國近百年政治史——從帝制運動到軍閥末路 / 李劍農 著 . -- 第一版 . -- 臺北市：複刻文化事業有限公司, 2024.12
面； 公分
POD版
ISBN 978-626-7620-28-1(平裝)
1.CST: 北洋軍閥 2.CST: 民國史
628.2　113019277

電子書購買

爽讀APP　　臉書